JN198567

ウチとソトをつなぐもの

沓脱(くつぬぎ)の変遷と役割

中世・近世の庭園と建築から

山澤清一郎

淡交社

目次

結章　沓脱による空間の結節と結界性　219

序章

第1節　研究の背景・目的

寝殿造や書院造に代表される日本古来の建築は、御簾や蔀、障子や襖など曖昧な仕切りによって空間を分け、西洋建築に見られるような空間を区切る壁を持たなかった。これは室内のみならず建築と庭の結節部においても同様であり、そこではウチともソトとも言えない縁側などの中間領域の装置が2つの空間をつなぐ役割を担ってきたと考えられる。

古代の『源氏物語絵巻』▽1では廂に腰掛けた貴族の姿とともに花木が描かれ庭の木々に視線を送る姿や月見の様子が見られることから、中間領域である廂縁側が建築と庭をつなぐ役割を担っていると見える。また、最古の造園書である『作庭記』▽2の「雑部」には、中間領域の装置である「軒」について以下のように記している。

「唐人が家にかならず楼閣あり。高楼はさることにて、うちまかせてハ、軒みじかきを楼となづけ、簷長を閣となづく。楼ハ月をみむがため、閣ハすゞしからしめむがためなり。簷長屋ハ夏すゞしく、冬あたたかなるゆへなり。」▽3

月を見るために軒を短くするという発想は、屋内に居ながらにして外の自然を享受できることを前提としていると考えられ、日本の住居では建築と庭が一体となるように捉えられてきたことが伺える。

このように建築と庭のつながりを保つ役割を担うウチともソトとも言えない曖昧な空間である縁側や広廂、軒などの中間領域が重要であると考えられる。

しかし、現代において新築される住居を見てみると縁側はおろか深い軒があることも少なくなったと見られ、古来より培ってきた一体であるはずの建築と庭の関係性を脆弱なものとした一要因として捉えることができる。こうした傾向は新建材の誕生やコンクリートの普及により住宅の改良が進んだ大正期以降の住居に顕著に確認されるようになる。

古代より建築と庭をつなぐ役割を担ってきた縁側という中間領域についても、大正期に「大衆」へ向けて推奨された住居では縁側ではなくテラスが推奨されている。大正9年（1920）に国家的利益と産業効率を向上させるべく、個人の生活意識そのものを改革することを目標として結成された生活改善同盟会が、大正12年（1923）に発布した「住宅改善調査決定事項」では、「改善された庭園」と題された「大衆の庭」の構成を示す鳥瞰図（【図1】）と平面図（【図2】）において、建築と庭をつなぐ中間領域の装置にテラスが用いられていることが確認される。[4]

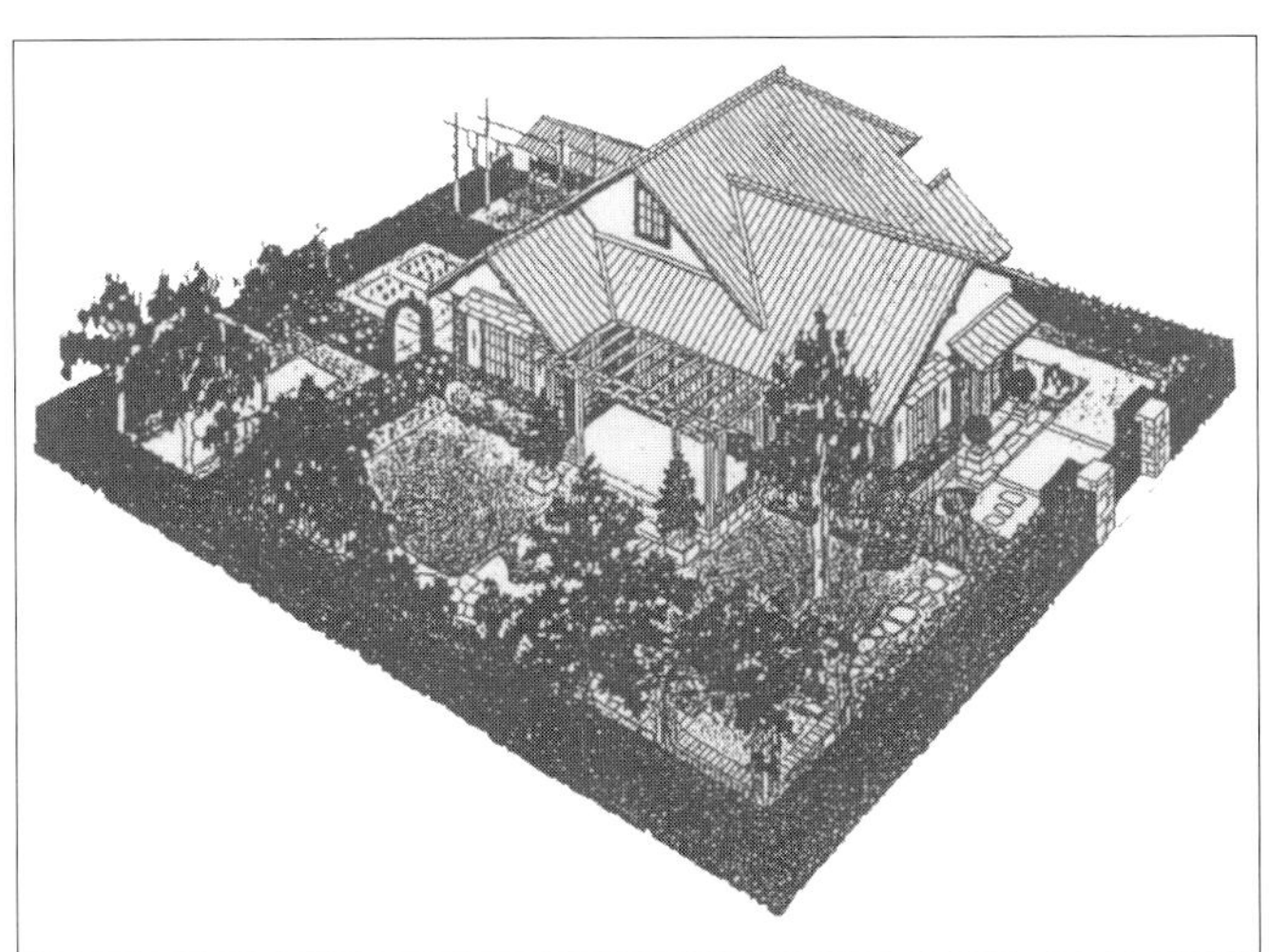

【図1】「改善された庭園」鳥瞰図
日本庭園協会機関誌『庭園 第4巻』日本庭園協会（1922年）より転載

「生活改善同盟会」は、明治期を経て近代国家としての制度体系が整い、生活を世界水準に合わせる必要に迫られた為に発足された組織であり、「社交儀礼」、「服装」、「食事」、「住宅」、「旅館其他」の5項目について欧米諸国に合わせた改善案などを提唱していた。なお、庭園は「住宅の改善」に含まれ、[▽5]「庭園の概念を改めること」など6つの職能を掲げ公表された。

大正期の造園界は「改善された庭園案」にて示される「大衆の庭」を新しい造園領域として捉えその様式にまつわる検討を繰り広げるが、その様式について当時の造園家のなかで意見が分かれていた。一方はそれまで日本が培ってきた観賞性の高い日本庭園を推奨し、もう一方は、庭は健康と家族生活のための実用を満たす場になるべきであるから、実用を主とすべきであると主張した。こうした論争は「実用か美か」とあたかも対立的な思想のように取り扱われたが、[▽6]実用主義と観賞主義の主張は全く対極にあった訳ではなく両者ともに大衆の庭の様式は「戸外室」になることを理想とするという共通性も見られた。

「戸外室」とは庭が囲われた空間となりその中心にテラスを配した庭の構成であり、[▽7]大正期の大衆の庭にテラスを中心にした「戸外室」が推奨されるようになった経緯は既に欧米において成果が認められていたことが背景にある。

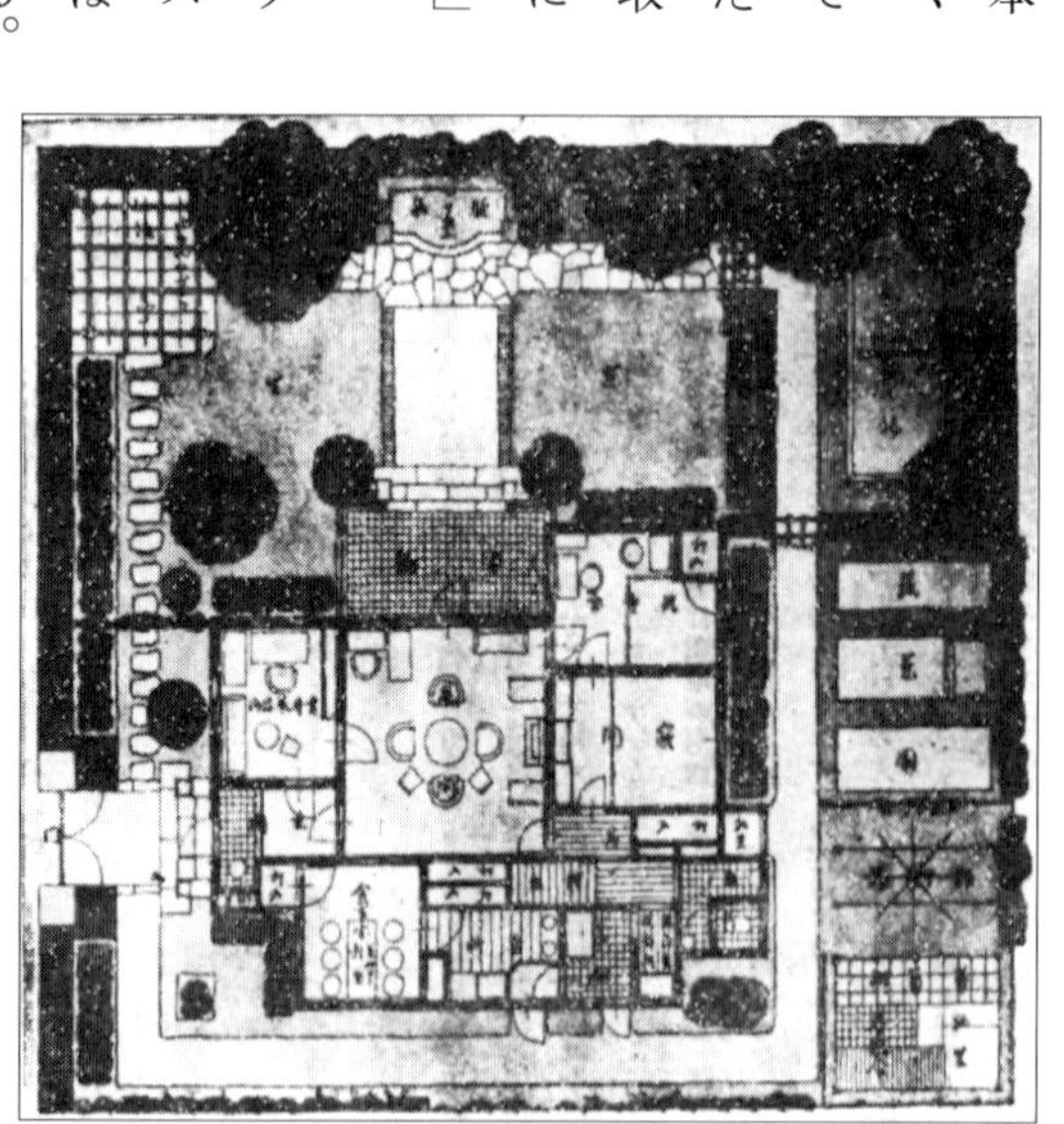

【図2】「改善された庭園」平面図
生活改善同盟会「住宅改善調査決定事項」(財)生活改善同盟会(1923年)、p.137より転載

18世紀の西洋では、小住宅（一般的な家庭の住宅）の庭園に関する検討が繰り返された。英国の造園家であるハンフリー・レプトンは、「庭は自然を享受すると同時に、実用にも十分配慮すべきである。」と主張した。続いてアーサー・ブロムフィールドは、「小庭園では、樹木と家が接する部分が目立ちすぎる。」と唱えた。これを受け、20世紀の初頭にヘルマン・ムテシウスが家と庭の調和の必要性を高めるべく、屋内の居間を屋外に再現しようと試みたことから「戸外室」という構想が生み出され、[8] 19世紀後半から20世紀の西洋にて一定の効果を上げ評価を受けていた。

田村剛は大正9年（1920）に刊行した『実用主義の庭園』[9]において、実用を主とした庭の構成に「戸外室」を推奨しているが、[10]反対に観賞主義の庭を推奨した上原敬二も大衆・家庭の庭は「戸外室」になることが望ましいと唱えている。

田村はテラスが中心となる実用に重きを置いた庭園の構成は主に英、独の庭を参照していることを大正8年（1919）の『庭園鑑賞法』において述べているが、[11]当時は「生活改善同盟会」などが打ち出した方針を見ても分かるように、国を挙げて欧米化が推奨されていた。[12]そのため建築のみならず庭の様式さらには付随する家具に至るまで欧米を倣おうとする機運が高まっていたことが時代背景として考えられる。

田村は、テラスについて空を天井とした屋外のリビングとして応接の場にも利用できると、[13]戦時下の大衆の庭の試案となった「国民庭園試案」でも採用されていることから、継続して推奨していたことが分かる。[14]さらに、縁側でなくテラスが推奨され続けられた理由としては、単に欧米趣向が強まっていたばかりでなく、縁側は建築的な開口部が多くなることから建築の防犯上の問題を懸念されていた。[15]そこに欧米の小住宅の庭において一定の評価をテラスが得ていたことが要因として考えられ、雑木の庭の提唱者である飯田十基なども、自身の構成案にテラスを用いている。[16]

ただし、その一方で欧風庭園を倣った「実用主義の庭園」を主張する田村はテラスを中心とした「戸外室」を実現するためには、日本人の履物の脱着習慣が支障になるのではないかという懸念も持っていたと考えられる。田村は生活が椅子式になろうとも、日本人は未だに屋内では履物を脱ぐ生活をしているのであるから履物を履いたまま生活する西欧のテラスをただ取り入れるだけでは十分でないと言及している。[17]しかし、この問題について、田村は屋内からスリッパを履いてテラスを利用することで対処できると考えていたようである。[18]ただし、屋内からテラスに出るためにスリッパを履くという考えは、【図3】で示すように必ず屋内を経由する必要性があると言える。反対に屋内を通らずに外から直接テラスを利用しようとした場合には、屋内に入ろうとするときに外履きから内履きへの履き替えが可能な場所を必要とするし、建築の開口部付近で履き替えた外履きを片付ける必要も生じる。いずれにせよテラス専用にスリッパなどを用意しようとも履物をその場に置いておけば雨曝しになってしまうことから西欧のように余計な動作を

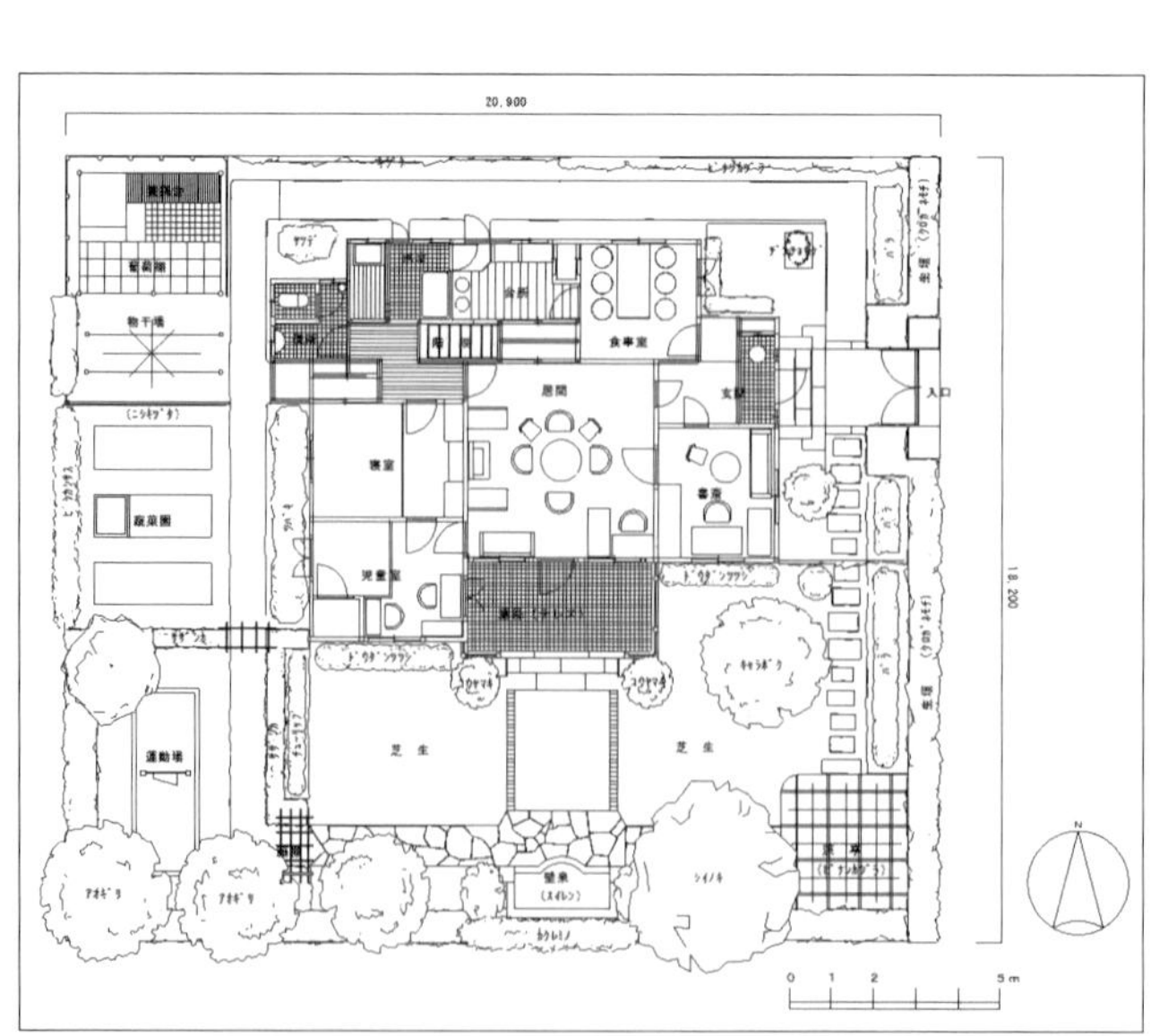

【図3】『実用主義の庭園』をもとにしたテラスへの動線
生活改善同盟会「住宅改善調査決定事項」(財)生活改善同盟会、1923年、p.137をもとに著者作成

せずにテラスを利用する生活は実現し得ないことが考えられる。

つまり、テラスは西欧のように屋内でも履物を履いて生活をしているのであればごく自然に利用できる庭とつながる空間となるが、履物を履き替える習慣のある日本のような地域では、土足の文化では必要とならない履物の脱着に関する用意が必要となる。

履物を脱着する場は、現代の日本では玄関がもっともその場として利用されているように、屋内に入る際に履物を脱ぐ習慣のある文化では履物の脱着行為はどこでもよい訳ではなく、明確ではないものの何らかの規律が存在していると考えられる。例えば日本建築の庭にいて、縁側沿いに沓脱石があれば大体の人はその沓脱石を経由して縁側に上がる。反対に、履物を脱着する場でないという心理が働くような、その用意のない場所で履物を脱ぐことは少なからず違和感を覚える行為となると考えられる。

このように屋内に入る際に履物を脱着する日本の習慣は、欧米と比較した場合に大きな違いであり、土足の生活が基本である欧米に比べて建築と庭の行き来の動線に制約が課せられているとも言い換えられる。前述のテラスを例にしても日本の履物脱着の習慣は、欧米に比べると建築内外をつなぐ動線を限定している点から、建築と庭の接続形態に少なからず影響を及ぼしているのではないかと考える。

庭に据えられる沓脱石は、履物の脱着が行われる場であり、建築と庭を繋いでいると考えられる中間領域に据えられる。そのため、沓脱石は建築への踏み段、昇降装置というだけでなく、空間が切り替わるという意識が働く場所であると考えられる。しかし、調査した結果、沓脱石に関する研究、調査は十分にされておらず、昇降装置としての役割、その場で行われる履物の脱着及びそれと付随すると考えられる心理的な作用などの検証はされていない。さらに沓脱石が使用されるようになった経緯や時代、その後の変遷などについても詳らかにはされていない。

沓脱石は、建築と外部の境界線に据えられる昇降装置であるので、建築のウチとソトを接続している中間領域の装置であるという見方は出来る。

沓脱石のように建築のウチとソトの中間にある空間、すなわち中間領域は曖昧な空間であると言えるが、建築家の黒川紀章は、内と外との媒介結合域である曖昧な空間について、黒色と白色を混ぜて作った灰色空間と称し、代表例として縁側を挙げている。[19] 縁側は室外と室内との間の挿入空間であり、屋根があるから内空間と言える反面、外に対し開放されているので、外空間であるという見方をしている。

民俗学の立場では柳田國男が『明治大正史　世相編』[20]において、縁側に代表される中間領域が戦後の住宅改良によって排除されたことに言及している。柳田は、かつて日本の家屋には「出居」という「縁側」に近い、内でも外でもない中間領域と言える空間が備わっており、そこでは腰を掛けて談笑したり、通りすがる人を眺めたりする経験をしたが、今日では衰退してしまい地域社会における共同性を失うことに繋がったと述べている。[21]

柳田が言うように、戦後、急激に欧米化された日本の住宅では、極め

【図4】『西行物語絵巻』縁側・沓脱（板）と庭
出典：小松茂美、徳川義宣『日本絵巻大成26 西行物語絵巻』中央公論社、1978年、p.92より転写

て短期間のうちに伝統的な建築手法をあっさり捨て、欧米建築手法に一斉に移行していった。そうした欧米傾向の影響により、住宅の外に向けられた接客空間として機能していた縁側や濡れ縁、軒下、またそこに据えられる沓脱石などの中間領域は姿を消していったと考える論考も存在する。[22]『源氏物語絵巻』では、中間領域である廂縁側に座り庭を眺める様子が描かれ、縁側によって居住空間である建築と外部の庭とのつながりが保たれていた様子が見て取れる。こうした縁側と庭の関係性は時代が下った【図4】に示す中世の『西行物語絵巻』[23]にも確認される。『西行物語絵巻』では、縁側の高欄が切れた場所に二本の脚に天板を渡した装置が備わっていることが分かるが、これは木で造られた沓脱であり、現在ではあまり目にしないが、沓脱には石で造られたものと、木の板を使用して作られたものがあったことが分かる。

石で造られた沓脱は、庭師によって扱われることが多く、上原敬二も造園の立場による沓脱石の扱いについて『建築材料としての石材』[24]において、以下のように記している。

「玄関正面に据えられる沓脱石は通常長方形に仕上げられ三角形の面取りを行ふ。〈中略〉これが庭へ面する縁先きなどでは整形の石を用いず天然野面ものに代へられるのが常である。〈中略〉建築とい

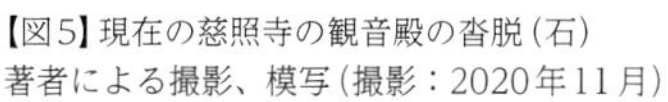

【図5】現在の慈照寺の観音殿の沓脱（石）
著者による撮影、模写（撮影：2020年11月）

ふより庭園の部門に於て取扱ふので庭師の領域に於て据付け延いて飛石の打ち方へと進展する。」[25]

上原は、沓脱石は建築的な材料ではなく庭を構成する材料として設置するのは庭師によることが多く、玄関前には長方形の石を用い、庭の縁先には天然野面を用いるのが常であるとしている。しかし、一概にはそうとも言い切れないことが【図5】に示す現在の慈照寺の観音殿を写したものでも分かる。慈照寺が創建された長享3年（1489）当時からのものであるかは不明であるが、観音殿の縁側前には長方形の沓脱石が据えられている。【図6】の寛政11年（1799）『都林泉名勝図会』[26]においても、現在より小振りだが長方形の沓脱石が縁先に描かれており、目の前には庭が広がっているが『建築材料としての石材』に記される天然野面の石を用いてはいないことからも必ずしも上原の主張が正しいとは言えない。

また、インテリアデザイナーの内田は、沓脱石の持つ役割について、『インテリアと日本人』[27]において、「垣根、門、敷居、玄関、框はケガレの侵入を防ぐための境界、結界を意味しており、最も重要なものが沓脱石である。」[28]と、ケガレの侵入を防

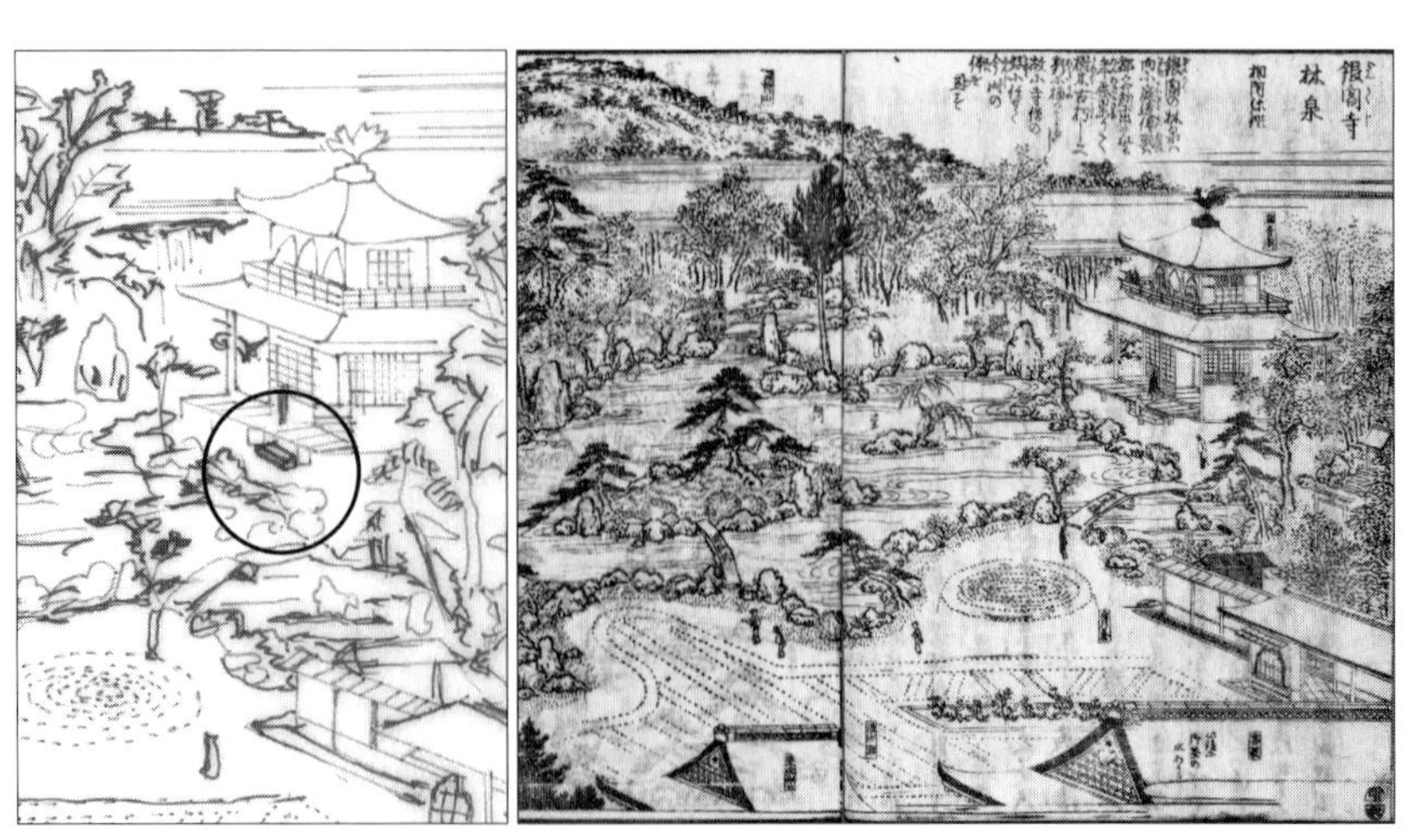

【図6】寛政11年（1799）『都林泉名勝図会』に描かれる慈照寺の沓脱（石）
国立国会図書館デジタルコレクション（https://dl.ndl.go.jp/）より転載、および転写加筆

ぐための結界であるとしているが論拠は示されておらず、詳しい考察もされていない。

さらに内田は、『茶室とインテリア　暮らしの空間デザイン』[29]では、沓を脱ぐ行為について以下の通り記している。

「『沓脱ぎ』そのものは、あらゆる文化に見ることができます。それは聖なる場に踏み込むための行為です。イスラム文化圏でもインドの寺院でも、あるいはキリスト教でも、聖なる場所には土足で入ってはならないというタブーがあります。そう考えると、日本の『沓脱ぎ』の行為も、聖なる場所へ向かうという意識をともなっていると見ることができます。つまり日本では、家自体が聖なる場所だという認識が強いのではないでしょうか。それが日本の生活文化の大きな特性だといえるかもしれません。」[30]

内田は、イスラム文化圏の寺院やキリスト文化の聖なる場所に土足で入ってはならないとするタブーを例に挙げ、日本では家が同じ感覚を持つ聖なる場所であると認識されているから履物を脱ぐのだとしているが根拠は示されていない。確かに寺院や聖なる場所というのは信仰において特殊な扱いをされる場所であるが、日本の事例としている家は日常の生活空間であり教会や寺院とは空間の性質が異なるので一概に同一という見方はできない。

このように沓脱石は、建築への昇降装置であり、建築と庭の中間領域に据えられるということ、そこでは履物の脱着行為があるということ以外の役割については、検証も十分ではなく詳らかにはされていない。

本研究では、建築と庭などの外部空間との境に据えられる昇降装置の板の沓脱と石の沓脱に注目し、それぞれの変遷を整理した上で、建築と庭の結節部において行われる履物の脱着行為を検証し、沓脱の持つ役割について詳らかにすることを目的とする。

第2節　研究の方法

本研究では沓脱において行われる履物の脱着行為について検証をすべく、『日本民俗学大系』[31]全12巻などを事前調査史料として、民俗学書を中心に履物の脱着行為を整理した。また、履物脱着を扱う有職故実書ならびに武家の儀礼書である『小笠原流礼法書』[32]などにおける履物の扱い方を確認した。なお、沓脱で脱がれる履物については、適宜、服飾史が分かる書籍等を参照した。

続いて、板の沓脱と石の沓脱に関する調査は絵画史料と文献史料を検証し、それぞれを相互の考察の補完として活用した。

絵画史料では、昇降装置の板の沓脱と石の沓脱の描写を巻末の表（沓脱に関する調査史資料一覧）の通り整理した。調査対象とした絵画史料には、中世までの史料に『一遍上人絵伝』[33]、『慕帰絵詞』[34]などの絵巻物を中心とし、近世の絵画史料には『洛中洛外図屛風』[35]などの屛風画、『都林泉名勝図会』などの地誌を用いた。また、これらの絵画史料では網羅できなかった絵画史料については『日本風俗画大成』[36]を用いて、沓脱の描写を確認した。調査対象期間は、古代から明治42年（１９０９）に近藤正一によって著された『庭園図説』[37]までをひとつの期間的な目処とし、可能な限り板の沓脱と石の沓脱の描写を抜粋し巻末の表にまとめた。

ただし、調査に用いた史料の性質として、中世までの史料は貴族を中心に製作されたもの、宗教画が大部分を占めており主題としてもそれらの文化に中心が向けられている。そのためそれ以外の庶民などの生活に関する史料が十分ではない。その反面、近世の史料は、庶民や町人に向けて制作されたものを中心としており、主題もそれらの文化を中心にしている史料を多く用いた。

絵画史料の検証では、まず沓脱の形態を板と石に分類し、それぞれの沓脱の構造的な特徴を確認した。特徴とは、絵画史料から取得できる構造的な要素であり、沓脱（板）ならば天板の様相、脚部の本数や脚の取りつく位置、沓脱の大きさなどである。一方、沓脱（石）は、使用されている石の形状、加工の有無であり、随所にて石の高さなどを類推した。

その上で、それぞれの沓脱の備わる建物を比較するべく、建物規模、屋根の葺き方、屋内装飾の有無などについて確認した。また、建物外部の敷地の広さや敷地を囲う門や塀などの有無、造園の状況について、造作の有無、造作物の多いことや少ないことに着目して検証を行った。

このほか、沓脱のある場面に描かれる人の人数や座る場所、それらの人々の履物、複数人がいる場合は座る位置関係に注目して検証を行った。その上で、板の沓脱と石の沓脱の備わる状況の差異を導き出して考察を重ね、用途や特徴について一部詞書などを用いつつ検討を行った。

さらに、文献史料では「沓脱」に関する記録を可能な限り抽出した。調査の対象とした文献史料は、9世紀の『茶経』[38]以降、古代・中世の貴族・公家らの日記、造園書、茶書など19世紀までを調査した。特に文献史料では、板の沓脱、石の沓脱の時代ごとの呼び名や名称に注目し整理を試みた。なお、中世までの文献史料の調査には、東京大学史料編纂所データベースを用いて[39]、「沓脱」、「履脱」の記録から沓脱の使用方法や備わる建物を読み取り、絵画史料に描かれている状況の補完としても利用した。

調査した文献史料はこのほかに『禅苑清規』[40]や『正法眼蔵』[41]、『維摩経』[42]などの禅宗に基づく史料、『礼記』[43]など中国古典書や『故実叢書』[44]、また必要に応じて沓脱と関連があると考えられる書物を参照した。

造園書については文献史料ならびに絵画史料としての性質を持ち合わせていると考え、正応2年（1289）成立とされる『作庭記』から文政11年（1828）の『築山庭造伝（後編）』[45]まで、本の消息が不明なものは除き、一通り沓脱の記述の有無と内容を確認した。

史料の性質として同様であると考えられる茶書については、『茶道古典全集』全11巻ならびに『茶湯古典叢書』[46]全4巻を主な史料として、その他『茶譜』[47]など主立った茶書は、該当する書籍を参照した。

これらをもとに沓脱が昇降装置として使用されている描写や履物が脱がれている状況を分析し、それぞれの沓脱が持つ役割について検証した。

［注釈］

1　小松茂美・徳川義宣・秋山虔・伊藤敏子・古谷稔編『日本絵巻大成1　源氏物語絵巻』中央公論社、1977年。

2　森蘊『「作庭記」の世界』NHKブックス、1986年。

3　森蘊前掲書（2）87頁。

4　生活改善同盟会「住宅改善調査決定事項」生活改善同盟会、1923年。

5　生活改善同盟会前掲書（4）。

6　「実用と美論争」：大衆の庭の構想において、それ以前の伝統的庭園から完全なる脱却を図った様式を提案した田村や大屋霊場を中心とする実用推進派に対し、庭がもたらす精神的重要性を一切忘却している行為であると警鐘を鳴らす上原、重森三玲などを中心とする伝統主義派の対立論争。この論争の根幹には、自由主義やデモクラシー運動の影響などが強く作用していたと言える。龍居松之助などは、大衆の住宅の庭は茶庭を模範とするべきではないかという提案をしている（「都会の住宅の庭に就いて」『庭園』第2巻第1号1920年）。この論争については様々な論文があるが、大正という芸術、生活文化の混合開始時期に起きた、「藝術観」の差から生じたものであり、様々な民生運動の思潮を代表する論議である。

7　「戸外室」：19世紀になると、英国では、庭が家庭の憩いの場として生活上自然な流れで活用されるようになった。その利用はテラスを中心に展開し、こうした文化が当時の造園学の先進国と言える独国に渡ったことにより、自然に接することで健康的効果も見込むことが出来ると考えられ理論化された。日本でも、大正期の造園界において、庭が保健健康上重要であると認識されると、鑑賞に重きを置きがちであったそれまでの庭園様式から脱却を図り、活用に重きを置いた新しい様式の庭が提唱される。英国、独国の庭園文化に活路を見出していた当時の造園家が「新しい庭の標榜」として用いた理念。

8　針ヶ谷鐘吉『西洋造園史』彰国社、1956年、312―313頁。

9　田村剛『実用主義の庭園』成美堂書店、1919年。

10　田村剛は『実用主義の庭園』の緒言にて、新しい家庭の庭園を指し「そこでは子供は遊戯し、老人は椅子をとり出して新聞を読み、主婦はその一隅にある木蔭で裁縫にいそしむことが出来るといふ様に、なるべく多くの家族に利用されるやうな戸外の大廣間といつたやうなものを設計せねばならぬ。」と「戸外の居室」となること掲げている。また上原敬二も、大正12年（1923）に出版した『庭園学概要』の第一章にて「庭園は建築の従属であると云ふ因襲的な観念は速に一掃されなければならぬ。戸外の部屋暖き太陽の光に直接浴し得る居間は即ち庭園に外ならず、庭園に雨、風を凌ぐ装置を施したものは即ち住宅であらねばならぬ。」と「戸外室」を推奨している。

11 田村剛『庭園鑑賞法』成美堂書店、１９１９年。

12 生活改善同盟会：文部省により１９１９年に開催された生活改善展覧会を受け、１９２０年文部省社会局に開設された組織。国家的利益と産業効率を向上させるために、個人の生活意識そのものを改革することを目標としていた。

13 田村剛『現代庭園の設計』鈴木書店、１９３０年、４―５頁。

14 田村剛「国民庭園の提唱」『庭園』第23巻第3号、１９４１年、87―90頁。

15 藤根大庭『理想の文化住宅』アルス、１９２３年、62―63頁。

16 飯田十基「雑木を主とした小庭園二題」『Modern Living Vol.5 家の設計・庭の設計』、１９５３年6月、１４２―１４３頁。

17 田村剛「庭園偶感」『庭園』第1巻1号、１９１９年、31―41頁。

18 田村剛「新庭園試作」『庭園』第4巻、１９２２年、１７４頁。

19 黒川紀章『道の建築―中間領域へ』丸善、１９８３年、54―55頁。

20 柳田國男『明治大正史　世相編　新装版』講談社、１９９３年。

21 柳田國男前掲書（20）１２２―１２６頁。

22 藤木忠善・前野尭・水沼淑子・田中厚子・志村直愛・金子加奈恵・デルパッゾロバート「戦後日本の住宅形式形成過程におけるアメリカ近代住宅の影響」『住宅総合研究財団年報』№21、１９９４年、２５３―２６４頁。

23 小松茂美、徳川義宣編『日本絵巻大成26西行物語絵巻』中央公論社、１９７８年。

24 上原敬二・渡辺虎一『建築材料としての石材』新展社、１９４７年。

25 上原敬二・渡辺虎一前掲書（24）99頁。

26 新修京都叢書刊行會『新修京都叢書　第9号　都林泉名勝図会』臨川書店、１９６８年。

27 内田繁『インテリアと日本人』晶文社、２０００年。

28 内田繁前掲書（27）73頁。

29 内田繁『茶室とインテリア　暮らしの空間デザイン』工作舎、２００５年。

30　内田繁前掲書（29）11頁。
31　大間知篤三・岡正雄・桜田勝徳・関敬吾・最上孝敬編『日本民俗学大系』平凡社、１９６０年。
32　島田勇雄・樋口元巳校訂『大緒礼集1　小笠原流礼法伝書』平凡社、１９９３年。
33　小松茂美・村重寧・古谷稔編『日本絵巻大成別巻　一遍上人絵伝』中央公論社、１９７８年。
34　小松茂美・千葉乗隆・金沢弘・籠谷真智子・神崎充晴・名児耶明編『続日本絵巻大成4慕帰絵詞』中央公論社、１９８５年。
35　国立歴史民俗博物館ＨＰ『洛中洛外図屏風』https://www.rekihaku.ac.jp/index.html（２０２１年8月8日閲覧）
36　安田靫彦編『日本風俗画大成　第一』中央美術社、１９２９年。
37　近藤正一『庭園図説』博文館、１９０９年。
38　千宗室編『茶道古典全集』淡交社、１９５６年。
39　東京大学史料編纂所データベース　ＨＰ　https://wwwap.hi.u-tokyo.ac.jp/
40　鏡島元隆・佐藤達玄・小坂機融訳注『訳註　禅苑清規』曹洞宗宗務庁、１９７２年。
41　水野弥穂子校注『正法眼蔵』岩波書店、１９９１年。
42　紀野一義校注『維摩経』大蔵出版、１９７１年。
43　竹内照夫『礼記　上　新釈漢文大系27』明治書院、１９７１年。
44　故実叢書編集部編『故実叢書』明治図書出版、１９５３年。
45　上原敬二編『築山庭造伝（後編）』加島書店、１９８９年。
46　谷晃・市野千鶴子校訂『茶湯古典叢書』思文閣、１９７６年。
47　谷晃・矢ヶ崎善太郎校訂『茶譜』思文閣出版、２０１０年。

第1章

履物の脱着行為

沓脱とは文字通り沓を脱ぐための装置であるが、装置としての沓脱が生まれる前提として、履物の存在とその脱着行為がある。どのような履物をどのような場面でいかにして脱ぐのか、そしてそれらにはどのような意味があるのかということは、沓脱そのものを論じる上で考察し確認する必要があると考える。よって本章では、履物とその脱着行為について、その種類と性質について検証する。

第１節　宮中における履物の種類と儀礼

現代では、履物は「靴」と記されることがほとんどであり「くつ」と統一した呼び方をされる。しかし、歴史的には「草履」や「下駄」など「くつ」と呼ばれる以外の履物があり、それぞれ材料、種類、用途ごとに異なる呼び名であった。特に「くつ」と呼ばれてきた履物は種類が多く、宮中の厳儀では様々な「くつ」が用いられてきたようである。

宮中に関する史料を検証すると平安期以降、建物に上がる際に「くつ」類を脱ぐ行為が確認される。現代では建物に入る際に履物を脱ぐ行為は習慣化されていると言っても過言でないが、宮中に見られる履物を脱ぐ行為は、現代のように習慣的なものではなかったようである。宮中において履物を脱ぐ行為がいかなる場合に行われていたかを検証し、習慣化された起源に迫る。

第１項　履物の種類

日本への履物の導入は中国大陸から持ち込まれたとされているがその時期は特定されていない。[▽1] しかし、遅くとも大宝元年（７０１）に制定された『大宝律令』[▽2] では、身分、位階毎に服装が区別され、付随して履物の規定がされている。『大宝律令』「衣服令」では、官位毎に禮服と朝服についての定めがあり、それぞれに応じて着用する履物も取り決められている。「禮服」は大禮の際に着用する服であり、「朝服」は大禮以外の朝廷の公事に参内する時に着用する服である。[3]

まず、『大宝律令』「衣服令」では、皇太子、親王、諸王、諸臣の順に「禮服」と「朝服」についての規定がされ、次いで女性の内親王、女王、内命婦の服装、最後に武官の服装が規定されている。

窪美昌保の『大寶令新解』[4]によると、皇太子の禮服は「禮服冠。黄丹衣。牙笏。白袴。白帯。深紫紗褶。錦襪。烏皮舃。」とあり、履物には「烏皮舃」が用いられたことが分かる。

「烏皮舃」とは、「烏（くろ・くり）」、「皮（かわ）」、「舃（せき・くつ・せきのくつ）」であり、【図7】に示す「黒皮で作られたクツ」もしくは「黒く塗られたクリ（クロ）皮クツ」であったと見られる。「舃（せき・くつ・せきのくつ）」とは、くつ底に木を張って二重底にしたもので、つま先が上がった形をしている。

親王の禮服は皇太子の禮服とほぼ同じであると見え、袍（わたいれ）が濃紫色、帯が絛（絹）、褶（ひらみ）が濃緑と色で身分を分けていることが推察されるが、履物については皇太子と同じ「烏皮舃」である。

続く諸王（一位から五位）ならびに諸臣（一位から五位）の禮服では、各所に違いがあることが認められるが、男性高官の禮服の履物は一様に「烏

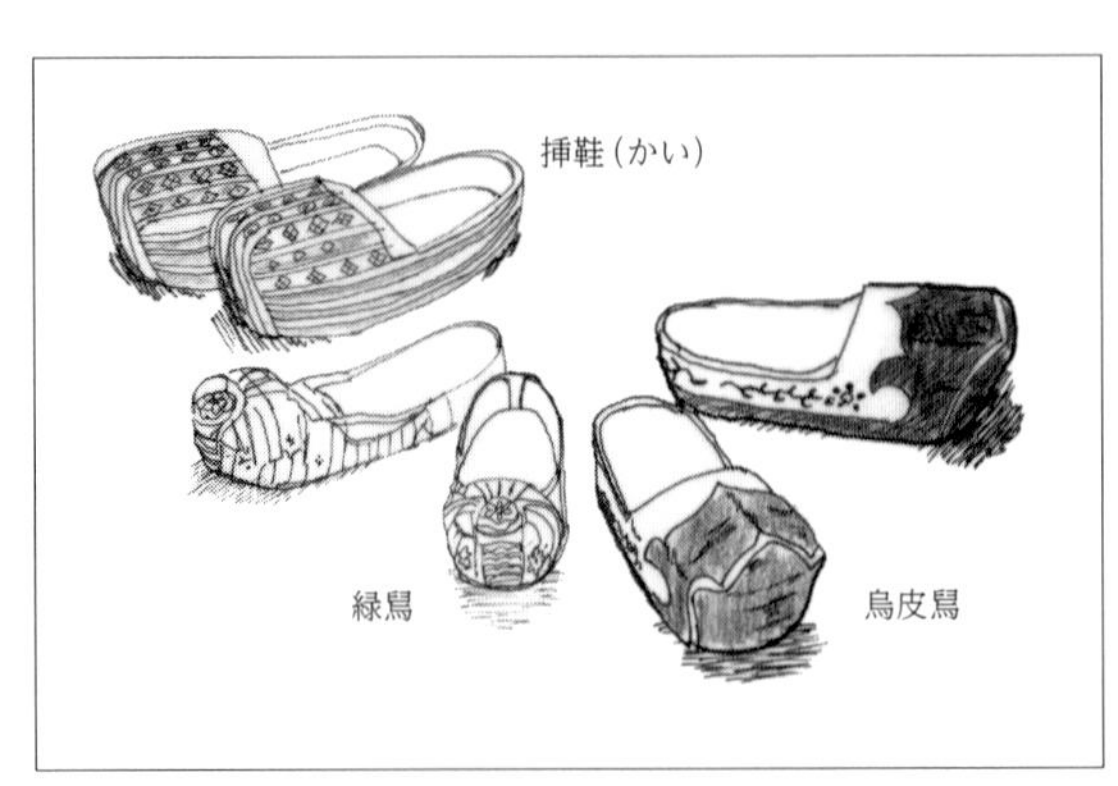

【図7】烏皮舃・緑舃・挿鞋
丸山茂樹『日本はきもの博物館』ひろしま文庫、1986年、p.110を模写

皮舄」であったと見られる。

女性の禮服の履物を見てみると、内親王は「緑舄」（【図7】参照）とされ、女王（一位から五位）、内命婦（一位から三位まで）の履物は同じであったが、内命婦の四位、五位の履物は、「烏舄（くろせき）」とされている。また、正六位下が相当する位階とされる兵衛佐（高等武官）の禮服時の履物は「烏皮靴（くろかわくつ）」（【図8】）であり、左右兵衛の長官になると「赤皮靴（あかかわくつ）」と同じ「靴」であっても色で位階を示す区別がされている。

「朝服」の規定には、皇太子に関する記述はされておらず、親王以下の「朝服」に関しては以下の通り記されている。

「一品以下、五位以上、並皀羅頭巾。衣色同二禮服一。牙笏。白袴。金銀装腰帯。白襪。烏皮履。六位、深緑衣。七位、浅緑衣。八位、深縹衣。初位、浅縹衣。並皀縵頭巾。木笏。謂職事。烏油腰帯。白袴。白襪。烏皮履。袋従二服色一。親王、緑緋緒。一品四結。二品三結。三品二結。四品一結。諸王三位以上同二諸臣一。正四位、深緋。従四位、深緑。正五位、浅緋。従五位、深縹。結同二諸臣一。諸臣。正位紫緒。従位緑緒。上階二結。下階一結。唯一位三結。二位二結。三位一結。以レ緒別二正従一。以レ結明二上下一。朝庭公事則服之。」（波線筆者）

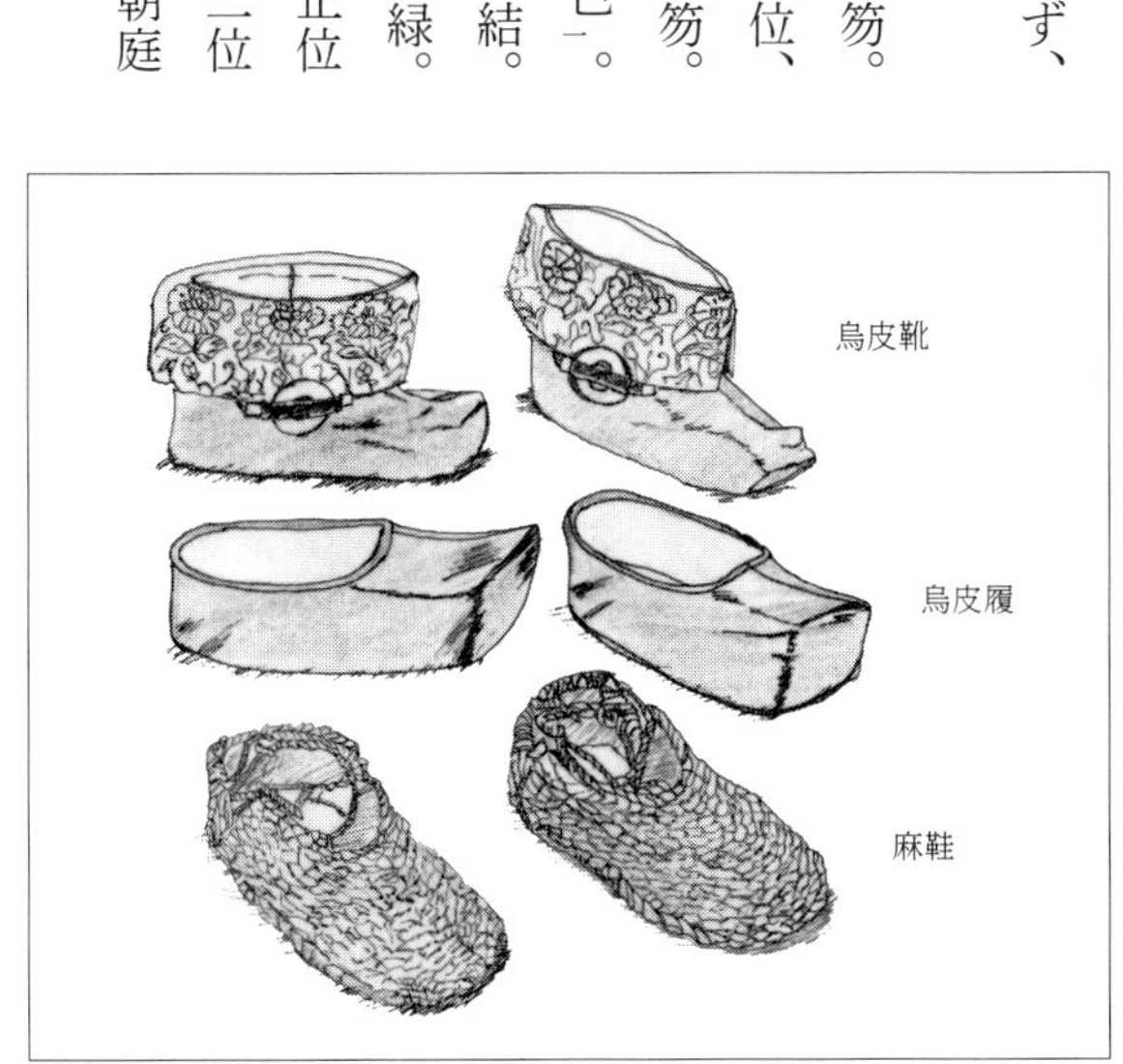

【図8】烏皮靴・烏皮履・麻鞋
丸山茂樹『日本はきもの博物館』ひろしま文庫、1986年、p.111を模写

以上のように、男性の一品親王から初位までの公事に参内する際に着用する履物は、一様に「烏皮履」（【図8】参照）であったことが分かる。また、女性である内親王から初位までの女性が参内する際に着用する「朝服」について、下記のような規定がされている。

「一品以下、五位以上、去二實髻及褶舄一。以外並同二禮服一。六位以下、初位以上、並着二義髻一。衣色准二男夫一。深淺緑紕帯。縹纈裙。初位去レ纈。白襪。烏皮履。四孟則服之。」（波線筆者）

史料から五位以上の婦女は「舄を着るに及ばぬ」と解せるが、「舄」という履物を用いることができなかったのか裸足で過ごしたのかは明らかとはならない。続く六位以下初位以上の婦女は、「四孟」に相当する太陰暦の「正月」、「四月」、「七月」、「十月」の一日に「烏皮履」を用いよと記されることから、節目には「烏皮履」を履いて朝廷の公事に参内することを決められていたことが分かる。

次いで武官の朝服の規定は以下の通りであった。

「衛府督佐、並皀羅頭巾。位襖。金銀装腰帯。金銀装横刀。白襪。烏皮履。其志以上、並皀縵頭巾。皀緌。位襖。烏油腰帯。烏装横刀。白襪。烏皮履。會集等日、加二錦裲襠赤脛巾一、帯二弓箭一、以レ鞋代レ履、兵衛、皀縵頭巾。皀緌。位襖。烏油腰帯。烏装横刀。帯二弓箭一。白脛巾。白襪。烏皮履。會集等日、加二挂甲一帯レ槍。以二位襖一代二紺襖一、以レ鞋代レ履。主帥、並皀縵頭巾。皀緌。位襖。烏油腰帯。烏装横刀。白脛巾。白襪。烏皮履。會集等日、加二挂甲一、帯二弓箭一。以二縹襖一代二位襖一、以レ鞋代レ履。並朝庭公事則服之。衛士、皀縵頭巾。桃染衫。白布帯。白脛巾。草鞋。帯二横刀弓箭若槍一。會集等日、加二朱末額挂甲一。以二皀衫一代二桃染衫一。朔節日則服之。尋常去二桃染衫及槍一。其督以下、主帥以上、袋准二文官一。」（波線筆者）

武官の「朝服」の規定には、衛府督佐、兵衛、主帥はみな「烏皮履」を履くが、「會集等日〈中略〉以レ鞋代レ履」と記されることから、人が集まる行事に際しては「鞋（かい）」を着用することが義務づけられていたと見える。「鞋（かい）」とは、糸及び布片や麻で作られた「くつ」類の履物である（【図7】参照）。衛士の「朝服」時の履物は「草鞋（わらんじ・わろうず）」だと記されるが、これも草履（ぞうり）類ではなく、麻鞋（【図8】参照）に見られるように足首まで包まれる「くつ」類であったと見られる。

この他に『大宝律令』「衣服令」には、無位の官員の規定も以下の通り定めている。

「無位皆皂縵頭巾。黄袍。烏油腰帯。白襪。皮履。朝庭公事則服之。尋常通得レ着二草鞋一。家人奴婢、橡墨衣。」（波線筆者）

朝廷の公事には「皮履」を着用し、通常時は「草鞋（わらんじ・わろうず）」を着用すると奴婢（ぬひ）とは、律令制の社会において通常の民衆よりも下位の身分であった賤民のことであるが、彼らの規定には橡（くぬぎ）染めの衣を着用することが記されるのみで、履物については言及されておらず、履物を着用することが認められていたか否かも定かではない。

『大宝律令』に見る奈良期の宮中の履物を整理すると、男子の「禮服」は、諸臣以上「烏皮舃」で統一されていた。女子の場合、内命婦の三位以上が「緑舃」、四位・五位が「烏舃」であり区別されているが、履物の色で分けているのみで階層上位者は、「禮服」には「舃」を用いていたことが分かる。武官の「禮服」は「烏皮靴」または「赤皮靴」であり「靴」と記され、無位の官員は、公事に際しては「皮履」を用いよと「履」の字が当てられている。

『朝服』は、男女ともに「烏皮履」が通常であるが、武官は「會集等日」に「鞋（かい）」に履き替えることが規定されている。以上のように、奈良期の宮中にて着用された履物は「舃」、「靴」、「履」、「鞋」であり、全て「くつ」と読むことが可能な字である。これらは形状や材質が異なることから表記も区別され、さらにはそれぞれの「くつ」に身分による着用の可否があったことが分かる。

続いて、奈良期に続く平安期の履物について確認する。平安末期から鎌倉初期の公卿である中山忠親の日記である『山槐記』[5]永万元年（１１６５）7月18日条には宮中行事に着用する禮服が新調された様子が記されている。「今日可有禮服御覧也、」と始まる7月18日条は、「男帝御装束」、「童帝御装束」、「女帝御装束」、「皇后御装束」、「太子御装束」の禮服が詳細に記され、履物についても確認される。

「太子御装束」の項には「御沓三足、赤革、此中有小一足」とあり、「赤革表沓片足、弓削法皇沓云々、片足紛失歟」と補足される記述が見られる。[6]

「男帝御装束」の沓については「御沓一足、黒色、有緒」と記されており、「童帝御装束」、「女帝御装束」、「皇后御装束」は色を変えることでこれに準じている。

また、藤原師通の命により大江匡房が著したとされる有職故実書『江家次第』[7]にも、平安期の宮中儀式における正装は靴であることが記されている。[8]

このように平安期でも禮服には「くつ」が使用されていたことが『山槐記』や『江家次第』により分かるが、桜井秀は『日本服飾史』[9]において、平安期の服飾について「服制上から見れば当代服飾界の覇者はいふまでもなく禮服」とし、その履物としては「舃」が使用されていたと述べている。

続く室町期の宮中における履物については三条西實隆の『装束抄』[10]によって確認できる。『装束抄』の「履」の条では、「くつ」に分類される履物とその用途が記されている。

塙保己一の『群書類従・第八輯装束部文筆部　装束抄』▽11に掲載される『装束抄』に記載されている履物は「挿鞋」、「靴」、「半靴」、「淺履」、「深沓」、「鼻切沓」、「藁深沓」、「草履」、「糸鞋」、「麻鞋」、「毛履」であった。このうち天子が着用する履物として「挿鞋」、「糸鞋」、「靴」が挙げられている。「挿鞋」は「天子尋常ニメス。幼主ノ時ハ糸鞋ヲ用給フ也。」▽12とされ、天子は平時には「挿鞋」を着用しており、幼少時の履物は「糸鞋」を履いていたとしている。さらにこの「糸鞋」は、「舞人及諸衛ノ六位是ヲ着用ス。殿上ノ舞人ノ時。風流ノ糸鞋見タリ。主上太子幼時召ナリ。将軍家伊勢参宮ニ被レ用レ之ハ。又別之事也。」とあり、「糸鞋」は天子幼少期以外にも舞人、諸衛（六位）も着用することがあったことが分かる。

続く「靴」の項には、「朝賀。小朝拝。節會。内宴等ニ天子モ召。臣下ハ此外即位。行幸。行啓。列見。定考。駒牽。譲位。立后。立太子。任大臣。釋奠等ニモ是ヲ用ユ。」とあり、内宴などでは天子が「靴」を履くことがあったとされる。さらに、「靴」は、即位や行幸に際して臣下も着用することがあり、立后、立太子、任大臣も釈奠等に用いたとあり、仏事などに用いられていたと考えられる。

『装束抄』では、公卿以下の者の履物として「淺履」、「深沓」、「鼻切沓」の使用が見られるが、「淺履」の項には「尋常公卿以下悉ク是ヲ用ユ。禁色ヲ聴タル人ハ。履敷ニ表袴ノ織物ヲ用ユ。非色ノ人ハ平絹也。又丈ヲ押ス。大臣大将文ヲ不レ押。惣而執柄（柄）家ニハ文ヲ押ザルヨシ見エタリ。」とあり、公卿以下の日常的な履物として使用されていたことが分かる。「鼻切沓」を着用するのは臨時祭、諸社の行幸の際であり、舞人も試楽の日に用いたとされる。また、公卿は「外記廳ノ政」の儀式や雨天、降雪の際には「深沓」を用い、御斎會では「王卿着用ノヨシ見エタリ。」とあることから「草履」（くさぐつ）を着用することもあったとしている。

なお、検非違使佐以下は「便ニ随テ」「毛履」を着用することがあったほか、騎馬上では「直衣。衣冠。布衣ニテ騎馬ノ時モチユ。行幸御幸ナドニ束帯ニテモ用ユ。凡騎馬ノ時ノ履ナリ。」とあることから「半靴(ほうか)」という履物が使用され、この他の履物として挙げられる「麻鞋」は「走孺(ちま)」を着用する際に用いるとされている。

『装束抄』を見ると室町期の宮中では「靴」、「履」、「沓」、「鞋」が使用されており、表記(字)の違いはあるが依然として宮中では「くつ」類が用いられていることが分かる。

桜井秀は「禮服」なる服制の生命は奈良の昔から維新の際まで続いていたと述べており[13]、宮中の「禮服」は江戸末期まで継続していたと考えられ、その際には「くつ」が用いられていたと考えられる。

続いて、天明4年(1784)の奥書が残る公家の源久恒による『服飾管見』[14]では、次のように『大宝律令』「衣服令」に見られる履物の江戸後期における扱いが分かる。

『服飾管見』によると、古代、中世において禮服時に着用された「烏皮舃」について、「今の禮服に用うめる舃也」とあることから、江戸後期に至っても宮中儀式で使用があったことが認められる。また、嘉永6年(1853)に書かれた『貞丈雑記』[15]には「淺沓」について「淺沓は木にて作る桐の木を彫り作る也但足の甲と下二ツして合する漆にて黒くかたくぬる也淺沓の形左の如し」と淺沓の図をもって紹介している。図の添書きには「公家にて常にはかるゝ沓也」、「公卿のめし候淺沓は此底を下襲と云装束のきれにてはる也武家にては何のきれにてもはる也平絹などを用也。」、「右の淺沓武家にても式の大的の時はく也。」[16]と宮中では江戸末期に至るまで「くつ」類の使用があったことが確認された。

しかし、同じ江戸末期であっても宮中以外ではそれほど「くつ」類の使用は多くなかったようである。喜田川守貞が天保8年（1837）に起稿し、その後、慶応3年（1867）頃まで加筆したとされる類書と見ることができる『守貞漫稿』[17]における履物の項に紹介される「くつ」類はごく僅かであった。喜田川守貞は、文化7年（1810）に大坂で生まれ、天保11年（1840）頃から江戸深川に移り住んだとされることから、『守貞漫稿』では江戸末期の京都、大坂、江戸の三都における庶民の生活を中心とした履物を取り上げていると見られる。

『守貞漫稿』は江戸期には刊行されず、明治期以降になり翻刻された経緯を持つが、室松岩確編『類聚近世風俗志』[18]を参照すると「くつ」類では、「足袋沓」、「朝鮮沓」、「綱貫沓」の3種の沓のほか、洋靴が普及していたことが確認される。

まず、時代として開国により西洋からもたらされた洋靴については下記の通りであった。

「文久頃より横浜在勤日本炮卒業往々西洋草履を用ふ又炮卒のみに非ず士も稀に用レ之慶應中幕府万石以上下士官命を受て同所に来り西洋騎法を学ぶ等の士皆必らず洋靴を用ふ　愚按後世に至り草履及び繖傘其他諸色諸風西洋を学ぶなるべし　洋靴足のみの物あり足より膝に至り一物に製したるあり是は雨中の専用也。」[19]（波線筆者）

近世では西洋草履、洋靴のほかに長靴のような履物の使用があり記述には「靴」の字が用いられていることが分かる。

一方、「足袋沓」、「朝鮮沓」、「綱貫沓」は【図9】に示す形状であり、「足袋沓」

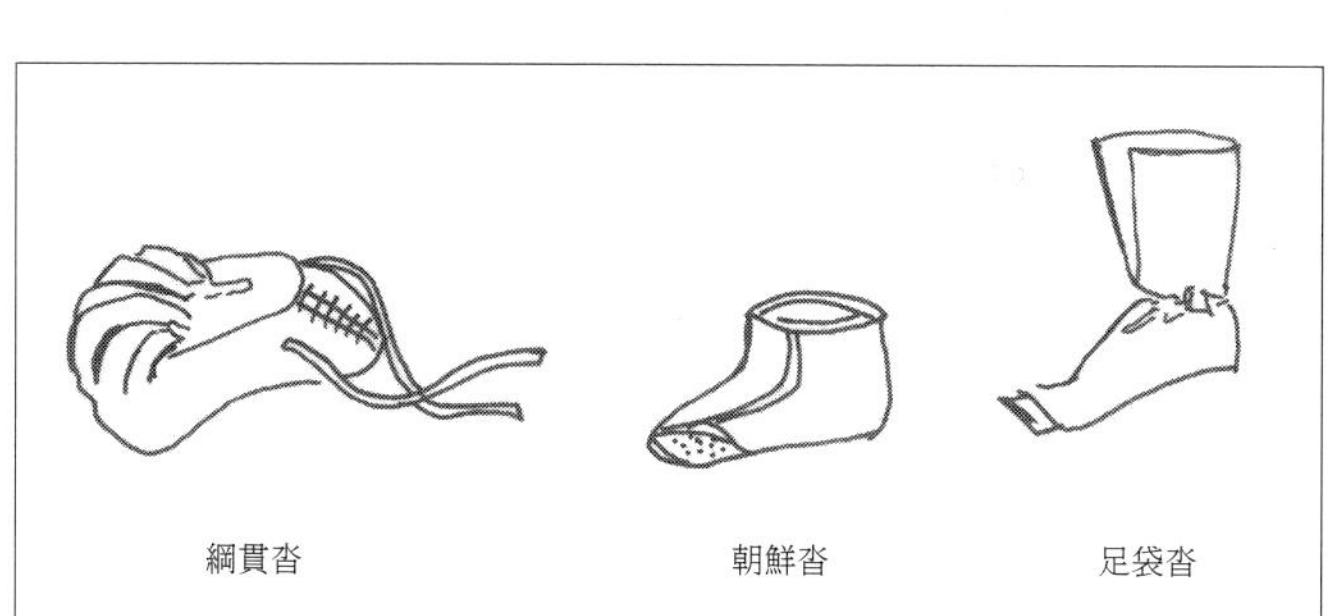

【図9】『守貞漫稿』に記載される近世末期の「沓」類
室松岩確『近世風俗志』文潮社書院、1928年、p.396より転写

は「形足袋に似て指股あり故に左右通用せず黒漆青漆ぬり等他白はなし官吏市中を周り撿見する等専二用之一又柳巷の下夫及び駕舁も用レ之」とされ、「朝鮮沓」は「足袋沓に准て或い用レ之左右通用して可也」と記されている。

さらに沓類の補説として喜田川守貞は、「江戸はさらに革沓を用ひず京坂も官吏用レ之等の外多く賤夫の用とす」と記しており、『服飾管見』や『貞丈雑記』の記述から宮中では「くつ」類の使用が明確にあったにも関わらず、町人である喜田川守貞の日常生活において、江戸では沓を用いる者が少なく、京都や大阪でも官吏や下夫が多く着用するような履物という印象を持っていたと見られ、沓があまり馴染み深い履物ではなかったことが伺える。[20]

以上のように、『大宝律令』から『守貞漫稿』まで歴代の「くつ」類を見ると、その表現は多様であることが分かる。確認される「くつ」類は、「鞋(かい)」、「舄(せきのくつ)」、「靴(かのくつ)」、「半靴(ほうか)」、「馬上靴(ばじょうくつ)」、「浅履(あさくつ)」、「深沓(ふかぐつ)」、「鼻切沓(はなきりぐつ)」、「毛履(けぐつ)」。また、鞋(かい)類として、「挿鞋(そうかい)」、「錦鞋(きんかい)」、「線鞋(せんかい)」、「麻鞋(まかい)」、「草鞋(わろうず)」などが確認された。

『守貞漫稿』の記述を見る限り、江戸期末期における沓類の使用は宮中などの比較的狭い範囲に限られていたのではないかとも考えられることから「くつ」類がどれほど普及していたか定かではないが、少なくとも宮中では古代から近世に至るまで「くつ」が使用されていたと考えられる。

一方、平安末期以降になると、「くつ」ばかりでなく庶民の間で草履類の着用があったことが中世絵巻にて確認される。12世紀に成立した『年中行事絵巻』[21]の第三巻には庶民の闘鶏を題材とした描写であるが、【図

10】の明神の鳥居前では鶏を持ち草履類を着用している庶民の姿が確認できる。

草履は鎌倉、室町期になり武家が台頭するようになると、履き脱ぎしやすいことから重用されるようになる。正安元年（１２９９）成立の『一遍上人絵伝』の三島社には草履店があり、対価物として草履が扱われるようになったことを伺わせる。

また、『和名抄』には「平履と云物あり。尋常の履の中にて、殊に平める物にて、賤げに見ゆる物なるべし。」[22]とあり、平たい草履のような履物が下級の履物だと認識されていたことが伺える。丸山茂樹は『貞観儀式』を引いて草履は平安期の宮中で使われた草鞋（わろうず）を改良して作られたとし、[23]11世紀から12世紀になると律令制の崩壊に伴い庶民にも広がったと考えられるとしている。

さらに丸山は鎌倉幕府が開かれ、武家社会が進むと、社会の中心となった武士の日常の履物は草履類であった。なかでも足半（あしなか）という通常の草履の半分程度しかない履物が重用されたと述べている。[24]

足半については、中世末期に日本にやってきたポルトガル人宣教師のルイス・フロイスの記録とされる『ヨーロッパ文化と日本文化』[25]に使用があったことが触れられている。ルイス・フロイスは足半に関して以下の通り記している。

【図10】『年中行事絵巻』に見られる庶民の履物
小松茂美・吉田光邦『日本絵巻物大成8 年中行事絵巻』中央公論社、1977年、p.16より転写加筆

「ヨーロッパではわずかに足の中ほどしかない履物を履いていたら物笑いになる。日本ではそれは立派なことで完全なものは坊主と婦人と老人のものである。」[26]
ルイス・フロイスによると身分の上下がある武家社会では通常の草履よりも足半のほうが格上であったことが示唆されている。

このように平安末期以降、武家社会や庶民は「くつ」ではなく草履を主な履物として用いていたと考えられる。さらに近世になると草履類は様々な形状が誕生し、それに伴い名称も多岐に及んだと考えられる。『守貞漫稿』では、江戸末期の草履について以下のようにそれぞれに呼び名があることが確認され、形や用途の幅が広がったのではないかと思わせる。

『守貞漫稿』における草履類は、「冷飯草履」、「金剛」、「げゝ」、「藺金剛」、「武者わらじ(九州)」、「福草履」、「中抜草履」、「藺穀草履(山谷草履)」、「阿波草履」、「麻裡草履」、「縁取草履」、「遊女上草履」、「裡付草履」、「寺町草履」、「雪踏」、「切廻雪踏」、「大津石割雪駄」などの名前が記されている。

「冷飯草履」とは、昔のわら草履、中世の葬禮草履を江戸期にはこのように読んだ。また、「金剛」、「げゝ」、「藺金剛」、「武者わらじ(九州)」は、同一の形状であり、「比叡山の安然僧正作り始しとぞ云々義経記源平盛衰記にはざうり云々」と記している。「麻裡草履」は、「突懸也鳶人足等凡賤業侠風の輩が用いる」草履だとされ、「縁取草履」については以下の通り天保まで使用が禁止されていたとされる。

「文政以来或はひだをとらず履形の天鵝絨の央を細長に裁除き端を打返し摸製す。天保中是亦禁止今復古す。天保前三十歳以下婦も淺黄天を付け用もありし也。江戸坊間及び武家も小禄の妻妾娘ともに不レ用レ之唯御殿女中と號す大坂及び萬石以上娘室媵婢に至り用レ之」[27]

「縁取草履」という草履は、富裕階層の女子のみが用いる草履であったことが分かる。

また、「遊女上草履」は、妓院中板廊に用いる上草履であり、20枚から25枚を重ねて縫い締めて作るため、板廊を歩くと木のように音が出るとされる。

「福草履」、「中抜草履」、「藺穀草履（山谷草履）」は吉原の客が用いるもので「上製藁草履」とも言ったそうである。その価格は僅か二十四銭であるが、武士や富民のみが用いる草履であって、小民は用いることはなかったとしていることから、近世には草履類にも身分による区別があったことが分かる。

なお「福草履」のことを京坂では「中抜草履」と云い、大名も稀に歩行の時に用いたとし、旗本以下及び陪臣などで雪踏を履いていても、城門を入る時や貴人の家に入る際には「中抜草履」に履き替えたとしているが、部下がいないような身分者は「中抜草履」を用いることはできず、雪駄のまま城内や尊貴の家に入ったことが確認された。『守貞漫稿』を見ると近世では、草履類に地方・職業を反映した呼び名があり、その中には身分によって使用が憚られた草履があったことが確認される。特に近世の草履類のなかで古代・平安・中世と異なるのは、雪踏（せった）の出現である。雪駄については以下の通り記されていた。

「雪踏　世事談曰雪踏は千の利久初て作ㇾ之らしむ雪中の露次入にしめり通るを忌て草履に又草履を重ね是を裡付草履と云猶濕りの透らぬことを計りて裡牛皮を以て造る雪の上を踏むと云理に因て雲踏（ママ）と名付たり今常

【図11】雪駄
丸山茂樹『日本はきもの博物館』ひろしま文庫、1986年、p.122を模写

用」之云々　守貞曰當時はろじ入にのみ用ふ故に裡鐵を用ひざる也今世京坂に用ふ重ね草履は則ち古の雪踏也今はうらがねを付ざれば雪踏と云ず裡鐵打ば遠路に用」之久しく堪を要す也蓋旅行には用いず。」[28]

「雪踏」(【図11】)は、千利休が雪の日に露地に入る際に足が湿ることを嫌い作ったことが記される。同じように『茶譜』にも、利休時代より雪駄が使い始められたことが記されていた。

「雪跎ハ利休時代ヨリ仕初ト云、世ニハ利休好ト云、然トモ高位ノ可履物ニハ無え、利休好ニハ信ナラス、右当代ハ裏付ヲクグリ下ニ置、雪跎并草履ニハ増タリ、草履ヲ二重ニシテ其間へ皮ヲ入ル、第一見物吉、又間へ中皮ヲ入ルユへ、水ニモ湿表へ不通、又高位ノ召ニモ不賤、又雪中飛石ノ上氷トモ不濘(スベラ)、旁似合敷物ナリ。[29]」

利休時代には裏鐵はなかったが、江戸では裏に鐵を付けた草履を「雪踏」と呼んでいる。もとは露地にのみ用いられていたが、江戸期になると普段使いされるようになったことが記される。

以上のように、草履類(ぞうり)は、「浄履(ぞうり)」、「金剛(こんごう)」、「下々(げげ)」、「乱緒(みだれお)」、「舌地(したじ)」、「裏無(うらなし)」、「緒太(おぶと)」、「尻切(しきれ)」、「雪駄(せった)」があり、さらに地域や職業によって異なる呼び名の草履が確認された。なかには「縁取草履」や「上製藁草履」のように使用できる者が限定されていた草履や「中抜草履」のように場によって履き替えることが必要となる草履があったことが分かる。

中世絵巻を見ていくと草履とともに一部に下駄の使用があったことが認められる。12世紀後半の成立とされる『餓鬼草紙』[30]では、排便の時に下駄を着用する庶民の姿が確認される。『餓鬼草紙』を見ると足下を汚さないために下駄を履いているように見えるが、中世初期に下駄が使用される背景としては実用的な面ばかりではなく、信仰や習俗との係わりがあったのではないかと考えられる。

秋田裕毅は『下駄（神のはきもの）』において、中世の下駄の使用方法の例として『鳥獣戯画』[31]に描かれる猿の琵琶法師を挙げている。秋田によると琵琶法師は無明であるにも関わらず、わざわざ足元のおぼつかない高下駄のような履物を着用することは、それ自体に非日常性があり、この時代では下駄の聖性や規制が根強かったのではないかとしている。[32]秋田によると下駄は日本に導入された際から祭祀品としての性格を有しており、これまでに8つの古墳から出土した10足の滑石製模造品の下駄は、非日常的な性格が強い副葬品であり、そのすべてが祭祀品であるとみられていることを指摘している。[33]

その上で秋田は【図12】に示す『扇面古写経』[34]や『信貴山縁起絵巻』に描かれている井戸周囲で下駄を履く女性の図を取り上げ、足が濡れても問題がないのに下駄を履いているのは井戸の周囲が聖なる場であるという概念があったの

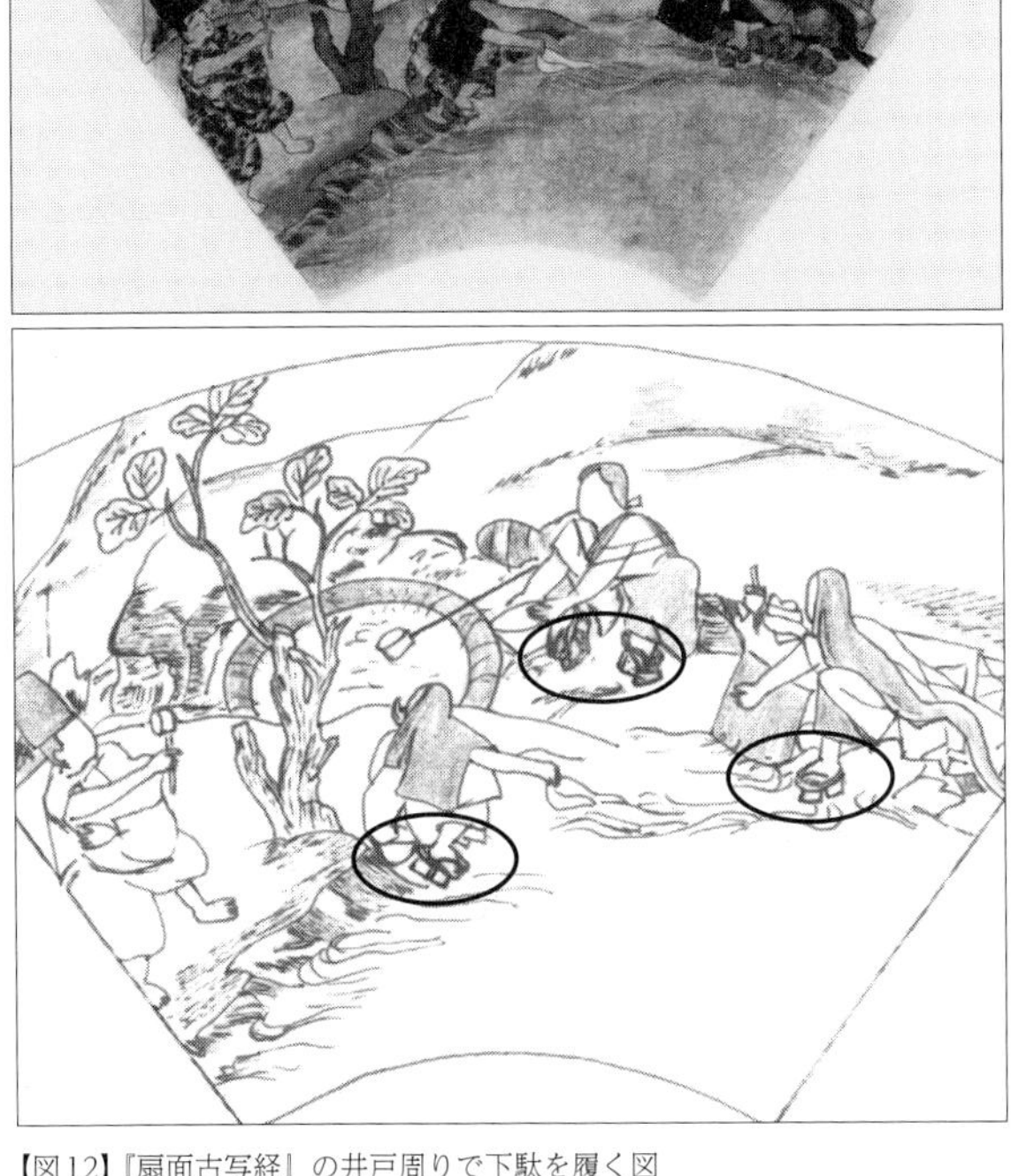

【図12】『扇面古写経』の井戸周りで下駄を履く図
考古学会『扇面古写経下絵』、国立国会図書館デジタルコレクションより転載、および転写加筆

ではないかとしている。さらに秋田は【図13】の『慕帰絵詞』の便所の描写を例に挙げ、便所と井戸端で履く下駄は、どちらも場を穢さないという同一の目的で用いられていると述べている。[35]

現代に至るまで「便所神」や「井戸神」などの名称が継承されてきていることからも、秋田が主張するようにこれらの場所は信仰心が働く場であったと考えられる。現代でも井戸を埋める場合に祈禱などを捧げることからも井戸は信仰の対象であったと見られる。一方、宮本常一は『絵巻物に見る日本庶民生活誌』にて、秋田と同じく『餓鬼草紙』の下駄を履いて排便する様子を例に高下駄は単に脱糞放尿用として作られたのではないかと述べている。[36] しかし、『北野社家日記』[37] 慶長4年（1599）4月30日条には下級僧が下駄を履いてきたことを咎められたとあることから、いずれにしても下駄は秋田の述べるように信仰における特別な意味があったと考えられる。

このように中世において、下駄は神聖な履物として扱われていたことが伺えるが、近世になると庶民にも普及していたことが『守貞漫稿』から分かる。

『守貞漫稿』によると下駄類の呼び名は前述の草履類よりもさらに多様であった。下駄類には、「江戸足駄」、「桐下駄」、「駒下駄」、「草履下駄」、「小田原町下駄」、「外方下駄」、「桐下駄」、「赤塗下駄」、

【図13】『慕帰絵詞』便所下駄を履く描写
『続日本絵巻大成4 慕帰絵詞』中央公論社、p.39より転写加筆

「堂島下駄」、「中切下駄」、「庭下駄」、「露路下駄」、「吉原下駄」、「羽根虫」、「引付」、「中折り」、「跡歯」、「芝翫下駄」、「家鶏（あひる）下駄」、「こつぽり下駄」、「跡歯一種」、「半四郎下駄」、「吉原遊女下駄」、「吾妻下駄」などが確認される。

「小田原町下駄」や「堂島下駄」、「江戸足駄」は、ある地域に広がっていた呼び名であり、「半四郎下駄」や「吉原遊女下駄」、「芝翫下駄」は特定の職業者に用いられる下駄であったとされる。

また「赤塗下駄」は、「浄瑠理太夫三絃弾舞妓俳諧師等遊民用レ之」と記され、以前は武士しか用いることが出来なかったことが分かる。また、「塗下駄」、「塗足駄」は、「寛延三年八月官命して男女塗下駄足駄及び三枚重ね草履を禁止す」と記され、市中の者が着用することを禁じていることからも、前述の「くつ類」、「草履類」と同様に「下駄類」にも身分による着用の可否が存在するものがあり、上位性のある下駄があったことが確認される。

なお、【図14】に示す「庭下駄」もしくは「露路（露地）下駄」と呼ばれた庭に降り立つための下駄については、喜田川守貞の目には以下の通り、長きにわたりほとんど変化がなかったと映っていたようである。

「庭下駄露路下駄也には杉製蓋赤杉のみ les緒を用ふ　稀には舶来の籐を以て緒に製したるもあり雨に腐らざるを要すのみ是は異物也les を本とする也　此庭下駄は坐敷の前に専用する者

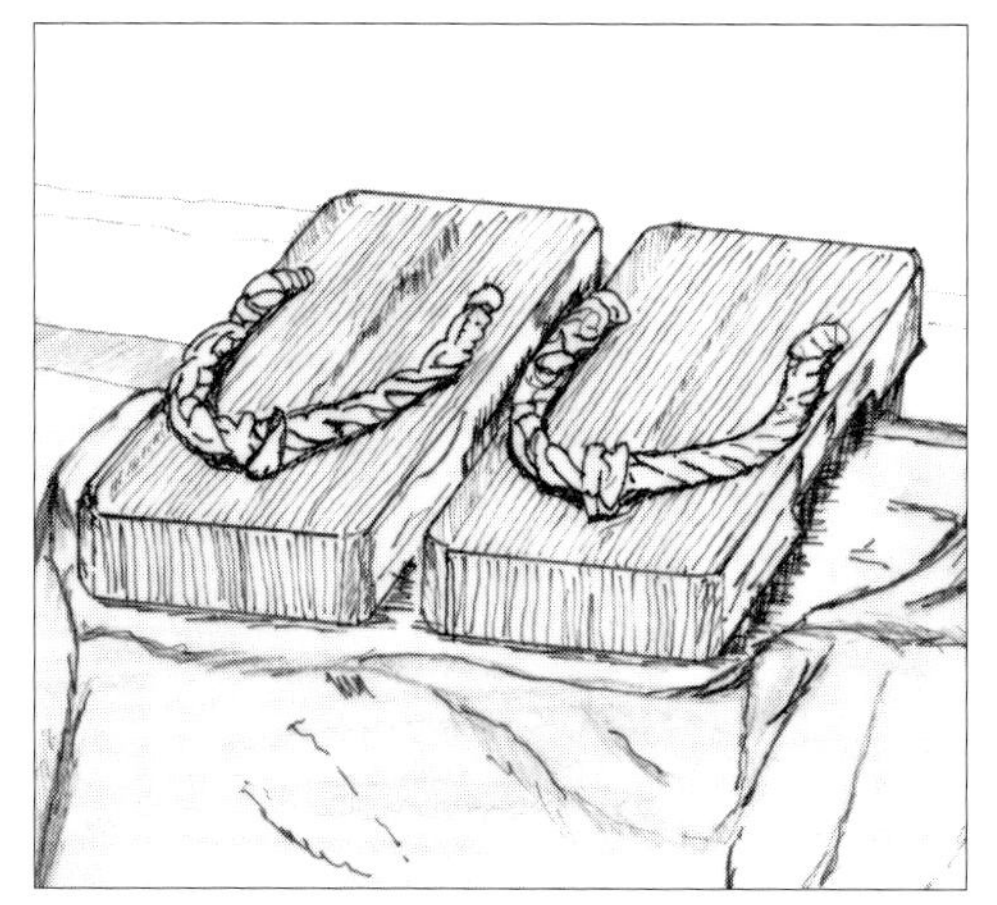

【図14】露地下駄
飯島照仁『ここから学ぶ茶室と露地』淡交社、2011年、p.277を模写

也大賈の見世庭にても此形を用ふるとあれども鼻緒を用ひず」[38]続けて「三都とも古今不〻易」とも記される。「古」がどれほど時代をさかのぼるかは不明であるが、江戸末期よりも昔より籜（たけ）などの雨に腐らない材質で作られた座敷前の庭専用の履物が用意されることがあったと分かる。つまり近世末期では、建築から庭に出るために雨晒しとなることを前提とした履物の用意があったことが伺える。

以上のように、下駄類の変遷を確認していくと足駄（あしだ）、屐子（あしだ）のほか、「庭下駄」、「露路下駄」、「吉原下駄」など、草履類と同じように用途ごとに異なる形状を持つ、さらには地域や職業によって異なる呼び名の下駄類があったことが確認された。

第2項　儀礼としての履物の脱着行為

第1項にて「くつ類」の変遷を検証したところ、「くつ」と読む履物は、歴史的には舃、履、鞋、靴、沓などが確認された。また、『大宝律令』以降、江戸末期の『服飾管見』や『貞丈雑記』に確認されたように宮中では儀式に際し「くつ」が続けて用いられてきたと見られる。

このうち「履」について『新訂字統［普及版］』[39]によると、その成り立ちは【図15】の通り、足が依存する「尸（しかばね）」「彳（行く）」「夊（行く）」から構成される。さらに、後漢末の劉熙が著した辞典である『釈名』では「履（くつ）は礼であり、

【図15】「履」（くつ）篆文・古文表記
白川静『新訂字統［普及版］』平凡社、2007年、p.906より転写

足を飾って礼をなすもの」と記されているとしている。「礼」は、古くは「禮」と書いており、文字の成り立ちは、神事を示す「示」と、祭器を表す盃を表す「豊」から構成されている。

また、儒教の基本的経典である経書の1つである『礼記』には、履物を着用する際の作法とともに、履物の扱いに礼儀と見られる記述が確認される。『礼記』には「侍二坐於長者一。屨不レ上二於堂一。解レ屨不二敢當一階。就レ屨跪而擧レ之、屏二於側一。鄉二長者一而屨、跪而遷レ屨、俯而納レ屨。[40]」とあり、竹内照夫は以下の通り通釈している。

「目上の人に侍坐するときは、靴のままで堂に登らず、また靴を脱ぐとき階段の下を塞がぬようにする。また堂を降りて靴を着けるときは、跪いて靴を取り、かたわらに退いて着ける。また、目上の人の前で靴を着けることになったら、まず、跪いて靴を取り、正面を避けて置き、うつむいて着ける。[41]」

すなわち目上の者に履物を着用したまま対座することは礼儀のないことであると解釈することができる。

さらに『礼記』には、「始めて入り、辭して、辭せよと曰ふ。席につかんとすれば、可なりと曰ふ。闔を排きて屨を戸内にぬぐは一人のみ。尊長在す有れば則ち否ず。」とあり、竹内は以下の通り通釈している。

「さて賓が門に入るときは、主人の擯（介添え）は主人に言葉をかけ、客に譲るように言う。そして堂に登り、席に着く際には、（賓主双方の）擯が、譲り合わずにすぐ着席してよい旨を言う。室の扉を開き、二人以上が入るときは、その戸内に屨を脱ぐのは（最年長者）一人のみであり、他は戸外に脱ぐ。ただし身分ある人があれば、その人が脱ぐ。[42]」

つまり、履物を脱ぐ場所は、年長者や身分のある者どちらか1名が屋内で脱ぎ、その他の者は屋外で脱ぐことが記されている。つまり、身分により履物を脱ぐ場所が区別されていたことが分かる。このように儒学

や その影響を組んだ禅宗の戒律において履物を脱ぐという行為が、長者や最年長者に敬意を表すものであり、貴人に対面する時には履物を脱いだ状態を基本としていたと考えてよい。

『礼記』を含む中国古典書は遣唐使によって日本にもたらされたことにより宮中の大学寮における参考書として用いられた。そのため平安期以降の宮中の儀式などにおける礼儀・儀礼の成立に多大な影響を及ぼしたと考えられている。飯淵康一・永井康雄・安原盛彦らの「紫宸殿上に於ける天皇及び公卿らの沓の着脱について」▽43によると、天皇、内弁大臣、公卿などが主に参内する元日節会において、天皇は御所（清涼殿）より常用していた鞋類の1つである挿鞋（そうかい）を履いて出発し、紫宸殿北廂に控え、御帳に着座し、儀式のための正装の靴（かのくつ）に履き替えたとしている。その後、公卿を迎え宴になったとしている。この元日節会における内弁大臣の履物に関する記述には、「先於陣座御着靴之後…」と陣の座で沓を着けて昇殿したことが記される。

さらに飯淵らによると、11世紀初期に成立したとされる『北山抄』では、天皇、大臣、公卿が揃って沓を履いたまま昇殿する元日節会よりも重要性が高いと言える天皇元服の儀式において、「因御座平敷、脱履也」と記され、天皇は靴を履くが、大臣以下、公卿においては倚子を用いない平敷であるため履を脱いで昇殿したとしている。▽44

前者においては、参列者が靴を着用して昇殿しているのに対し、後者では天皇のみが靴を着用し、その他の参列者は履物を脱いだ状態で昇殿している。こうした違いは、隋令から唐令に代わったことが影響していると述べている。

後者では天皇は履物を着用しているにも関わらず、天皇以外の者は履物を着用しない事例が確認される。

なお、『宗五大草紙』には「殿中では素足を原則とする。」とあることから、[45] 8世紀ないし9世紀頃以降の宮中において天皇以外は、履物を着用しないことが基本となっていたと考えられる。

さらに『薩戒記』応永33年（1426）4月28日条では、「昇沓脱之時、先向予気色於地上脱沓昇、沓脱之儀尤可」とあり、[46] 明確に「沓脱之儀」と記されていることから、履物を脱ぐ行為は礼儀であり、儀礼として扱われ、やがて習慣として定着した行為であった可能性が見いだせる。こうした履物を脱ぐ礼儀は慣習化され、儀礼として鎌倉期以降に社会の上位に君臨した武家にも伝搬していったと見られる。

武家故実は室町期（永享～寛正）に発展したとされ、『小笠原流礼法』や『今川大双紙』[47] もこの時期にほぼ完成したと見られている。

『小笠原流礼法』二百十一条には、礼儀として履物の扱いに留意することが以下の通り記されている。

「一　足中（足半）には、礼あるまじく候。そうじてしきれ（尻切）などには礼候まじきなり。そのゆえは、しきれはくつの代わりなり。くつにはれいなきものなりと、公家衆もおおせられ候。ただし、とうじ（当時）はれい候べし。[48]」

「くつ」は「足中」や「しきれ」を指しており、礼を欠くものとある。

続く、十三巻の「弓法躾の上」には御供する際には沓を着用しないことが以下の通り記される。

「一　騎馬出立の事。一束ゆがけの事、両ゆがけの事、両ゆがけさして、次にうつぼをつけて上ざしをさし、鞭をさすべし。やがてゆみを取り馬にのるべし。御供の時沓をはくべからず。脚絆はしゅすたるべし。[49]」

馬上では五つの礼があり、第三に沓の礼があると以下の通り挙げられている。

「一　馬上に五つの礼の事。第一の礼、弓の弦をかいこむべし。第二ゆがけの礼、手おいを返すべし。第三沓の礼、鐙をけはなすべし。第四手づなの礼、両手の輪を取り直しての礼なり。第五ほろの礼、左の手をとくべし。条々口伝。」[50]

「沓の礼」とは、履物を脱ぐ訳ではないが鐙から足を外すことで礼を示していることが分かる。そればかりか公家の女房衆に向かう時にも沓を脱ぐことで礼を示していたことが次のように記される。

「一　公家女房に向かいての礼の事。弓を持ちたらば我が右の方を通すべし。弓手を通さば弓の礼にて有るべし。弓の礼とは弓の弦をかいこむべし。弓を持たざる時は手づなの礼有るべきなり。手づなの礼とは輪を取りかえるなり。沓をぬぎて礼すべし。」[51]

加えて『小笠原流礼法』では以下の通り神社への参拝においても履物を脱ぐとしている。

「一　物詣・社参、そうじて先打の事。沓にてもぞうりにてもはきたる物ぬぐべし。京上の時は御免あってはく事有り。」[52]

このように神社に参じる際に履物を脱ぐ礼の取り方は『今川大双紙』にても示されており、「神前を通るとき、馬上で沓を外して礼を取り、沓をはいてなければ、鐙から足を外して礼をとる。」[53]とある。
神前における履物による敬意や礼の表明については、元禄年間に著された『神道名目類聚抄十五』[54]でも神前で履物を脱ぐ作法について以下の通り言及している。

「沓にても、緒太にても草履にても、心に任せ著時、神社へ参詣したる時は沓の揖のことあり、自己の宅〈月木〉の上にて直に神拝するには沓の揖のことあるべからず、自己の宅にても、庭上にて円座敷などにて著て拝する時は沓の揖あるまじき」[55]

上記に挙げた「揖」とは、中国古代からある敬礼の一つであって、両手を旨の前で組み、上下または前後に動かして敬礼を表す礼をすることである。[56]履物を脱着する行為が礼儀であったと考えると、これに伴って「揖」が行われていたことから武家社会において「履物を脱ぐ」という行為が礼をとる作法として継承されていたことが伺える。[57]

この他に履物を脱ぐことによって礼を示す事例は『今川大双紙』において、「御供の時、主人より先に行けと言われたら、主人の左側を通り、その際は主人の方の沓を脱ぎ外して通る。また左が混んでいるときは、主人の方の沓を取って通る。馬主の主人に礼を取る。」[58]とあり、『伊勢貞助雑記』[59]では、歩行中に貴人と会った際、「しきれ」をはいていたら足半にはきかえるべし、[60]と記されている。

また、ルイス・フロイスは履物を脱いで礼を取る日本の習慣について、「ヨーロッパで、われわれの間では、貴人が君主の前に履物を脱いでいくならば、それは狂気の沙汰であろう。（日本人は、）どんな主人の前にでも、履物をはいたまま出ることは教育のないこととされている。」と述べている。さらにルイス・フロイスは「われわれは帽子をとることによって慇懃を示す。日本人は靴を脱ぐことによってそれを示す。」[61]と西洋では見られない作法であるとしている。

以上のように、宮中において尊者や長者の前では「くつ」を脱ぐことが礼儀であったと考えられる。やがて慣習となった履物を脱いで礼を示す行為は、その後の社会の中心を担うことになる武家社会にも伝搬し、草履など履物全般に適用されていたと見られる。武家社会では、主人や貴人ばかりでなく神に対しも履物を脱いで礼を示す作法があったと考えてよい。

第3項　沓の揖による敬意表明

文献史料において「沓脱」の語が確認される記録には、沓脱に接して履物を脱ぐ際に「揖」の姿勢を採ったことが記されていた。「揖」について『作法故実』[62]では「揖事。凡揖時不レ垂二面頭一折レ腰許也。不レ縮レ膝也。」[63]と、「頭、顔を下げずに腰を折ることである。」とされる。

また、履物を脱着する際に揖を行うことを「沓揖」と言い「神社祭式作法の一つ。沓を脱いだり、はいたりする場合に、笏をとり上体を軽くかがめる作法」とされる。[64]

先述した『神道名目類聚抄十五』には「神拝次第〈略〉先沓揖〈正レ笏乍レ立一揖而脱レ沓、無レ笏者用レ扇〉」とあり、神拝の際に沓を脱ぎ一揖していることが分かるが、反対に履物を履きながら揖の姿勢を採ることもあったと記されている。

『上卿故實』[65]には、沓脱に接した揖の行為に関して下記の通り記される。

「脱レ沓膝行。始レ自二座下膝一三度。拔二座上足一深揖。北面。居定引二寄裾一。先右手持レ笏。以二左手一引二座上裾一。次左手持レ笏。以二右手一引二座下裾一、更居直。東面疊レ裾。大臣置二座上一。大中納言乍レ持レ笏以二左右手一縿レ裾置二座南端一。其末在二地上一。近年大納言尚置二座上一歟。自直レ沓、左手持レ笏。以二右手一取レ扇。末上直レ之。沓鼻向二外南一。口傳持二笏於左手一之時。笏之中程ヨリハ、小上方ヲ取テ、横丙下方右方。持レ之。身ニ副テ持レ之也。直レ沓之時持様如何。」[66]

このように沓脱に接しては、揖の姿勢をとり、笏を持ち替えるなどの所作があったことが確認される。こうした行為が前項で記した『薩戒記』応永33年（1426）4月28日条に見られる「沓脱之儀」であったか明らかとはならないが、沓脱に接しては揖に見られるように明確に敬意を示すべく行為があったと分かる。さらに沓揖は武家社会にも伝搬しており、主人や神に対して「沓揖」を行っていたと見られる。

第2節　民間習俗の草履とその脱着行為

第1節では、宮中において履物を脱ぐ行為は貴人、尊者に対する礼儀であり、やがて儀礼となり、習慣として定着した可能性を見出した。宮中では『大宝律令』以降、継続して「くつ」と呼ばれる履物を儀式に着用していたが、江戸末期の『守貞漫稿』から分かるように、庶民にとって「くつ」類は馴染みが深い履物ではなかったことが示唆される。むしろ庶民や武家は草履類などを日常的に着用していたと考えられ、そのため庶民の信仰を反映する祭事や儀式では草履を信仰の対象と見なす行為が確認される。特に庶民の草履にまつわる信仰は、異なる空間の境（境界）を越境する際に確認されることから、民間習俗における草履の信仰とそれに伴う履物の脱着について整理する。

第1項　民間習俗における草履の信仰

藤田秀司によると、昭和初期の秋田県羽後仙北郡では、農家に奉公に出ている若者がお盆近くになると「盆草履」を作り、盆の十三日に主人へ贈る風習があったとされる。この草履は十三日の夕食後お盆下駄と同じようにお墓参りや盆踊りに主人やその家族が履いて出かける。年の暮れには生家の父母へ「水屋草履」と呼ばれる草履を贈ることもあり、農家の奉公人や片田舎の人たちにとって唯一の土産、贈り物とされた。また、収穫の頃になって米の調製のとき履かれる草履は「庭草履」と呼ばれ、腹痛になると、古くなった庭草履を土が付いたまま火にあぶり、手ぬぐいなどに包んで腹に巻き付ける習慣もあり、東北の農村では腹痛に際して効果があると強く信じられていた。この「庭草履」を堆肥や馬屋に捨てるときは、緒のあるまま捨てると田の神様が嫌うということで必ず横緒を切られたとされる。[67]

葬式のときには、近隣の人たちも手伝い野辺送り草履を作る風習もあった。野辺草履はお寺と死者の近親者が履き、葬式が終わると集めて墓場へまとめておく。これを田植えに履くと豊作になり、さらに百難を逃れると言われるため、いつの間にか墓場から持ち去られると言われる。

また、新しい家や小屋を建て上棟式を営むときは、お供えとして棟上草履があり、式が終わると大工の棟梁によって草履の横緒が断ち切られ、棟上の御幣[68]と共に、家の平安と繁栄を祈り神様に供える風習であった。[69]

これと同じく神様に草履類を供える風習は、群馬県東中里町にある火雷若御子神社（からいわかみこ）にも見られる。火雷若御子神社の祭神は火産霊命（ほむすびのみこと）と、城峯社（大山祇命）があって共に祀られている。境内には、農耕馬が雷に打たれないようにとの信仰から御沓堂があり草鞋（わらじ）が奉納される。同じように群馬県前橋市にある雷電神社でも、雷神（祭神）が天空を駆ける際に草鞋（わらじ）を履いているとの伝えから、草鞋（わらじ）を奉納する信仰が残る。

さらに草鞋を奉納する信仰としては、寺院、神社へ悪霊の侵入を防止することを目的に巨大な草鞋を用いる地域もある。[70]例えば高知の幡多郡では、道切縄、注連縄などに大きな草履をさげ、山男が来てそれを見て引き返すという風習が残るという。[▽71] この信仰は、巨大な草履や草鞋を屋敷の入口や村の入口に張られた注連縄に吊るすことで外魔を威嚇する意があるなどの説がある。吊された草鞋は、村と村外、敷地と道の間にある堺（境界）に対する結界として扱われている。[▽72]

第2項　沓掛と越境における草履の脱着

第1項で示したように、民間習俗には履物と堺（境界）にまつわる信仰が確認されたが、日本各地に分布する地名にも履物と越境に対する信仰をもとに名付けられたと考えられている地域がある。大分県にある宇佐神宮の周辺には沓掛村（現：杵築市）という村があり、長野県の軽井沢宿と追分宿の間には「沓掛宿（現：佐久郡軽井沢町）」という中山道の宿場が存在していた。長野県には、この他にも沓掛という名がつく地域が大町市や小県郡青木村にあるが、このように「沓掛」の地名を持つ地域は全国的に分布している。

黒田日出夫は、各地にある「沓掛」という地名は「元来、峠の入り口に祀る山の神や道祖神などに、馬の沓や草鞋を掛けて奉納し、祈願する習俗であり、峠や山道を無事に通れるように神に祈願する行為として考えられる。」[▽73]と述べており、越境に際して履物を神前に供える風習が各地に広まっていたことが分かる。履物を奉納する場所は、境（境界）に祀られる道祖神などであったとされるが、道祖神は古来より境や旅の神として信仰を集めてきた。道祖神は『礼記』の「檀弓（だんぐう）上第三」にて「掘二中霤一而浴、毀レ竈以綴レ足、及レ葬、毀レ宗躐レ行、出二于大門一、殷道也。學者行レ之。」と記されている。竹内の解釈は「人が亡くなると、室中の床を掘り、その上で亡きがらに水を使い、またかまどを壊してその瓦を亡きがらの足に当てがい、履をはかせ、また埋葬するときには廟の牆（かき）の一部を崩して棺を出し、行神（道の神）の位置を過ぎ、家の大門を出て墓に向かうのが、殷の世の習わしであって、（孔子の道を）学ぶ人たちはこれに従っている。」[74]としている。「道の神」は「道祖神」のことであり、日本では、養老４年（７２０）の『日本書紀神代上』[75]にて「道の神」に言及している。

『日本書紀神代上』は、火の神である加具土命（カグツチ）を生んだために陰部に火傷を負い病の後に亡くなった伊邪那美（イザナミ）を、伊弉諾（イザナギ）が黄泉の国まで追ってきた逸話に由来する。伊弉諾が、黄泉の国のケガレを落とすために禊を行った際には、左眼からは天照（アマテラス）大御神、右眼からは月読（ツクヨミ）命、鼻からは須佐之男（スサノオ）が生まれたとされるが、伊弉諾（イザナギ）が脱ぎ捨てた履物からは「道の神」もしくは「履の神」と言われる道敷神が現れたと「又投其履、是謂道敷神。」と記される。戸矢学は伊弉諾の行った禊が祓いの原型であると述べており[76]、波平恵美子は日本民俗の宗教は不浄に対する観念やそれを避けたり祓い清めたりする手段を発達させてきたとしている。[77]

「祓い」や「禊」の対象となるのはケガレであるが、数あるケガレと捉えられる事象のなかでも特に「死」に対しては極端な扱いがされている。

山中裕、鈴木一雄は『平安時代の儀礼と歳事』[78]において、平安貴族は死やケガレに対して鋭い感覚を持っていたとし、近親者が死去した際には律令によって一定期間、死のケガレを清めることを目的に謹慎することが定められていたとしている。そのため、藤原頼通は大嘗祭の御禊のため妹である威子の死に服喪できなかったが、[79]その理由には宮中や神社などは清浄であることを必要とするため、死のケガレを極端に忌み、殿上人や神事にかかわる人はケガレに接触することを避けなければならなかったと山中らは述べている。

履物に関する習俗は、こうしたケガレと捉えられてきた死や死者を葬る葬式などの儀式とも深い係わりがあったと見られる。波平によると神奈川県厚木市では、入繰りに藁草鞋の鼻緒を切って片方を脱ぎ捨て、それに葬式用の煮炊きした灰と料理に使ったシャモジを立てるという習俗があり、[80]茨城県南西部地方では、忌明けに草鞋の底に餅などを塗り付け墓の側に立てることによって、ケガレを墓地に封じ込める習俗があったとしている。[81]草履はそれぞれに死に係わるケガレを封じ込めるために魔除けとして用いられたのである。

しかし、ケガレに対し使用された草履が一転して貴ばれる習俗がある地域も確認される。例えば前述した葬式のとき着用される野辺草履の別名は恵比須草履とも言い、羽後由利郡では履いて漁に出ると豊漁だと信じられ、縁起の良いものと貴ばれて求められた。同様の習俗は長崎県壱岐郡勝本浦にも残っており、漁が盛んなこの地域では、船には船霊様、網には恵比須様が御座ると信じられていたため、神聖な海に出るに当たり、陸地の様々な不浄を持ち込まないように陸で履いた履物は船上で用いることは出来なかった。陸地で使用した草履を船に持ち込む際には底を上向きにして置いておくことが求められたが、死者の近親者が履いた恵比須草履を漁に履いて行くと豊漁となるという信仰があったと波平は述べている。[82]

恵比須信仰が世に広まったのは、福徳を願う民衆が遍満してきた室町期といわれ、その様は謡曲、狂言などに謡いこまれた。倉田一郎は、恵比須神は東日本では古来の田の神と習合した神格となっているため十月の神立ちでも出雲旅行には恵比須神だけは参加しないとしている。つまり恵比須神は農家と密接な関係にあると言えるが、[83]それればかりか漁業とも密接に関わっており、島根県簸川郡北浜村では漁業に関する石を恵比須と言い道祖神と同一視している。[84]

恵比須は伊弉諾と伊邪那美の長子であるヒルコであるとする説もあり、七福神の中で唯一日本の神だとされる。『古事記』では足が不自由で歩けないことを理由に流されてしまい、やがて恵比須となって戻ってきたとしているが、下中邦彦はそうした背景から足を病んだ者が草履や草鞋を道祖神の前に供え回復を祈願する信仰が存在していると述べている。[▽85]

このように道祖神の信仰では草履が神への供物として使われており、堺（境界）を越える越境行為と関連性が高いことが示唆される。黒田日出男は「草鞋を脱ぐことは、そうした道の境を超える象徴的行為なのであり、旅人は、それを行うことによって道を旅することができたのであった。[▽86]」と、越境のための禊として草履を脱ぐと見ている。

波平はこうした道が重なる辻、山の勾配の分かれ目、峠、異なる空間の境など危険と認識される場所は、魔がつけ込みやすいと考えられる反面、神がいる神聖な場所であるとも捉えられてきたとしている。[▽87]そのため平地と丘陵地などの空間の堺（境界）や、農村と漁村などという異なる社会の生活領域の境（境界）となる越境を伴う場所には道祖神が祀られ、そこでは信仰心から神に奉納すべく草履を脱ぐことがあったと考えられる。

小結

本章では、まず古代から近世に使用された履物の種類として「くつ類」、「草履類」、「下駄類」の変遷を確認した。「くつ類」は主として宮中において使用があったと見られる。宮中の人々に用いられる履物は『大宝律令』以降、江戸期まで主として「舃」、「靴」、「履」、「鞋」、「沓」など足の甲までを覆う「くつ類」であった。

古代の『大宝律令衣服令』を確認すると身分ごとに禮服と朝服の規定があり、例外なく「くつ類」を用いており、それは中世を経て近世末期まで継続されていたと見られる。

そうした宮中の礼儀・儀礼を規定する有職故実書の成立に影響を及ぼした『礼記』には履物を脱ぐという行為が長者や最年長者に敬意を表す礼儀であると記され、貴人のそばでは履物を脱いだ状態を基本としていたと捉えられる。こうした礼儀を前提とした教えは日本の貴族社会の儀礼となり慣習的な行為となったのではないかと考えられる。その例として、天皇元服の儀式では天皇以外の参列者が履物を脱いで昇殿しているが、これは天皇に対し敬意を表していたと考えてよい。このように尊者に対する礼儀として履物を脱ぐ行為は武家の礼法書である『小笠原流礼法伝書』などにても確認される。『小笠原流礼法伝書』では「公家女房に向かいての礼の事。沓をぬぎて礼すべし。」とあり、武家儀礼にも影響していたことが分かる。さらに武家儀礼のなかには、神前において履物を脱ぐ作法もあり、尊者のみならず神に対しても履物を脱ぐことで礼を表していたと考えられる。

一方、草履類は庶民に重用され、着脱しやすい草履類は12世紀以降に台頭した武士の日常の履物に用いられた。江戸末期の『守貞漫稿』を見ると近世末期において市中の庶民は「くつ類」ではなく、雪駄などの草履類や下駄類を使用していたことが分かる。

庶民に重用された草履類は民間習俗の信仰・儀式・祭事の中に特徴的な扱いがあったことが確認され、それは空間の堺（境界）部に大きな草履を吊るし魔除けとして用いるほか、峠などに祀られる道祖神に供物として草履を供える行為であった。民俗学ではこうした空間の境（境界）は魔が入り込みやすい場であると同時に神聖な空間であるとも捉えることから道祖神などが祀られると考えられているが、空間を越境する際には、草履を脱ぎ道祖神などに奉納する習俗が見られた。

また、草履類とともに中世絵巻などに確認される下駄類は、『扇面古写経』の井戸端や『慕帰絵詞』の便所周りでの使用が確認される。下駄類は祭祀品としての性格が強いという論考があり、便所や井戸は神のいる神聖な場であると同時に他界への通路として認識され、そこには神がいるという信仰があったため使用されたのではないかと考えられる。

鎌倉期の道元禅師による『正法眼蔵』の「洗浄の巻」では、厠（便所）の使用を修行と捉え、入り口で履物を替えるという行為を記している。『正法眼蔵』では「厠門のまへにして換鞋（くわんあい）すべし。蒲鞋（ほあい）をはきて、自鞋を厠門の前に脱するなり。これを換鞋といふ。」[▽88]とあり、履物を履き替えることから、厠（便所）が日常とは異なる空間として捉えていたことを示している。つまり、下駄は神聖な場への立ち入る越境行為に伴い着用される履物であったと見られる。

このように草履類や下駄類は、民間習俗において、信仰心が強く働く空間の堺(境界)を越境する際に、敬意や畏怖を示すべく脱着行為があったことが確認され、それに伴って履物が祭祀品や魔除けとして扱われている。

なお、人生の通過儀礼である葬儀について『礼記』では、履が用いられていることを記したが、平安貴族の信仰のなかには葬儀と同じ人生の通過儀礼である婚礼の儀式に「くつ」を用いる風習がある。宮中では、婿が嫁いだ先の寝殿へ上がる際に脱いだ沓を婿の足が家に留まるようにと、女の両親が抱いて寝るという風習があったとされる。▽89 葬式や婚礼の儀式は直接的な越境行為ではないが、通過儀礼の1つであり「境」の意識が働いていると考えられる。青木保は、沓、履、草履、下駄など履物全般は、古来より信仰の対象であって、それは境や通過儀礼に象徴的に見られるとしている。▽90

以上のように、儀式・祭事・信仰における履物の扱いを確認すると、「くつ」、「草履」、「下駄」ともに「境」と密接な関わりが見られた。「境」は魔がつけ入りやすい空間であると同時に神が御座すと考えられる場所であり、そうした場面では履物の脱着が行われている。

なお、『字統』▽91には「沓」の意味を「けがす・かさなる・むさぼる」と記し、いくつかの漢字を組み合わせる会意には、「水と日(えつ)に従う。日は祝禱を収めた器であり、それに水を加えることは、祝禱を汚し、祝禱の効果をなくすための行為である。」▽92としている。このように、沓の字を用いる語には悪意のある言葉も確認される。「沓と冠」は、上下貴賤の身分階級の順序が乱れ本来とさかさまになることを言う。「沓入」とは、破産寸前になること、老いかかること、鞠が破れかかることを指す。疑いを招くような所へ行くことを「沓を入れる」と言い、妻が浮気をすることを「沓かさなる」と表す。以上のように、「沓」には悪意のある意味も含まれるため「沓」そのものをケガレと見なす論考も存在するが、これらの多くは神に向かうためにケガレであるクツを脱ぎ、足を清めることが越境のための儀礼であると捉えている。

しかしながら、沓がケガレだとすると、ケガレを忌み嫌う貴族が寝殿に上げ、抱いて寝るような真似をするとは考え難い。むしろ儀式や信仰に見られる履物は神聖なものとして扱われていることが多い。

「通過儀礼」という言葉を遺したA・V・ジェネップは、「足を地につけないという観念は、儀礼の主人公を持ち上げるか、あるいは高い所においておくことであって、一般にいわれているような、不浄なものとの接触で聖なる大地、母なる大地をけがすのを防ぐという目的で行なわれるのではない。」[93]と述べている。峠にて草履を手向ける行為も、本来は履物を行具として遠くより来訪する神をもてなすための儀礼的な呪術であったとする論考も存在する。[94]

以上のように、履物の脱着行為について「くつ類」を使用することが多い宮中では尊者や神に対する礼として履物を脱ぐことがあり、それは宮中の儀礼となり、やがて慣習化されていき武家社会にも伝搬していった可能性がある。一方、草履類や下駄類の脱着行為については、民間習俗を見る限り、越境に際して象徴的に脱着行為があったこと確認される。つまり、履物を脱ぐ行為は、礼儀として履物を脱ぐ場合もあれば、境で象徴的に履物を脱ぐ場合もあると考えられる。

［注釈］

1 潮田哲雄『はきもの』法政大学出版、1973年、131頁。
2 窪美昌保『大寳令新解』南陽堂、1924年。
3 窪美昌保前掲書（2）557—564頁。
「禮服は、不断（ヘイジ）のお召に非ず、こゝは殊に大禮用而已の事也、」
「朝服は、朝庭の公事参内する時に着用する服也、」
4 窪美昌保前掲書（2）566頁。
5 日本史籍保存會編纂部編輯校訂『山槐記』日本史籍保存會、1916年。
6 日本史籍保存會編纂部編輯校訂前掲書（5）294—298頁。永万元年（1165）7月18日条。
7 故実叢書編集部編『故実叢書第二十三回　江家次第』明治図書出版、1953年。
8 故実叢書編集部編前掲書（7）133—138頁。
9 桜井秀『日本服飾史』雄山閣、1924年。
10 塙保己一編『群書類従・第八輯装束部文筆部　装束抄』続群書類従完成會、1932年。
11 塙保己一編前掲書（10）232—233頁。
12 塙保己一編前掲書（10）232頁。室町期の成立だと推定される『名目抄』では、「草鞋（ソウカイ）」とする項に「天子着レ之。臣下不レ用レ之。但法中用レ之。」とあり、続く「絲鞋」の項に「幼主之時着レ之ヲ。又樂人舞人着レ襲ヲ時着レ之ヲ。」とある。
13 桜井秀前掲書（9）161頁。
14 故実叢書編集部編『故実叢書第二回　服飾管見』明治図書出版・吉川弘文館、1951年。
15 故実叢書編集部編『故実叢書第十六回　貞丈雑記』明治図書出版・吉川弘文館、1952年。
16 故実叢書編集部編前掲書（62）206頁。
17 『守貞漫稿』は、喜田川守貞が天保8年（1837）に起稿を開始し、慶応3年（1867）頃まで加筆され続けたが出版はされず、後世になり『類聚近世風俗志』の名で出版された。
18 室松岩雄編『類聚近世風俗志』文潮社書院、1928年。

19　室松岩確編前掲書（18）３９７頁。
20　室松岩確編前掲書（18）３９７頁。
21　小松茂美・吉田光邦編『日本絵巻大成８　年中行事絵巻』中央公論社、１９７７年。
22　故実叢書編集部編『故実叢書第十五回　和名抄』明治図書出版、１９５２年、61頁。
23　丸山茂樹『日本はきもの博物館』ひろしま文庫、１９８６年、１１９頁。
24　丸山茂樹前掲書（23）30頁。
25　岡田章雄訳注『ヨーロッパ文化と日本文化』岩波書店、１９９１年。
26　岡田章雄訳注前掲書（25）30頁。
27　室松岩確編前掲書（18）１１１頁。
28　室松岩確編前掲書（18）３８９頁。
29　谷晃・矢ヶ崎善太郎校訂『茶譜』思文閣出版、２０１０年、42頁。
30　小松茂美・村重寧編『日本絵巻大成７　餓鬼草紙』中央公論社、１９７７年。
31　小松茂美・上野憲示編『日本絵巻大成６　鳥獣戯画』中央公論社、１９７７年。
32　秋田裕毅『下駄（神のはきもの）』法政大学出版、２００２年、１７２—１７５頁。
33　秋田裕毅前掲書（32）55—57頁。
34　『扇面古写経下絵』国立国会図書館 HP:https://dl.ndl.go.jp/info:ndljp/pid/967638（２０２０年10月15日）
35　秋田裕毅前掲書（32）98—１２０頁。
36　宮本常一『絵巻物に見る日本庶民生活誌』中公新書、１９８１年、１８３頁。
37　竹内秀雄校訂『史料纂集　北野社家日記　第五』続群書類従完成会、１９７３年、１２８頁。
38　室松岩確編前掲書（18）３９７頁。
39　白川静『新訂字統［普及版］』平凡社、２００７年。
40　竹内照夫『礼記　上　新釈漢文大系27』明治書院、１９７１年、29頁。
41　竹内照夫前掲書（40）29—30頁。

42　竹内照夫『礼記　中　新釈漢文大系28』明治書院、１９７７年、５２５頁。
43　飯淵康一・永井康雄・安原盛彦「紫宸殿上に於ける天皇及び公卿らの沓の着脱について―儀式時の検討―」『日本建築学会計画系論文集』第５１９号、１９９９年。
44　飯淵康一・永井康雄・安原盛彦前掲書（43）２５５―２６２頁。
45　二木謙一『中世武家の作法』吉川弘文館、１９９９年、79頁。
46　東京大学史料編纂所ＨＰ　https://wwwap.hi.u-tokyo.ac.jp/ships/shipscontroller（２０２１年８月８日閲覧）『薩戒記』応永33年（１４２６）４月28日条。
47　室町（永享～寛正）武家故実が発展する。由来は平安期以来の公家社会に基づくものが多いと二木謙一は『中世武家儀礼の研究』にて述べている。鎌倉期は原則として平等で、室町武家社会になると身分、地位による序列が生まれ、格式が重んぜられた。室町幕府陥落後も儀礼習得の必要性を感じ、戦国大名にも受けつながれていく。
48　島田勇雄・樋口元巳『大緒礼集２　小笠原流礼法伝書』平凡社、１９９３年、１７５頁。
49　島田勇雄・樋口元巳校訂『大緒礼集１　小笠原流礼法伝書』平凡社、１９９３年、２９４頁。
50　島田勇雄・樋口元巳校訂前掲書（49）２９１―３０５頁。
51　島田勇雄・樋口元巳校訂前掲書（49）３０３頁。
52　島田勇雄・樋口元巳校訂前掲書（49）３０４頁。
53　二木謙一前掲書（45）38頁。
54　新日本古典籍総合データベースHP：https://kotenseki.nijl.ac.jp/biblio/100264029/viewer/4（２０２０年８月31日閲覧）源宗隆『神道名目類聚抄十五』。
55　新日本古典籍総合データベース前掲書（54）。
56　日本大辞典刊行会編『日本国語大辞典十巻』小学館、１９７３年。
57　日本大辞典刊行会編前掲書（56）６２２頁。
58　二木謙一前掲書（45）38頁。『今川大双紙』にて「御供の時、主人より先に行けと言われたら、主人の左側を通り、その際は主人の方の沓を脱ぎ外して通る。また左が混んでいるときは、主人の方の沓を取って通る。馬主の主人に礼を取る。」

59　故実叢書編集部編『故実叢書　第十六回　伊勢貞助雑記』明治図書出版、１９５２年。
60　二木謙一前掲書（45）１２０—１２１頁。
61　岡田章雄訳注前掲書（25）25—30頁。
62　塙保己一編『群書類従・第七輯公事部　作法故実』続群書類従完成會、１９２９年。
63　塙保己一編前掲書（62）３４７頁。
64　日本大辞典刊行会編『日本国語大辞典三巻』小学館、１９７３年、１１８６頁。
65　塙保己一編『群書類従・第七輯公事部　上卿故實』続群書類従完成會、１９２９年。
66　塙保己一編前掲書（65）８２６頁。
67　藤田秀司「草履の民俗」柳田國男『民間傳承第三十巻第九號』日本民俗学会、１９４９年、34—35頁。
68　「御幣」『万葉集』には坂の神が恐ろしい神であることが書かれており、ヌサ（幣）を奉り、供えることがタムケ（手向）であったとされる。『春日権現記絵』には、疫病に冒され死ぬ寸前の病人の家の前に結界が張られ、結界には、道祖神（疫病神）に象徴される石の他に、幣串が立てられている。
69　藤田秀司前掲書（67）34—35頁。
70　秋田裕毅前掲書（32）55—57頁。
71　下中邦彦『日本民俗学大系第３巻』平凡社、１９５８年、１０８頁。
72　下中邦彦『日本民俗学大系第７巻』平凡社、１９５８年、３０２—３０３頁。
73　黒田日出男「道で沓を脱いだ人々」柏木博・沢田知子・平井聖・松葉一清・神崎宣武・宮澤清・鈴木博之・白石勝彦・遠州敦子・中村敏則・黒田日出男・松岡正剛『日本人とすまい①靴脱ぎ』光琳出版、１９９６年、１１１頁。
74　竹内照夫前掲書（40）１１０頁。
75　国立国会図書館ＨＰ　https://dl.ndl.go.jp/info:ndljp/pid/1286872『日本書紀』「神代上」（閲覧日２０２１年8月8日）
76　戸矢学『神道入門』河出書房新社、２０１６年、１１１頁。
77　波平恵美子『ケガレの構造』青土社、１９９２年、２０７頁。
78　山中裕、鈴木一雄『平安時代の儀礼と歳事』至文堂、１９９４年。

79　山中裕、鈴木一雄前掲書（78）１５５頁。

80　波平恵美子『ケガレ』東京堂出版、１９８５年、60頁。

81　波平恵美子前掲書（80）60―61頁。

82　波平恵美子前掲書（77）１３９頁。

83　吉井貞俊『えびす信仰とその風土』図書刊行会、１９８９年、６頁。

84　波平恵美子前掲書（77）１４０頁。

島根県簸川郡北浜村（現平田市）では、恵比須と道祖神が同一視されており、海から拾い上げた石を２つ結んで注連縄で飾り、村の笹会で神主に祈ってもらった後に恵比須を祀っている祠に持って行き再び祀る習俗が残る。

85　下中邦彦前掲書（72）３０９頁。

86　黒田日出男前掲書（73）１１１頁。

87　波平恵美子前掲書（80）１９２頁。

88　水野弥穂子校注『正法眼蔵』岩波書店、１９９１年、１９５頁。

89　山中裕、鈴木一雄前掲書（78）１２３頁。

90　青木保『儀礼の象徴性』岩波文庫、２００６年。

91　白川静『字統』平凡社、２００７年。

92　白川静前掲書（91）２２７頁。（沓＝トウ〈タウ〉）けがす・かさなる・むさぼる。［会意］水と日（えつ）に従う。日は祝禱を収めた器。それに水も加えるのは、その祝禱をけがし、祝禱の効果をなくすための行為である。

93　青木保前掲書（90）２６９頁。

94　下中邦彦『日本民俗学大系第８巻』平凡社、１９５９年、１６８頁。

第2章

沓脱の形態と変遷

本章では、絵画史料および文献史料から沓脱に関する描写と記述を抽出し、その特徴を明らかにする。本章を含め本論文で調査した絵画史料と文献史料は、巻末の表「沓脱に関する調査史資料一覧」に示す通りである。

【図16】に示す『慕帰絵詞』には、板で造られた沓脱の上にて履物を脱いで屋内に入る様子が描かれている。また、『一遍上人絵伝』には、石の沓脱の上にて履物を脱ぎ屋内に入る様子が確認できることから、どちらの沓脱も履物を脱ぐ場として使用され、建築への昇降装置となっていたことが分かる。なお、本研究では以下、特定の固有名詞がない場合と材質を強調したい場合を除き、板の沓脱を沓脱（板）、石の沓脱を沓脱（石）と記す。

まず、第1節では、絵画史料における沓脱の描写について検証を行った。まず中世までの絵画史料において沓脱（板）は、その初見であると考えられる延久元年（1069）の『聖徳太子絵伝』▽1について検証し、沓脱（石）は、同じく初見である正安元年（1299）の『一遍上人絵伝』において、それぞれの沓脱が設えられている状況について検証した。

『一遍上人絵伝』には、沓脱（石）以外にも沓脱（板）が8か所に確認される。そのため、中世までの沓脱が設えられている状況を比較するべく、

【図16】『慕帰絵詞』親鸞の閑居の沓脱（板）にて履物を脱ぐ様子
小松茂美『続日本絵巻大成4 慕帰絵詞』中央公論社、1985年、p.34より転写

両方の沓脱の備わる建物を中心に空間性の比較を行った。なお、本研究に用いた史料の性質として、中世までの史料の多くは支配階層によって制作されその対象も支配階層に向けられているが、反対に近世史料の多くは被支配階層に向けて制作されたものが多いという違いがあるなかで、『一遍上人絵伝』は一遍の全国への遊行の旅の軌跡に添って描かれており、中世の庶民生活を垣間見ることができる。このように支配階層、被支配階層どちらの生活も描写されているという面においても『一遍上人絵伝』は貴重であると考えられるため、沓脱（板）と沓脱（石）の描写を取り上げて比較考察を行った。

続く第2節では、文献史料における沓脱（板）と沓脱（石）の記述について整理した。まず、『列見并定考部類』[2]の長元2年（1029）の記録には「履脱」の文字が確認され、寝殿造に備わる沓脱（板）であると判断される。一方、中世までの文献史料には沓脱（石）であると特定される記述は確認できず、具体的な記述が確認されたのは慶長年間に書かれたとされる『古田織部正殿聞書』[3]であった。

第1節　絵画史料に描かれた沓脱

絵画史料における建築への昇降装置には、板で造られた沓脱と石で造られた沓脱があったことが確認される。本節では、板の沓脱と石の沓脱それぞれについて、絵画史料における初見を確認するとともに描写の特徴を考察する。具体的には、沓脱の素材、構造、沓脱の備わる建物および屋外空間の特徴を明らかにする。

第1項　板の沓脱の描写と特徴 ―『聖徳太子絵伝』を中心に―

沓脱（板）の絵画史料における初見は、管見の範囲では延久元年（１０６９）に成立した『聖徳太子絵伝』であった。『聖徳太子絵伝』には、高欄がついた廂縁の縁先に沓脱（板）と見られる設えが描かれている。本項では『聖徳太子絵伝』に描かれた沓脱（板）に着目し、その特徴を明らかにする。

まず『聖徳太子絵伝』には履物を脱ぐ様子は確認することができなかったが、『慕帰絵詞』（【図16】参照）において、『聖徳太子絵伝』に見られる板で造られた沓脱と同じ様相の設えの上で履物を脱ぎ建築へ昇る様子が確認されることから、この設えが昇降装置として使用される沓脱（板）であることが分かる。

『聖徳太子絵伝』は、もともと法隆寺東院絵殿障子絵であり、現在では二曲屏風五双の計10面の額に改装されている。成立は延久元年（1069）であり、作者は秦致貞（はたちてい）とされる。『聖徳太子絵伝』は、上宮寺、堂本家絵巻や、四天王寺、橘寺、鶴林寺、斑鳩寺などの諸本が存在するが、本研究では国立文化財機構が所蔵し、e国宝およびColBaseによって公開されている秦致貞作の絵伝にて検証した。同絵伝には、いずれの場面にも寝殿造様と見られる建築が確認されるが聖徳太子が存命していた時代に寝殿造は成立しておらず、絵伝に描かれる建築は作成された11世紀の時勢を反映していると考えられる。

なお、その他絵伝に関する根本的な解釈は「国立文化財機構文化財活用センター」国宝『聖徳太子絵伝』場面解説を利用し従った。▽4

『聖徳太子絵伝』には、合計八か所に沓脱（板）と思われる設えの描写がある。沓脱（板）の描写がある場面について、太子の年齢を見ていくと「5歳（二面）」、「10歳（四面）」、「16歳（三面）」、「21歳（三面）」、「28歳（六面）」、「37歳（六面）」、「41歳（五面）」、「43歳（四面）」以上となる。

まず「太子5歳」の沓脱（板）は、第二面の「群臣に先立っ

【図17】東京国立博物館蔵『聖徳太子絵伝』第2面 太子5歳 沓脱（板）
ColBase（https://colbase.nich.go.jp/）をもとに加筆（以下77頁まで、いずれも部分）

て皇后（のちの推古天皇）を拝する姿」を描いたとされる【図17】に示す場面に確認される。正面には五段の階が備わる建物があり、その左隣にある建物正面に沓脱（板）と見られる設えが描かれている。

建物の屋根は檜皮葺で高欄のない廻り縁があることが分かる。屋内は切目長押により一段上段となっており単重姿の女性が見えるが、御簾掛けされているため確認できない。

沓脱（板）は廻り縁の縁先にあり、縁よりも僅かに落ちているようである。沓脱（板）の幅は建物の間口と同じ一間幅であると見られ、その構造は踏み面の天板に一枚板を用いていることが、縁側に貼り合わせ板を用いている描写がされることから判断される。なお、『聖徳太子絵伝』に描かれているこの他の沓脱（板）でも、天板はすべて一枚板であった。

板の脚部は右側と中央部の昇り口側（前側）と建物側（後側）に計四本の脚が確認され、さらに左側にも脚があることが想定されることから、計六本の脚で自立する造りであると推測される。

建物の外には朱色の欄干がつく橋があり、その先に五段の階がある広場があるが特別な造作物は確認されない。沓脱（板）のある場所は敷地の端であると見られるが、その前には樹木や築山のようなものが描かれている。

階の下には幼少期（5歳）の太子が描かれ、太子を取り囲むように縫腋袍（ほうえきほう）姿の公卿と思われる者たちが立っているが、手には笏を持ち冠を付けている。さらにその奥側にある沓脱（板）の前方に褐依姿で弓を持つ武官が地面に座している。

「太子10歳」の沓脱（板）は、第四面「蝦夷（えみし）の侵攻について群臣が討議しているのを聞く姿」を描いているとされる【図18】に示す場面にある。

正面に七段の階と階隠しが備わる間口五間幅の建物と渡廊で繋がる間口一間幅の建物が描かれており、屋根はどちらも檜皮葺で高欄のつく廻り縁が備わっている。どちらの建物も、屋内は切目長押により縁側よりも一段上がっており畳が敷かれている。

沓脱（板）は正面一間幅の建物の縁先にあり、その天板の高さは廻り縁とほぼ同じであるように見える。沓脱（板）の幅は、建物の間口と同じ一間幅で、脚部は前脚片側のみ確認できるが、ほかは劣化により正確に読み取りすることはできない。

建物の外部を見てみると、敷地を囲うように塀が巡り、沓脱（板）のある建物側に門が備わる。沓脱（板）のある広場には朱色の欄干がつく橋があり、七段の階がある広場と接続しているが、この階の両側には樹種は特定されないが樹木が植えられている。

階前の広場には、縫腋袍姿の公卿と思われる者たちと数名の僧侶の姿が見られ、その中には帽子（もうす）を着けた法服姿の者が一名いるほか、白色と灰色で異なる色の法衣の僧が

【図18】『聖徳太子絵伝』第4面 太子10歳 沓脱（板）

数名見られる。この他には門の前に褐依姿で弓を持つ武官が地面に座し、階の建物内には狩衣姿に見える者が畳の上に座しているが、太子の所在は明確にされていない。

「太子16歳」の沓脱（板）は、第四面「用明天皇が病で伏して崩御の様子」を描いているとされる【図19】に確認できる。

寝殿造に近い構成を持つ建物の主屋の間口は五間から六間程度であり、中央には一間半幅程度の五から六段の階が備わる。この建物と渡廊で繋がる先には正面三間幅の別の建物があり、その前に沓脱（板）が備わっている。屋根はどちらも檜皮葺で、高欄のある廻り縁が備わる屋内には畳が敷かれ、切目長押により一段上がっている。

沓脱（板）の幅は一間半程度であり、廻り縁の縁先に縁よりも一段落ちているように見える。脚部は左右の端に前後四本の脚があり自立している。

建物の外部は敷地を区切る塀が巡り、門を入るとほぼ正面に沓脱（板）が備わる。剥落しているため読み取りが困難であるが、敷地内には落葉樹と見える樹木が確認できるほかは何もない広場となっている。

【図19】『聖徳太子絵伝』第3面 太子16歳 沓脱（板）

また、主屋の屋内には太子が用明天皇に付き添う様子が確認できるが、このほかに沓脱（板）の正面の縁側には直衣姿の公卿が座り、外の広場には直衣姿の公卿数名と僧侶が確認できる。さらには剝落していて服装が明確でないが数人が地面に座している。

「太子21歳」の沓脱（板）は、第三面「崇峻天皇が献上された猪を見て、馬子への殺意をもらした」場面とされる【図20】に確認できる。

建物は主屋と見られる正面三間幅の建築と五間幅の廊のような建築によって構成されていて屋根は檜皮葺である。剝落が激しく描写が不鮮明であるため高欄の有無は不明であるが、廻り縁側があり畳が敷かれた屋内は切目長押により一段上がっている。

沓脱（板）は三間幅の建物の左寄りに開かれた妻戸前にある。沓脱（板）の幅は一間半程度で廻り縁の縁先よりも一段低い位置にあって、脚部は左右の端に前後四本の脚があり自立している。

建物の外は敷地を巡る塀が巡り、門を入ったほぼ正面に沓

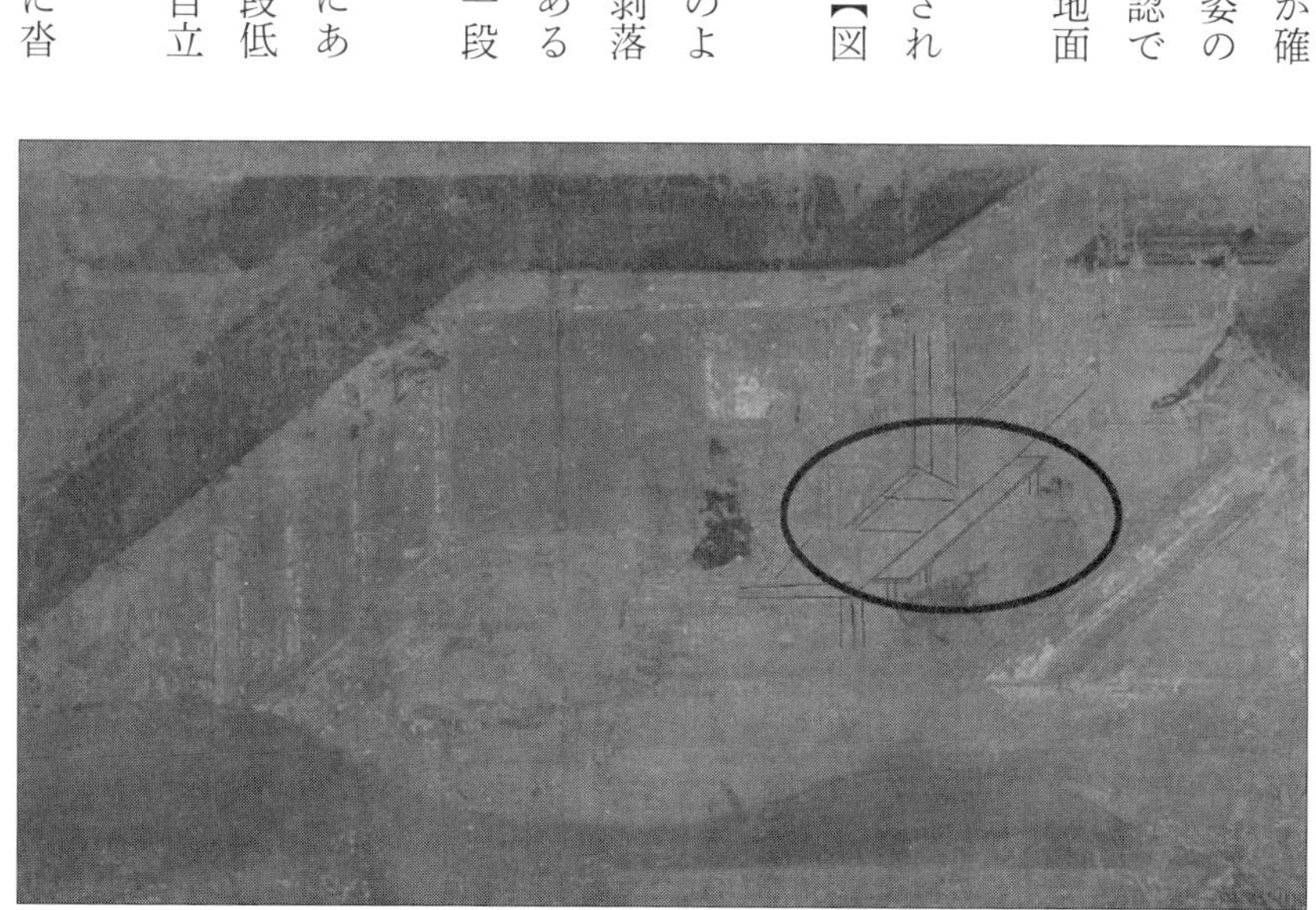

【図20】『聖徳太子絵伝』第3面 太子21歳 沓脱（板）

脱（板）が備わるが、その他に造作された様子の構造物は描かれていない。

人物を見てみると、崇峻天皇が妻戸を避けた建物奥側に座しており、縁側には縫腋袍姿の者が座っている。さらに建物の外には沓脱（板）前に猪と直衣姿の者が跪いていると見え、門外に縫腋袍姿の者と白い衣姿の者が描かれている。

なお、この建物には、沓脱（板）以外の昇降装置がないため、場面描写からは沓脱（板）が主な入口となっているように見える。

「太子28歳」の沓脱（板）は、第六面「百済国からラクダ、ろば、羊、白キジを献上された」情景を描くとされる【図21】に示す場面にある。

建物は主屋と見られる正面三間幅の建物と廊のような建物によって構成されている。屋根はどちらも檜皮葺であり、高欄のある廻り縁が備わり、畳が敷かれる屋内は切目長押により一段上がっている。

沓脱（板）は三間幅の建物中央付近の廻り縁側の縁先にあり、その踏み面の高さは縁側とほぼ同じと見られる。沓脱（板）

【図21】『聖徳太子絵伝』第6面 太子28歳 沓脱（板）

の幅は一間半程度であり、脚部は左右の端に前後四本の脚があって自立している。建物の外は特別な造作物がない広場となっている。

この場面の人物は、まず沓脱（板）のある建物の屋内中央を避けた位置に衣冠姿の太子がおり、廊のような建物側には公家の女性が座し、外には地面に座る縫腋袍姿の公卿のほか、動物を連れ添う者が確認される。

この建物には、沓脱（板）以外の昇降装置がないため、場面描写からは沓脱（板）が主な入口となっていると見える。

「太子37歳」の沓脱（板）は、第六面「妹子が衡山から持ち帰った手紙を読み火に投じている」様子を描いたとされる【図22】の場面にある。

建物は「太子40歳」を描く伝記と併用されており、沓脱（板）のある建物の規模は三間幅である。屋根はどちらも檜皮葺であり、高欄のある廻り縁が備わり、畳が敷かれる屋内は切目長押により一段上がっている。

沓脱（板）は三間幅の建物の中央付近の廻り縁の縁先に一段落ちて備わり、幅は一間半程度で、脚部は左右に中脚が各1本ずつあって、地面に埋められて自立していると見える。

建物の外は広場となっており、火に手紙をくべている人物の背中方向に立蔀がある。

【図22】『聖徳太子絵伝』第6面 太子37歳 沓脱（板）

御簾が巻き上げられた屋内には衣冠姿の者とその傍には僧侶姿だと思われる者が座り、外の火の傍には冠をつけた袍姿の者が確認できる。沓脱（板）以外の昇降装置がないため、場面描写からこの建物は沓脱（板）が主な入口となっているように見える。

「太子41歳」の沓脱（板）は、第五面の【図23】に示す場面にあるが、説明書きがないため、どのような場面を描いたものか分からない。

建物の規模は六間幅で、屋根は檜皮葺で蔀があり高欄の付く縁が備わっている。屋内には畳が敷かれ御膳が並べられており、切目長押によって縁よりも一段上がっている。

沓脱（板）は幅が二間程度で建物の中央よりやや左側に寄った縁先に一段落ちて備わり、脚部は左端と中央付近に前脚のみあって後方部については縁側の束柱と組み合さる構造となっている。

建物の外は敷地を開口部のある塀が巡り、そこを入ると建物が左側に位置しているが、外の広場に特別な造作物は確認されない。

【図23】『聖徳太子絵伝』第5面 太子41歳 沓脱（板）

屋内の畳の上には縫腋袍姿の公卿が座し、沓脱（板）の前には直衣もしくは狩衣と思われる姿の男が二名立っている。

この建物には沓脱（板）以外の昇降装置がないため、場面描写からは沓脱（板）が主な入口となっているように見える。

「太子43歳」の沓脱（板）は、第四面「病の蘇我馬子のために尼僧千人を出家させ、自らも戒を授ける様子」を描いたとする【図24】に示す場面にある。

建物は正面五間幅で廊のように見えるが、屋根は檜皮葺で高欄のある廻り縁が備わり、畳が敷かれている屋内は切目長押により一段上がっている。

沓脱（板）は幅が一間半程度で、建物の中央付近の縁先に一段落ちて備わっているが、脚部は右の端に前脚一本のみ確認するに留まる。

この建物は「太子21歳」の絵伝描写の建物と渡廊で繋がっており、建物の間には何もない広場があり、建物を囲む塀があるが門は確認できない。

剥落が激しく読み取ることができないが、屋内には畳の上に座す者がおり、外の広場には僧侶の集団と縫腋袍姿の者が

【図24】『聖徳太子絵伝』第4面 太子43歳 沓脱（板）

地面に座っている。

この建物も、沓脱(板)以外の昇降装置がないため、場面描写からは沓脱(板)が主な入口となっているように見える。

以上が絵画史料において、その姿を描いている初見であると考えられる『聖徳太子絵伝』の沓脱(板)である。

建物の特徴として沓脱(板)の備わる建物の屋根は全て檜皮葺であった。また、沓脱(板)は幅が一間から二間程度であり、天板には一枚板を用いており、脚部は確認ができない「10歳」、「43歳」と二本脚であった「41歳」以上3場面を除く、その他5か所の沓脱(板)は四本脚で自立しているように見える。

8つの沓脱(板)のうち、「5歳」、「10歳」、「16歳」の場面には階があり、そこが建物への昇降入口となっていると考えられるが「21歳」、「28歳」、「37歳」の場面には、沓脱(板)以外の昇降装置が確認されないため沓脱(板)が建築への唯一の昇降入口になっていると見て良い。

また、「10歳」と「28歳」の場面では、沓脱(板)と縁側がほぼ同じ高さで描かれているが、これが描写手法によるものであるか、実際に同じ高さの沓脱(板)があったかは判別できなかった。

その他の特徴として、『聖徳太子絵伝』の沓脱(板)が描かれている8か所の建物のうち、「5歳」、「28歳」、「37歳」の場面以外は、敷地の周りに塀が廻らされ門も備わっている。建物の外は「16歳」の場面において階の両側に植栽が確認される以外には、手を掛けて造られた空間はなく広場となっている。

なお、「5歳」の場面では皇后への「拝謁」、「21歳」の場面では猪の「献上」、「28歳」の場面でもラクダなどの「献上」、「43歳」の場面では外の広場において「祈禱法要」という儀式が行われていることから、これらの建物は儀式が執り行われる性質であったと見て良い。

中世以前に成立した絵画史料で沓脱（板）が描かれるものは、11世紀では、延久元年の『聖徳太子絵伝』のみであったが、巻末の表に示す通り12世紀になると『年中行事絵巻』、『平家納経巻口絵』[5]、『信貴山縁起絵巻』[6]、『伴大納言縁起絵巻』[7]、『粉河寺縁起絵巻』[8]に確認される。

13世紀中の史料では、『西行物語絵巻』、『松崎天神縁起』[9]、『石山寺縁起絵巻』[10]、『東征伝絵巻』[11]、『住吉物語絵巻』[12]、『小野雪見御幸絵巻』[13]、『山王霊験記』[14]、『地蔵菩薩霊験記』[15]、『駒競行幸絵巻』[16]、『直幹申文絵詞』[17]、『北野天神縁起絵巻』[18]、『一遍上人絵伝』に確認された。

14世紀中の史料では、『春日権現験記』[19]、『弘法大使行状絵詞』[20]、『絵師草紙』[21]、『稚児観音縁起絵巻』[22]、『志度寺縁起絵巻』[23]、『土蜘蛛草紙』[24]、『大江山絵詞』[25]、『融通念仏縁起絵巻』[26]、『法然上人絵伝』[27]、『慕帰絵詞』に沓脱（板）が見られる。

続く15世紀では、『平治物語絵巻常葉巻』[28]、『福富草紙』[29]、『芦引絵』[30]。16世紀では、『清水寺縁起絵巻』[31]、『天橋立・富士三保松原図屏風』[32]、『長谷寺縁起絵巻』[33]、『洛中洛外図屏風（歴博本）』[34]に沓脱（板）が描かれている。

このように沓脱（板）は、支配階層の文化を中心に制作された中世までの絵画史料では随所に確認された。

第2項　石の沓脱の描写と特徴――『一遍上人絵伝』を中心に――

沓脱（石）の姿が確認されるもっとも古い史料は正安元年（1299）年成立の『一遍上人絵伝』であった。

また、第1項で述べたように、中世までの絵画史料には多くの沓脱（板）が描かれていたことが明らかとなった。それらの多くは支配階層の文化を題材とし、その対象も支配階層に向けたものが多い。そのため中世の被支配階層の生活の様子を残す史料は極端に少なく、中世の庶民らの住まいや生活について正確に把握することは困難だと言えるが、その中にあって『一遍上人絵伝』は当時の全国各地の時代風景をそのまま反映していると見られることから被支配階層の暮らしを垣間見ることができると考える。

『一遍上人絵伝』は、一遍の生涯の遊行を通じた布教活動を、近親者（弟ないし異母兄弟という説がある。）であり弟子でもあった聖戒が詩書を選述し、法眼の位にあった円伊が絵を描いたとされる。▽35 本研究では、この聖戒本を用いて検証を行った。

『一遍上人絵伝』にて沓脱（石）が描かれる場面は「善光寺境内僧房」、「善光寺境内小屋」、「善光寺外の住房」、「大隅国八幡宮」、「備前国藤井の政所邸」、「下野の国小野寺境内」、「駿河国三島社前小庵」、「軽部の里教願の房」である。「備前国藤井の政所邸」、「下野小野境内」、「駿河国三島社前小庵」、「軽部の里教願の房」に描かれる沓脱（石）では、履物を脱ぎ置いてある様が描かれていることから、履物を脱ぐ昇降装置であることが分かる。

絵巻物の構成順に沓脱（石）の描写のある場面を確認していく。まず、一遍は15歳で故郷の伊予を出立し、聖達、華台上人に14年間の師事を受けたのちに伊予に戻ったが、文

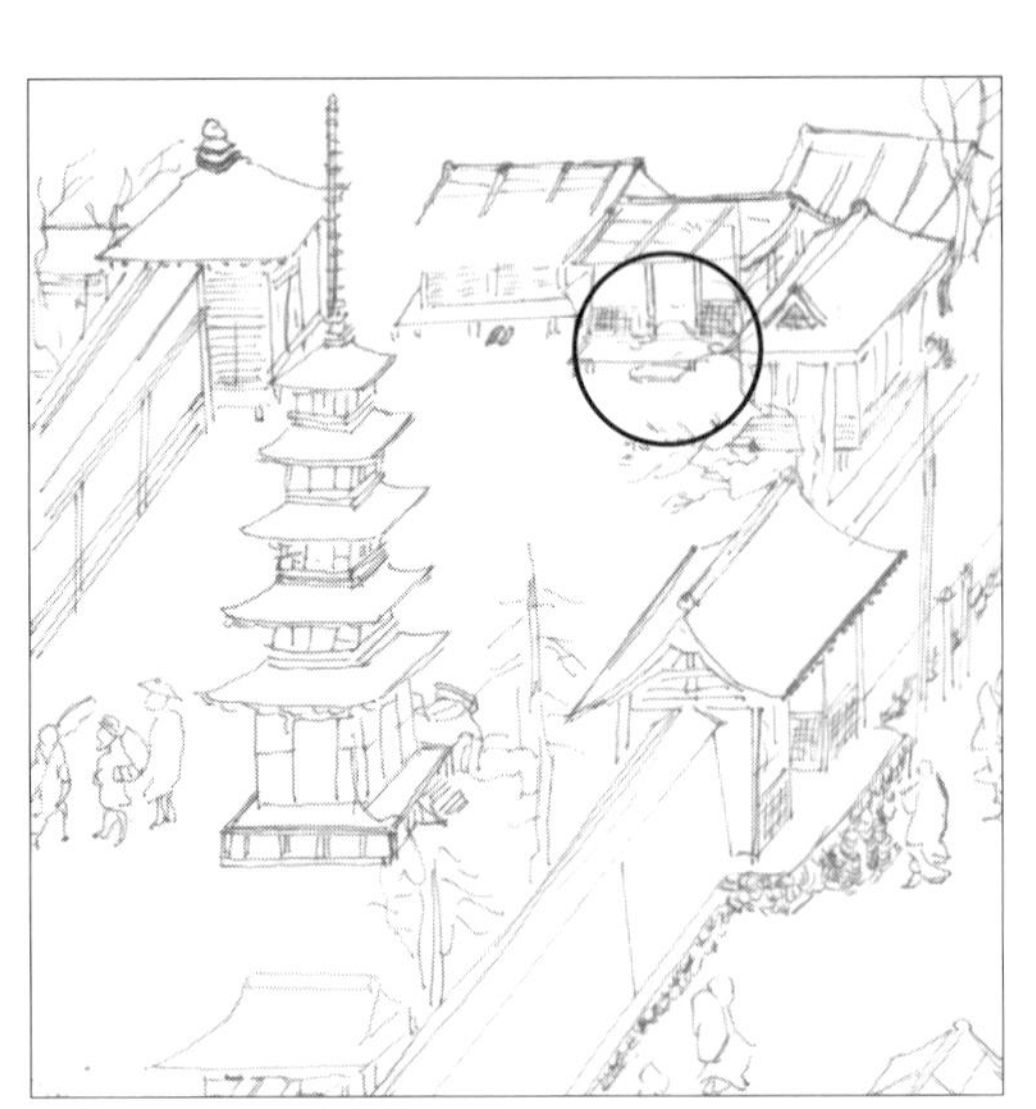

【図25】『一遍上人絵伝』善光寺入った僧房　沓脱（石）
小松茂美『日本絵巻大成別巻　一遍上人絵伝』中央公論社、1978年、p.24を転写し加筆

永８年（１２７１）に再出家を志し信州の善光寺に最初に立ち寄る。

「善光寺境内僧房」前に据えられた沓脱（石）は、巻二に描かれる【図25】に示す善光寺の南大門を入った画面上方向にある僧房前に確認される。

場面に描かれる善光寺の本堂は白壁と連子窓に囲われており、屋根は檜皮葺である。本堂の規模は正面七間幅で前方に三間の向拝を付け、四段の階と階隠しを備えている。本堂の内部は板張りで部分的に畳が敷かれている。境内にはこの他に丹塗りの五重の塔、鐘楼、鎮守社など檜皮葺の建物が多くあることが分かる。

沓脱（石）の備わる建物は、善光寺境内に描かれる建物の中では比較的簡素な造りであり、僧の生活空間である僧房だと見られる。▽36 建物の規模や屋根の形状は境内の外に描かれている土間を持つ民家に近いようにも見え、建物の中央付近の縁先に長方形で自然石の沓脱（石）が据えられている。僧房も民家も建物の規模はいずれも正面三間幅で屋根は板葺であるが、僧房の壁面は白壁で、明かり障子と吊り格子が備わり、高欄はないが縁側と切目長押があり、屋内は確認できないものの土間はないであろうと推測される。建物がある場所は、善光寺の敷地を囲う築地塀と本堂を囲む回廊の間にあり、数本の木々が確認できる。

【図26】『一遍上人絵伝』善光寺僧房 沓脱（石）
『日本絵巻大成別巻 一遍上人絵伝』、p.25を転写し加筆

境内をみると草履を着用した一遍と裸足のまま歩くお供の姿があり、ほかに僧俗の一団がいるが一人を除いて裸足であることが分かる。さらに門前には被笠（かずき）姿の女性や僧俗の一団、頭巾姿の尼僧の姿が描かれており、一団の一人は下駄類を履きその他の者は草履類を履いている。

「善光寺境内小屋」の沓脱（石）は、「善光寺境内僧房」から目線を画面左に向けた木々の間に建つ下部しか描かれていない建物の正面に確認できる。【図26】に示す通り、この建物は、全体が描かれていないため全容を把握することはできないが、沓脱（石）は長方形の自然石で建物正面の縁先に据えられている。

続く「善光寺外の住房」の沓脱（石）は【図27】の通り、善光寺境内を出たところにある建物の正面に確認できる。

敷地内には建物が3棟あり、茅葺もしくは草葺屋根を持つ建物が二棟と三間×二間の板葺の建物がある。沓脱（石）の備わる建物は敷地内で最大の五間幅の大きさを有しており、屋根は茅か草葺きで軒のみが板葺である。さらにその下には吊り格子と明かり障子があり一部には白壁が塗られている。縁側はないが切目長押があり屋内は板張りになっていることが確認できる。沓脱（石）は長方形の自然石で、建物左寄りの出入口の前に据えられており、切目長押に近

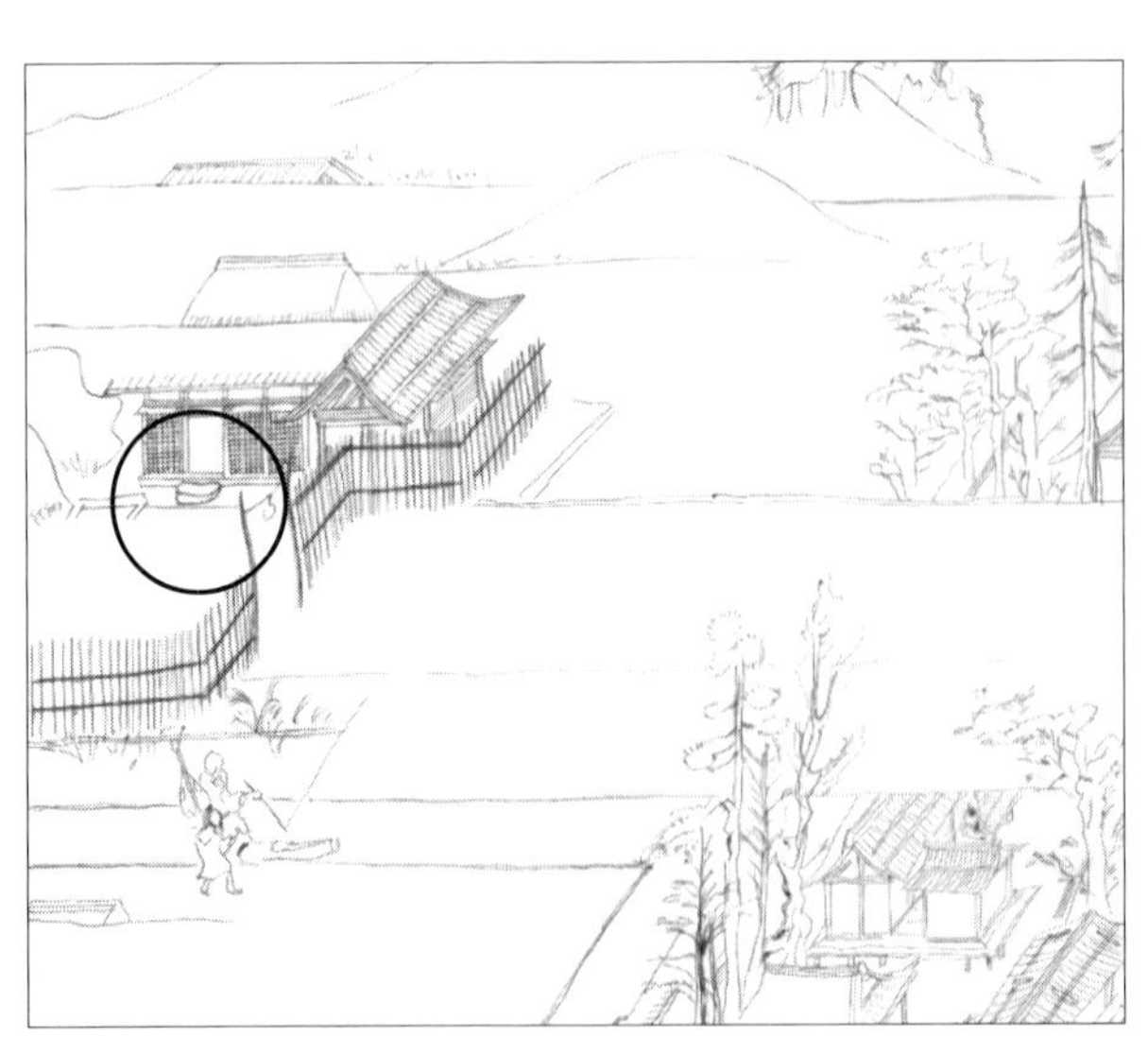

【図27】『一遍上人絵伝』善光寺外の僧房 沓脱（石）
『日本絵巻大成別巻 一遍上人絵伝』、p.26を転写し加筆

い高さまで天端があるので厚みのある石だと見える。建物の外には敷地を囲う柴木があり、門木には注連縄が張られている。[37] 人物は確認されないが、茅か草で葺かれるもう一方の建物からは湯気が立ち上がる描写があることから厨などかと考えられる。

「大隅国の八幡宮」の沓脱（石）は、巻四にて筑前を遊行する一遍が立ち寄った【図28】の大隅正八幡宮（現：鹿児島神宮）拝殿にある。

大隅正八幡宮を構成する建物は本殿と拝殿のみであり、どちらの建物も屋根は檜皮葺で、本殿は朱色の欄干と白壁で塗られ規模は三間×二間である。

沓脱（石）の備わる拝殿は、同じく三間×二間で白壁が塗られ廻り縁が備わり、切目長押により廻り縁側よりも一段上がった屋内は板張りである。沓脱（石）は長方形の自然石で拝殿前の中央に据えられるが、履物は脱がれていない。拝殿の周りには山々が描かれ、その下部には石の階段のようなものが見られ牛車が控えている。

「備前国藤井の政所邸」の沓脱（石）は【図29】に示す通り、一遍が続いて訪れた巻四に描かれる備前国藤井の政所邸にて確認される。この住居は吉備津宮神主の子息の邸だとされる。

【図28】『一遍上人絵伝』鹿児島正八幡宮 拝殿前 沓脱（石）
『日本絵巻大成別巻 一遍上人絵伝』、p.90を転写し加筆

建物の大きさは三間×二間程度であり壁は白壁に塗られ、屋根は板葺きながらも、廻縁が備わり切目長押に釘隠しが見られる。屋内は畳のようなものが敷き詰められているようにも見えるが、ほかの中世絵巻の畳の描写と異なり厚みがない。この建物の他に離れ屋のようなほぼ同等な造りの二間×三間（もしくは四間）の板葺屋根の建物が見られる。沓脱（石）は畳のようなものが敷き詰められている建物の中央付近に据えられている。

沓脱（石）の形は長方形の自然石で、厚み（高さ）はそれほどないように見える。建物の外には周りを囲う網代垣があり、建物裏手には竹藪が見える。また、沓脱（石）が描かれる位置から画面下部には細い流れが確認され、木製か石製かは不明だが橋が掛かっている。これが自然の水を取り込んでいるのかは不明であるが、敷地の周りには水が流れ、さらに庭には築山もしくは石があり松が二本と様々な樹木が植えられている。

屋内では、吉備津神社の子息の妻女が一遍により剃髪を受けており、近親者と思われる女性が涙を流している。女性の一名は剃髪を手伝うように身舎に供えているが、他の者は一遍の供も含め縁側に控えている。なお、沓脱（石）の上には、一遍のものだと思われる一組の草履が脱がれている。

【図29】『一遍上人絵伝』備前国 藤井政所邸 沓脱（石）
『日本絵巻大成別巻 一遍上人絵伝』、p.96を転写し加筆

「下野の国小野寺境内」の沓脱（石）は、一遍一行が奥州平泉に向けて北上する道中に立ち寄った【図30】に示す下野国小野寺（現：大慈寺）にて確認できる。

沓脱（石）の備わる建物は、三間×二間の大きさで白壁が塗られた板葺屋根である。廻り縁が備わり、切目長押により一段上がった屋内は板張りとなっている。

沓脱（石）は板葺屋根の正面を避けた左寄りに据えられる。沓脱（石）の形は長方形の自然石で、雨に打たれて建物に駆け込む一遍一行の履物が脱ぎ散らかされている。

建物の傍らには小野寺の池が掘られ横に楼門が見え、さらにその奥には本堂が見えるが、楼門ともに屋根は檜皮葺である。一遍一行は、雨が降っていたためか下駄を着用する者が多く、草履を着用する者は僅かである。

「駿河国三島社前小庵」前の沓脱（石）は【図31】に示す通り、巻六の三島社（現：静岡県三島大社）の場面に確認できる。三島社鳥居前の街道を挟んだ小さな板屋根の建物に沓脱（石）が備わる。

建物の大きさは二間×一間（もしくは二間）であり、屋根は

【図30】『一遍上人絵伝』下野国小野寺境内　沓脱（石）
『日本絵巻大成別巻　一遍上人絵伝』、p.122より転写し加筆

板葺で一部には白壁が採用され縁側が備わる。縁側と身舎の間には切目長押があり、屋内には畳のようなものが敷かれている。ただし室内全体に敷き詰められていることから薄縁や莫蓙のようなものとも考えられる。

沓脱（石）は建物中央よりもやや左に寄って据えられている。沓脱（石）の形は長方形の自然石で、厚みはそれほどあるようには見えない。沓脱（石）の上には一組の草履が置かれている。屋外の鳥居のある街道側は高さのある板塀となっており折れ込んでいるように見える。また門とも見える棟を持つ別の建物があるが、門であるか居住空間であるか定かにならず奥には柴木の囲いが見え、小規模な庭空間が広がり樹木が植えられている。

屋内では袈裟掛けをした僧と袈裟を着けていない者が稚児と囲碁に興じており、その他に描かれる人物のほとんどの者が草履類を着用しているが、なかには裸足のまま歩いている者も確認される。三島社の場面には路面沿いに草履屋があり、履物が対価物として扱われることが見て取れる。また、路上には柱に掛けられた草履の束があるが、三島社のある場所は箱根峠の入口に位置することから第1章第2節「民間習俗の草履とその脱着行為の意味」で記した「沓掛」に見られる幣掛けされた草履の可能性もある。

【図31】『一遍上人絵伝』伊豆三嶋大社前 僧房 沓脱（石）
『日本絵巻大成別巻 一遍上人絵伝』、p.149より転載し加筆

「軽部の里教願の房」の沓脱（石）は【図32】に示す通り、教願の臨終に際し一遍が住房を訪れている。教願の住房は現在の倉敷市の北部にあったとされ、建物は全容が描かれていないため大きさは分からないが、屋根は板葺であり一部には白壁が使われ、障子も確認される。この他に吊り格子と廻り縁が備わっており、縁の角部には手水として使用されたであろう桶が備わる。切目長押によって一段上がった身舎には畳が敷かれ教願が横たわる。家主の教願が病床にあることから沓脱（石）に脱がれる履物は一遍か供の履物だと推察される。

沓脱（石）は建物奥側の縁側に沿って据えられ一組の草履が脱ぎ置かれている。沓脱（石）の形は長方形の自然石で高さ（厚み）があるようには見えない。

建物の外には花垣が描かれているが門はなく、敷地を巡る流れに橋が掛けられており、敷地への入口となっている。画面下部には松と思われる樹木も見られる。

以上が『一遍上人絵伝』に描かれる沓脱（石）であり、沓脱（石）の初見であると考えられる。

『一遍上人絵伝』の沓脱（石）の特徴は全てが長方形の天端が平らな自然石であった。また、沓脱（石）は全て独立した一石で据えられており、描写の様子から見る限りそれほど高

【図32】『一遍上人絵伝』倉敷軽部の里 教願住房 沓脱（石）
『日本絵巻大成別巻 一遍上人絵伝』、p.264より転載し加筆

さ（厚み）があるようには見えない。沓脱（石）は、建物の正面に据えられているが、据えられる位置は中央であったり、片側に寄ったりと統一性は見られなかった。

沓脱（石）の描写が確認できるのは、13世紀中に成立した史料では『一遍上人絵伝』にのみであったが、14世紀になると『法然上人絵伝』、『融通念仏縁起絵巻』、『志度寺縁起絵巻』、『慕帰絵詞』、『弘法大師行状絵巻』に確認される。15世紀では『平治物語絵巻常葉巻』、『福富草紙』、『芦引絵』に沓脱（石）が描かれているが、16世紀中に成立した絵画史料には確認できなかった。

なお、『年中行事絵巻』や『春日権現験記』、『北野天神縁起絵巻』など、寝殿造の建物には沓脱（石）が使用されている様子は確認されなかった。

支配階層を中心に制作された中世までの史料では、『一遍上人絵伝』を含み、沓脱（石）が描かれる場面は希少である。前述した通り文献史料においても沓脱（石）であることが確証される記述は確認されなかった。ただし、【図33】に示す応永2年（1395）の『嵯峨流庭古法秘伝之書』の「真の真体」という図には、客人島の大小重なり合う石の上に「対面・履脱」の文字が確認され、[38] 上原敬二は以下の通り解説している。

【図33】『嵯峨流庭古法秘伝之書』「真の真体」図の「対面・履脱」の表記
上原敬二『解説余景作り庭の図・他三古書』加島書店、1975年、p.58を転写し加筆

「一　山水の左右に必、二島あり、右に有は客人島と言、客拝石、対面石、履脱石、鴎宿石あり、左に有は主人島と言、腰息石、安居石など言石あり、其外副石はあれども数にいらざるなり。」[39]

『嵯峨流庭古法秘伝之書』の原本と目される『嵯峨流庭』のうち「真の真体図」は、木版の制作年から14世紀末の成立であることが実証されている。[40] ただし、本文については喪失しているため、上原は解説本に江戸期の異本を参照している。

『嵯峨流庭古法秘伝之書』には「真の真体」、「行の体」、「行の草体」、「草の体」、「草の草体」などの図が掲載されるが、「対面・履脱」の文字が確認されるのは「真の真体」のみであった。「真の真体図」を確認すると「対面・履脱」の添書きがある石は天端が山なりに描かれている。これに隣り合う礼拝石やその他の腰息石、安居石は石の天端が平らであることが示されていることからも、『一遍上人絵伝』などに確認できる平らな天端を持つ沓脱（石）とは異なることから中間領域に置かれる昇降装置の沓脱とは言い難い。また、「履脱」の石は客人島にあることが図にて示されているが、客人島は【図34】に示すように、礼拝石を中央に主人島と対称となる位置にあり建物からほど遠い位置にあることからも「対面・履脱」の添書きがある石が履物を脱ぎ揃える沓脱（石）であるとは言い難い。

なお、近年の発掘調査によって特別名勝一乗谷朝倉氏庭園では沓脱石が発掘されたことが福井市の『特別名勝一乗谷朝倉氏庭園保存活用計画書』[41]により報告されている。沓脱石とされる石は【図35】に記す場所より出土したと見られる。[42]

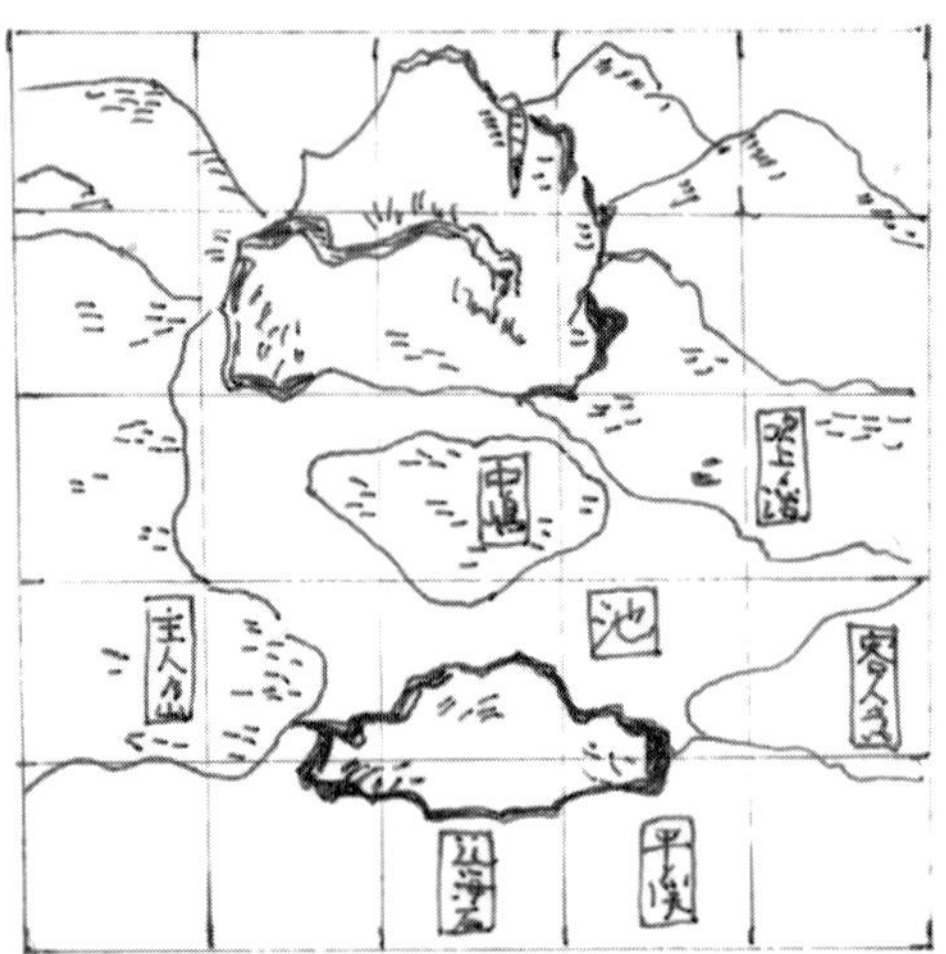

【図34】客人島の配置図
森蘊『日本庭園の傳統 日本の美と教養』一條書房、1944年、p.156より転写

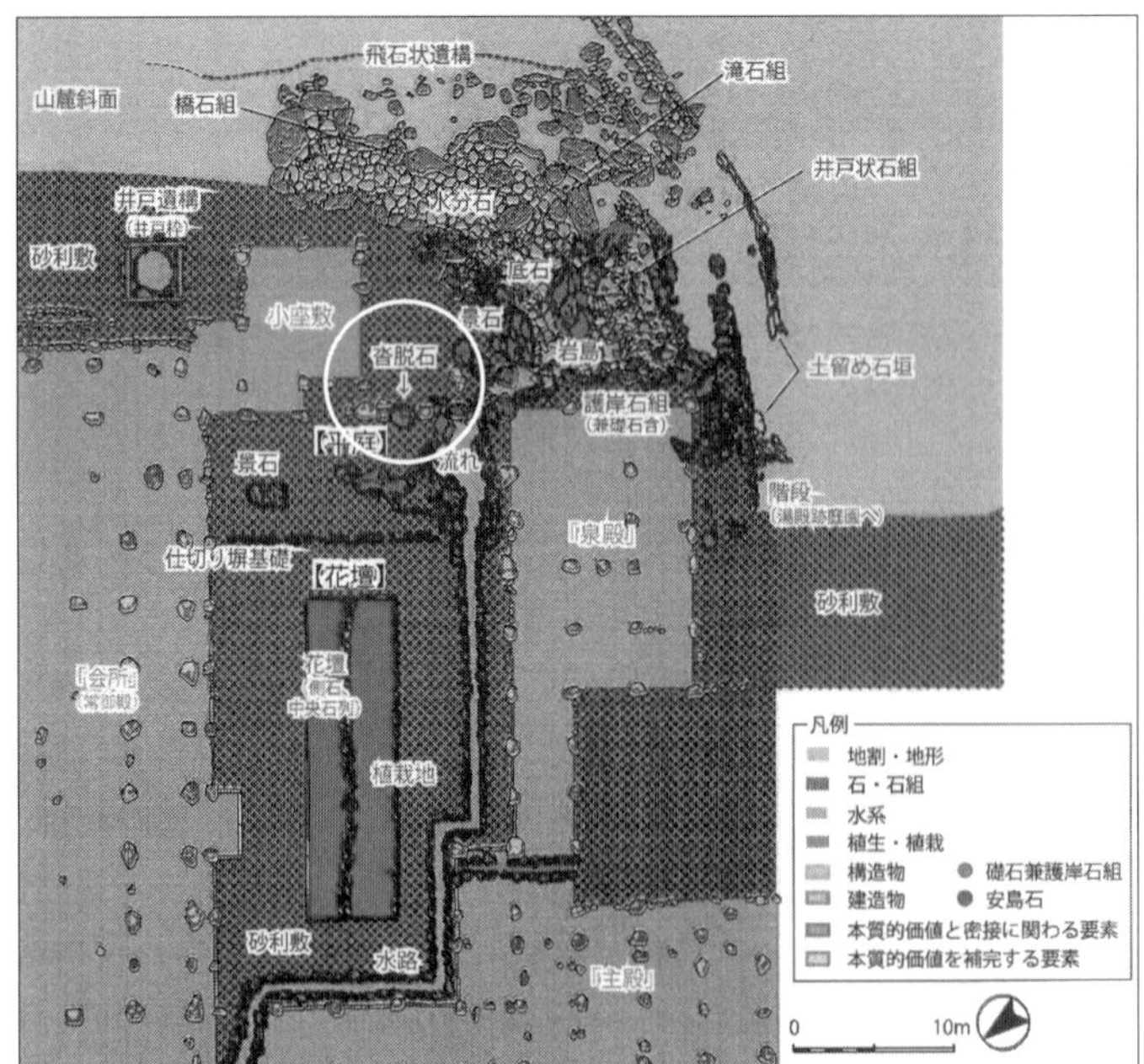

【図35】特別名勝一乗谷朝倉氏庭園の沓脱石
福井市商工労働部観光文化局文化振興課 一乗谷朝倉氏遺跡管理事務所
『特別名勝一乗谷朝倉氏庭園保存活用計画書』福井市商工労働部観光文化局、2020年、p.56より転載加筆

第3項　板の沓脱と石の沓脱の描写の比較―『一遍上人絵伝』を中心に―

第1項ならびに第2項で検証した通り、沓脱（板）は延久元年（1069）の『聖徳太子絵伝』に確認され、それ以降の中世までの絵画史料でも随所に確認される。一方、沓脱（石）は『一遍上人絵伝』にて確認されるが、中世までの史料の描写数は多いとは言えない。その理由としては、沓脱（板）は支配階層の儀式の場となるような不特定多数の者が利用する建物に多く用いられているが、沓脱（石）は利用人数が限られた建物の昇降装置であった可能性が考えられる。

第2項では沓脱（石）の初見であると考えられる『一遍上人絵伝』に描かれる全8か所の沓脱（石）について検証を行ったが、『一遍上人絵伝』には沓脱（板）の描写も8か所に確認されることから、本節ではそれぞれの沓脱が備わる状況を検証し考察を行う。

『一遍上人絵伝』の沓脱（板）は、「華台上人の房」、「聖達上人の僧房」、「京都因幡堂に隣接する建物」、「信濃国小田切の里」、「佐久大井太郎の邸」、「尾張国甚目寺の本堂前」、「当麻寺の曼荼羅堂前」、「播磨国印南野の教信寺本堂前」に描かれている。

「華台上人の房」に描かれる沓脱（板）は【図36】に示す通り、一遍が15歳のときに、肥前の華台上人に弟子入りする様子を描いた場面に見られる。沓脱（板）の備わる建物は、三間×三間の大きさで、屋根は檜皮葺である。建物には吊り格子と明り障子があり妻戸も確認できる。廻り縁側と身舎の間には切目長押があり、屋内が一段上がっていることが推察されるが確認することはできない。隣には同じ仕様・規模の建物が建ち、屋外には敷地を囲う塀などはなく、樹木が植えられるのみである。廻り縁の上には一遍が座り、身舎にいる華台上人と対峙している。

沓脱（板）は三間の建物中央の縁先に備わっており、脚部は左右の端に前脚のみ確認できることから縁側と組み合わさる構造であると見られる。その幅は建物の間口から判断すると一間半程度だと見られ、沓脱（板）の天板は縁側が貼り合わせ板として描かれていることから比較して一枚板であると判断できる。なお、『一遍上人絵伝』に描かれる沓脱（板）は全て一枚板で描かれていた。

「聖達上人の僧房」に備わる沓脱（板）は【図37】の通り、華台上人のもとで一年間の修行を終えた一遍が向かった太宰府の聖達上人の僧房に見られる。沓脱（板）の備わる建物は、三間×四間の大きさで屋根は檜皮葺である。建物には吊り格子と明り障子があり妻戸が確認できる。建物の壁は開口部を除き白壁となっていて、廻り縁側と身舎の間には切目長押があり、屋内が一段上がっていることが推察される。このほかに敷地内には板葺屋根の湯気が立ち上る湯屋か厨と思われる建物が見られる。

沓脱（板）は、三間方向の建物中央の縁先に備わっている。沓脱（板）の幅は、建物の間口から判断すると一間半程度だと見ら

右　【図36】『一遍上人絵伝』肥前国　華台上人　沓脱（板）
左　【図37】『一遍上人絵伝』太宰府　聖達上人　沓脱（板）
小松茂美『日本絵巻大成別巻　一遍上人絵伝』中央公論社、1978年、p.9およびp.25を転写し加筆

れ、脚部は左右の端に前脚のみ確認できることから、縁側と組み合わさる構造であると見られる。

建物の外には敷地を囲う様に上げ土塀、板葺きの築地がめぐらされ数本の樹木が確認される。沓脱（板）は上げ土塀の開口部から入るとほぼ正面にあり、その間には広場が広がっている。場面には太宰府の町があり板葺きの簡素な建物が建ち並んでいることが分かる。境内には一遍ともう一名僧侶姿の者がおり、どちらも草履類を着用していることが確認できる。

「京都因幡堂に隣接する建物」の沓脱（板）は【図38】に示す京都の因幡堂に隣接する建物の入り口付近に見られる。全容は描かれていないが建物には敷地を囲うように築地塀と門があることが分かる。沓脱板は門を入った正面付近の縁先に備わっているが、それ以上の読み取りはできなかった。

「信濃国小田切の里」の沓脱（板）は【図39】に示す信濃国の小田切の里にて念仏踊りを勧進するために立ち寄った武士の館にある。沓脱（板）の備わる建物の全容は描かれていないが三間もしくは四間の間口があると見え、敷地内にはこの他にも別棟の廊があることが分かる。建物の屋根は板葺であり、その前には

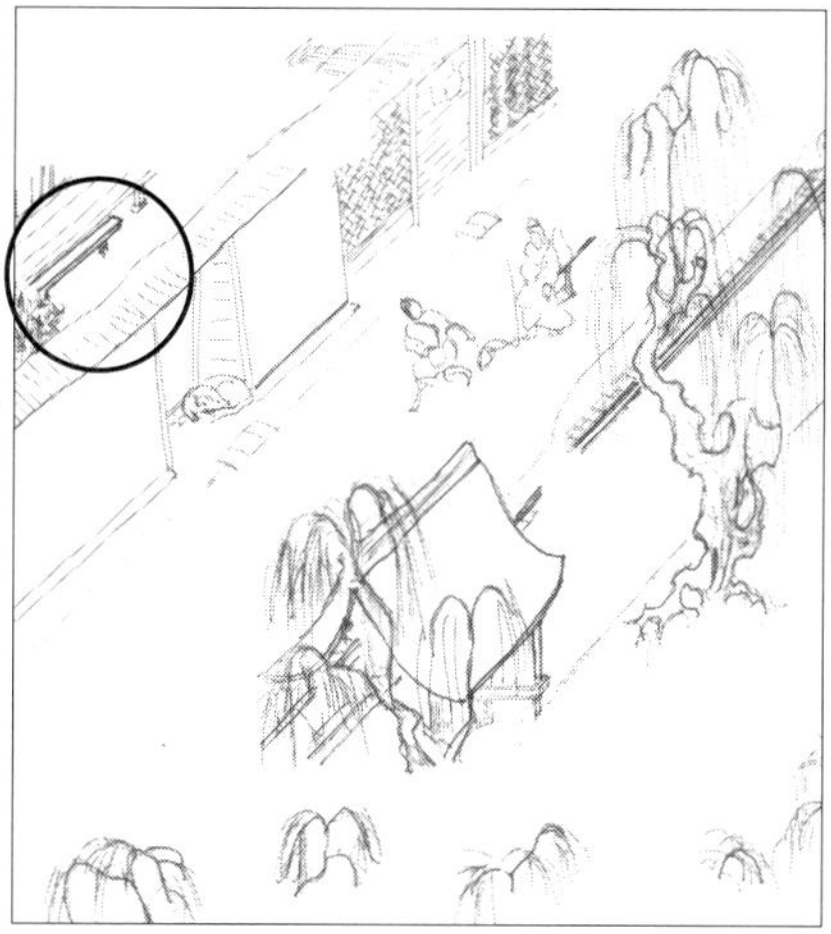

【図38】『一遍上人絵伝』京都因幡堂道挟んだ邸　沓脱（板）
【図39】『一遍上人絵伝』信濃（佐久）小田切の里武士の館　沓脱（板）
『日本絵巻大成別巻　一遍上人絵伝』、p.105およびp.113を転写し加筆

縁側が備わり切目長押によって一段上がった身舎には畳が敷かれている。

沓脱（板）は、三間幅の建物縁側の奥側に縁先に備わっていて、その幅は、建物の間口から判断すると二間程度だと見られる。沓脱（板）の構造は、一間幅の踏み板（天板）を2枚並べて接続し二間の幅としている。脚部は左右端と天端板の結合部となる中央の前脚のみ確認できることから、縁側と組み合わさる構造であると見られる。建物の外に目を向けると、この屋敷は小高い丘のような場所に建つのか敷地入口付近には石段が確認できる。石段を上ると屋敷前に至るが、そこには広々とした平地が広がっており、建物を囲う塀や柵はないが奥には小柴垣が見え、さらにその庭を縁取るように土段が築かれ葦のような植物が見える。土段には小さな祠と土盛りされた植木が一本植えられている。

場面では一遍が沓脱（板）に裸足で足を掛けて降りるような素振りをしており、昇降装置として使われていたことが確認できる。縁側の奥には狩衣姿の武士のような者が座り、屋内の畳には直垂姿の者とその妻女であろう者が座しているが、顔が描かれていないため判断できない。敷地内には、一遍の念仏勧進に人々が大勢集まっており、皆跣足で踊っている。

「佐久大井太郎の邸」に描かれる沓脱（板）は【図40】に示すように、四間の間口の廂がある建物に備わっている。建物の外周には廻り縁側が備

【図40】『一遍上人絵伝』佐久群 武士大井太郎邸 沓脱（板）
『日本絵巻大成別巻 一遍上人絵伝』、p.117を転写し加筆

わり、壁の一部には白壁が使用され、切目長押により一段上がった屋内は畳が敷かれ簾の掛かる妻戸が確認できる。屋敷にはこの他に草葺ながら入母屋の廂を持つ建物と板葺切妻屋根の建物が建てられている。沓脱(板)は開いた妻戸正面に一間半程度の幅で備わり、その脚部は左右の端に前脚のみ確認できることから、縁側と組み合わさる構造であると見られる。

屋敷の敷地の周りには堀か川のようなものが流れ、橋を渡って屋敷前の広々とした庭に至る。沓脱(板)の備わる建物と草葺屋根の建物の間には実のなる柑橘類と見える樹木があり、屋敷の裏手には生垣も見え、中世の地方豪族の屋敷の有様がよく分かる。

場面は既に念仏踊りが終わった一遍一行が屋敷を後にしており、屋敷前には主人である大井太郎の見送る姿が確認できるが、一遍一行と大井太郎は下駄類と見える履物を履き、一行を追う尼僧や青年僧は裸足であった。大井太郎の屋敷に見られる沓脱(板)は、縁側や建物と異なる色で着色されている。

「尾張国甚目寺の本堂前」に備わる沓脱(板)は尾張国甚目寺の本堂にあり、【図41】の通り須弥壇が確認される。建物の大きさは六間×五間で白壁が使われ、屋根は檜皮葺である。廻りには縁側が備わり、切目長押によって一段上段となった屋内は板敷きである。沓脱(板)の幅は、二間半か

【図41】『一遍上人絵伝』尾張国 甚目寺 沓脱(板)
『日本絵巻大成別巻 一遍上人絵伝』、p.169を転写し加筆

ら三間あり、場面に見える脚部は左側と中央に前脚のみ確認できることから、縁側と組み合わさる構造であると見られる。

甚目寺の境内は白壁に朱塗りの柱を持つ楼門があり、その脇には池が掘られている。楼門を抜けると本堂前の平地に至る。樹木は池のほとりに柳が見えるが、境内全体には数本の植木が植えられる程度である。

一遍一行は本堂内に居て毘沙門像に礼拝をしているが沓脱(板)に履物は確認されない。本堂の周りには狩衣姿に烏帽子を着けた者や笠を被る尼僧など多くの人々がいるが、その中には楼門を入った辺りに白い羽織に袴姿で高下駄を履いた一団がいる。この場面描写では履物を着用する者とそうでない者の割合は半分程度であるが、下駄を着用しているのはこの一団だけである。また本堂脇の縁側では草履類を脱ぎ縁側に昇ろうとする者が確認できる。

「当麻寺の曼荼羅堂前」に描かれる沓脱(板)は巻八に描かれる。沓脱(板)は【図42】の通り、間口五間、奥行き三間ある檜皮葺屋根の曼荼羅堂の高欄付き廻り縁側中央付近に備わる。曼荼羅堂は、壁を白く塗られ吊り格子があり、縁側と身舎を分ける切目長押により一段上がった屋内は板敷きであることが分かるが、さらに屋内には厨子を仕切りための蔀格子が立てられている。沓脱(板)は幅二間程度であり、脚部は左右の前脚のみ確認できることから、縁側と組み合わさる構造であると見られる。

【図42】『一遍上人絵伝』奈良 当麻寺曼荼羅堂 沓脱(板)
『日本絵巻大成別巻 一遍上人絵伝』、pp.230-231を転写し加筆

建物の外の境内は、広々としており、画面下部には生垣が廻された板葺き屋根の寺房が見られる。またその反対には堀で囲われた柵が設けられる場所があり、樹木が茂っている。曼荼羅堂内では、一遍ら時宗の僧が斎（昼食）を取っており、飯を盛っているのは寺僧とされる。境内を歩いている者たちは、みな草履類を着用していることが確認できる。

「播磨国印南野の教信寺本堂前」の沓脱（板）は巻九にて【図43】に示す通り描かれている。教信寺の境内は、上げ土の築地塀がめぐり檜皮葺の平唐門が開いている。屋根は檜皮葺で本堂に壁はないが吊り格子が確認され、廻り縁側と身舎の間には切目長押が備わっている。沓脱（板）は、五間×三間の大きさがある本堂の正面にあり一段上がった屋内は板貼りである。沓脱（板）は幅二間程度であり、脚部は左右の端の前脚のみ確認できることから、縁側と組み合わさる構造であると見られる。

築地塀で囲まれた教信寺の境内には本堂のほか、板葺の堂と檜皮葺の建物、鐘楼が見え、平唐門から入ると正面に本堂があり何もない広場があり、鐘楼の奥には樹木が一本見える。本堂身舎には一遍が座し、同じ身舎に時宗の弟子が四名座っている。その他の宗徒が十三名見えるが広さが十分ではない縁側に座っている。境内には一遍に礼拝する者たちが列を成し、今一遍に礼拝する男女は、沓脱（板）の下の地面に座り手を合わせている。

以上のように、『一遍上人絵伝』の沓脱板は合計8カ所に確認される。

【図43】『一遍上人絵伝』兵庫加古川野口 教信寺 沓脱（板）
『日本絵巻大成別巻 一遍上人絵伝』、p.248を転写し加筆

沓脱（板）の備わる建物は、寺院僧房、武士の屋敷・館、寺院本堂、曼荼羅堂などであり、建物の規模は「華台上人の房」が三間×三間と最も小規模であり、この他の建物は四間×三間よりも大きく、「尾張国甚目寺の本堂」では六間×五間の規模であった。

第1節第2項で検証した『一遍上人絵伝』の沓脱（石）の据えられる建物の規模は、「善光寺外の住房」が五間あったが、その他の建物は二間×三間程度であり、集落に見られる民家の規模と大差がなく、沓脱（板）の備わる建物に比べて小規模であると言える。

なかでも「善光寺境内の僧房」は建物の規模や屋根が板葺である点などが境内の外にある集落に見える建物と非常に似通っている。善光寺の場面以外にも『一遍上人絵伝』には、中世の被支配階層者の住まいの様子が分かる集落の描写がいくつかある。【図44】はそのような集落を描いた一部であり、「華台上人僧房か聖達上人僧房に向かう道中」に見られる。この他にも被支配階層者の住まいが「聖達上人僧房前」、「善光寺前」、「熊野本宮前」、「鎌倉八幡宮の周辺」、「三嶋社前」、「富士河付近」、「大津関寺門前」、「四条大橋から京極釈迦堂までの間」に確認される。集落に確認される建物の大きさは最大でも三間程度であり、沓脱（石）の備わる建物とそれほど規模が変わらない。

さらに、沓脱（板）と沓脱（石）の備わる建物は規模のみならず、屋根の素材にもおいても違いが見られる。沓脱（板）が備わる建物8例のうち

【図44】『一遍上人絵伝』に描かれた集落の建物
『日本絵巻大成別巻 一遍上人絵伝』、p.10を転写し加筆

「京都因幡堂に隣接する建物」は屋根が確認されず、「信濃国小田切の里」、「佐久大井太郎の邸」の武士の邸はそれぞれ板葺の屋根を持つ建物が主屋と考えられるが、この他5例の建物は檜皮葺き屋根であることが確認される。沓脱(石)が備わる建物を見てみると「善光寺境内小屋」には屋根が確認できないが、このほか「大隅国の八幡宮」が檜皮葺であることを除き、ほか6例の建物の屋根は板葺である。「善光寺外の住房」は茅葺か草葺であるが、軒部分は板葺であり、沓脱(板)と沓脱(石)のある建物の屋根には檜皮葺か板葺であるという傾向が見られる。

建物の外に目を向けると、「善光寺」の2例と「大隅国の八幡宮」、「下野の国小野寺」は境内であるので異なるが、他4例の敷地の全容が把握される建物の前には大きくないが庭と呼べる空間が広がっている。第1節第1項の『聖徳太子絵伝』の沓脱(板)8例に見られる建物前には、寝殿造の階前の空間と同じと考えられる儀式ための場が広がっており、実際に半数の場面には儀式が行われていることが確認された。『一遍上人絵伝』の沓脱(板)が備わる建物の前が儀式の場として使用されていたか検証することは困難であるが、いずれの場面でも建物の外に広々とした広場を有している。また、「信濃国小田切の里」と「佐久大井太郎の邸」では、一遍一行が庭において念仏踊りをしていることからも、沓脱(石)の据えられる建物に比べ広い面積があったことが推測される。

このように『一遍上人絵伝』において、沓脱(板)の備わる建物と沓脱(石)が据えられる建物を比較してみると、それぞれ規模や屋根の仕様、敷地の面積に傾向が見られる。さらに沓脱(板)は、不特定多数の人が来訪する可能性のある建物に備わっており、沓脱(石)は何らかの信仰と関わりあるが、非儀式的な用途の建物に据えられているという見方ができる。さらに、沓脱(石)の備わる建物の規模や屋根の仕様は集落に見られる庶民の住まいと同等程度であった。しかし、沓脱（石）が据えられる建物の壁には白壁が使われ、切目長押があることから屋内には床が貼られていることが推測され、土間を有するとされる庶民の住まいとも異なると考えられる。このように、沓脱（石）の据えられる建物は大規模で来訪者が多いことが想定される建物でも、庶民の住まいとも異なることが分かるが、沓脱（石）の据えられる建物が非儀式的な「ケ」の用途の性質を持つ建物に据えられていた可能性を表す描写が『慕帰絵詞』に確認される。

『慕帰絵詞』の巻五に描かれる「唯善房の屋敷」には沓脱（板）と沓脱（石）、それぞれが備わる建物が描かれている。詳細な検証は第3章第2節「板の沓脱における履物の脱着」にて行うが、描写では鎌倉の唯善房の屋敷に本願寺の第三世である覚如上人が訪れている。沓脱（板）は【図45】の通り屋敷前に見られ、唯善房が覚如上人こと宗昭の応対をしているが、この建物の奥に位置すると見られる板戸と板塀によって仕切られている【図46】に示す別の建物には沓脱（石）が据えられている。沓脱（板）がある建物にて宗

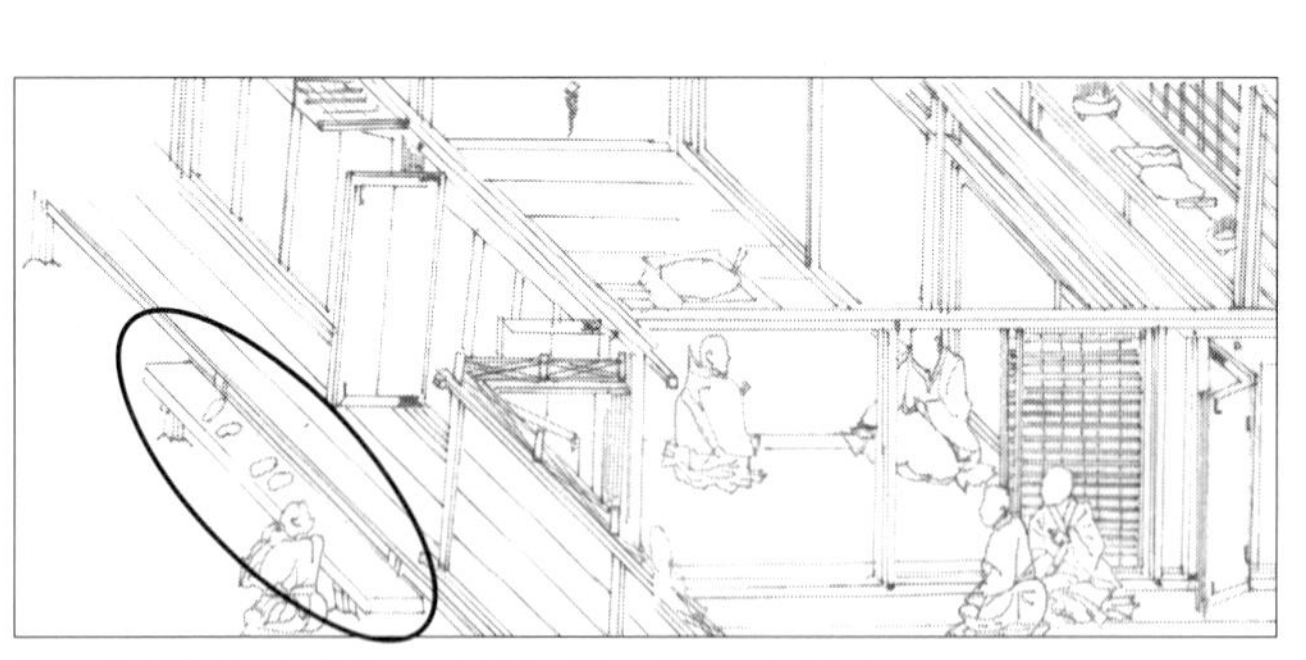

【図45】『慕帰絵詞』唯善房の（応接）建物に備わる沓脱（板）
小松茂美『続日本絵巻大成4 慕帰絵詞』中央公論社、1985年、p.43を転写し加筆

【図46】『慕帰絵詞』唯善房の（稚児が遊ぶ）建物に設えられる沓脱（石）
『続日本絵巻大成4 慕帰絵詞』、p.41を転写し加筆

昭の応対をしていることからも、この建物は「ハレ」の空間として使用されており、反対に沓脱（石）のある建物は奥まった位置にあることからも僧の居住空間などに使われている非儀式的な「ケ」の空間であると考えられる。つまり、沓脱（石）は私的な空間の昇降装置として用いられていた可能性を見出すことができる。

第４項　近世の沓脱の描写の特徴

第１項で述べた通り、沓脱（板）は延久元年（１０６９）の『聖徳太子絵伝』に確認され、第2項で述べた通り、沓脱（石）は正安元年（１２９９）の『一遍上人絵伝』に確認された。どちらも履物を脱ぎ建築へ昇降する装置として使用されている。中世までの絵画史料において沓脱（石）が描かれる史料は、沓脱（板）に比べて極めて少ないと言える。しかし、近世になると、沓脱（板）の描写は急激に減少し各地の案内書として描かれた名所図会に散見する程度となる。このように絵画史料における描写数に偏りが生じる背景として、中世までに成立した史料は公家、貴族、信仰者などを題材とし、またその対象も身分階層の上位に位置する者であるのに対し、近世史料に描かれる多くは被支配階層の生活を中心とし、制作の対象もこの者たちであることが一因として考えられる。

近世の絵画史料では、沓脱（板）の描写数は少ないが、延宝8年（１６８０）に菱川師宣が書いた『余景作り庭の図』[▽43]には、沓脱（板）が確認される。【図47】は「隅田川を似せたる庭」という名の図であるが、沓脱（板）が描かれている。添書きの内容は下記の通りである。

「この庭すみた川をにせたるにわなり、まづ座敷をみなみひがしむきにたうるなり、まづ泉水を島やりにながし、せん水の中にいわをたつる也、とりいわといふ、みやこ鳥をへうしたるいわなり、せん水のふちにじや柳をうへ、小山に芝をふせて山に柳の朽木に梅をうへませて作る、是は梅若のつかの心也、せん水にふねを作りてあそぶ、惣してにわはかり芝をふせるなり、前にあさぢがはらのていをなるほどものあわれに作り、松の並木をうへてその中ちいさき池をほる也。」[44]

南東向きに建てられている建物は正面三間規模の座敷と入母屋造の屋根の掛かる座敷によって構成される。入母屋屋根が確認される建物には蔀格子があり、2つの座敷は廻り縁によってつながっている。畳敷きの屋内は切目長押によって縁側よりも一段上段となっており付書院が確認される。

沓脱(板)は三間の建物の中央の縁先にあり、その幅は一間程度だと見られる。沓脱(板)の構造は、貼り合わせ板を用いている縁側と比較すると、天板に一枚板が使用されていることが判断できる。脚部は左右の前脚は沓脱(板)から地面に伸びているが、後脚は縁側の束柱を利用しており、そのため沓脱(板)の天板に切り込みがされている。

庭には添書きの通り枝垂柳が植えられ、造られた流れに沿う様に随所に石が立てられ、小さな築山と沓脱(板)前の平坦な庭には芝が貼ら

【図47】『余景作り庭の図』隅田川を模した庭 沓脱(板)
国立国会図書館デジタルコレクションより

れているとされる。

『余景作り庭の図』は菱川師宣が庭相を想像し画にしたものが多いとされるが、[45]概念として描かれた庭であるならば、描かれた庭は普遍的な様式であったとも考えられる。

近世の絵画史料に確認される沓脱（板）の描写を順に記すと、17世紀では『正月風俗図屛風』[46]、『若衆』[47]、『余景作り庭の図』の各1か所の沓脱（板）が確認されるのみであった。18世紀になると『承安五節之図』[48]、『都名所図会』[49]の「深草欣浄寺」、『摂津名所図会』[50]の「江口君」、『都林泉名勝図会』、『大和名所図会』[51]の「みよしの」、『池田之宿図屛風』[52]に沓脱（板）が描かれている。

『承安五節之図』は承安元年の五節の行事を描いたものであるが、制作は安永5年（1776）とされ、現存するものは原本を写したものではなく全て江戸期の模本とされる。[53]『承安五節之図』には【図48】に示す通り、沓脱（板）の描写に添書きがあり「クツヌキ」と書かれていることが確認できる。

続いて『都林泉名勝図会』には、「東六條祭主三位輔親卿邸」、「天の橋立」、「帝御別邸桂宮」、「伏見龍徳庵」、「金閣寺」、「長寿院」の場面に沓脱（板）が確認された。

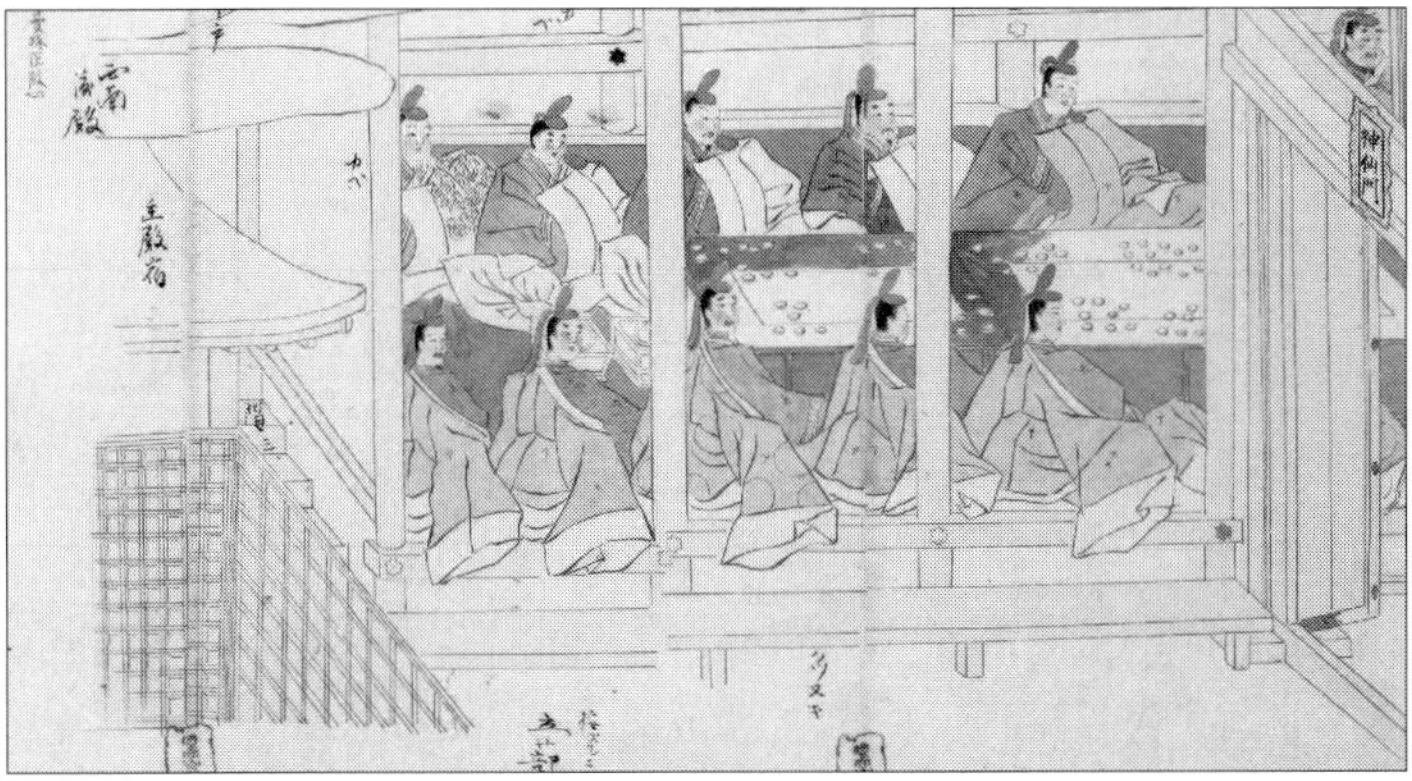

【図48】『承安五節之図』安永5年（1776）に描かれた清涼殿殿上間南側のクツヌキ
早稲田大学図書館蔵『承安五節之図』（部分）

19世紀になると、『紀伊国名所図会』[54]には「吹上の長者の館」、「大伴孔子古宅」、「黄門邸」、「久米若の図」の場面に描かれるほか、『大匠雛形』[55]、『江戸名所図会』[56]の「麻布善福寺開山了海上人誕生図」、『竪田図』[57]、『承安五節繪』に沓脱（板）が確認された。

【図49】に示す『都林泉名勝図会』の「金閣寺」に描かれている沓脱（板）と、現在の様子を比べて見ると【図50】に示すように現存する沓脱（板）とほぼ同様の造りであったことが分かる。また、『都名所図会』の「深草欣浄寺」は四位少将であった大納言源義平の古跡であり寝殿造の様式である。『都林泉名勝図会』の「東六條祭主三位輔親卿邸」は、承保2年に造営された貴族邸であり、桂宮はそのまま「帝御別邸」である。『紀伊国名所図会』の「吹上の長者の館」には渡廊があり、屋根も檜皮葺であることから寝殿造の様式を継承する建築であると考えられる。以上のように、近世になると沓脱（板）の描写は僅かに寝殿造の様式を残す建物に確認されるのみとなる。

そのなかでも、近世の絵画史料でもっとも沓脱（板）の描写が多く確認できる史料が、寛政11年（1799）に刊行された『都

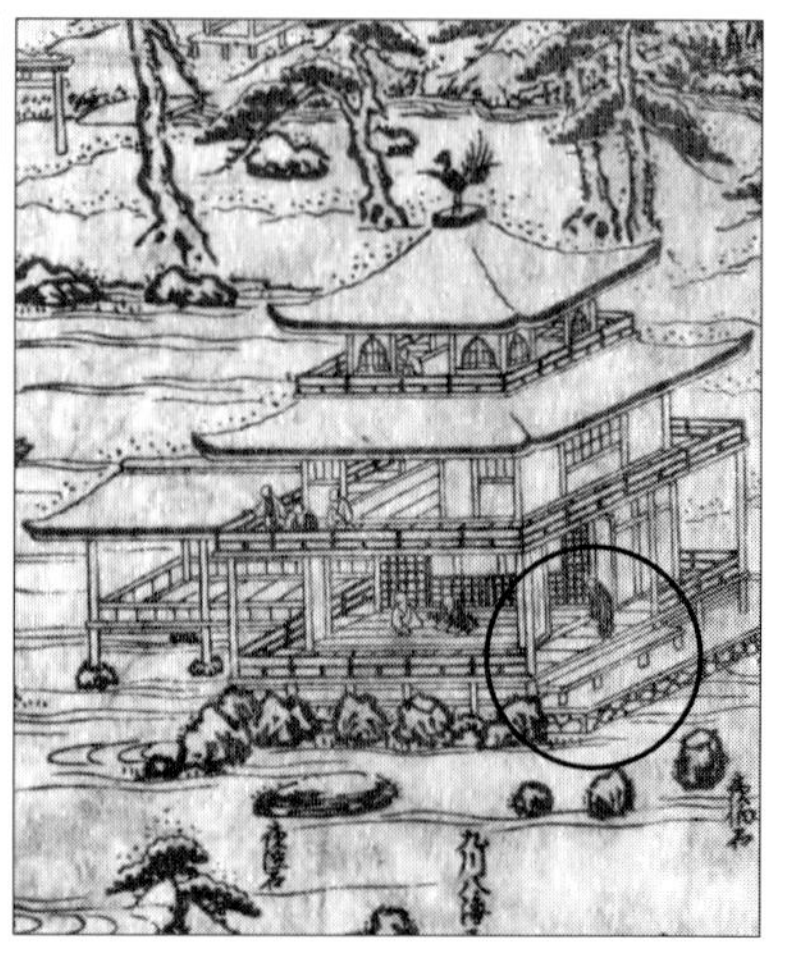

右　【図49】『都林泉名勝図会』金閣寺の沓脱（板）　国立国会図書館デジタルコレクションより（部分）
左　【図50】現在の鹿苑寺金閣寺の沓脱（板）　町田香氏提供写真を転写

林泉名勝図会』であり、計7例の沓脱（板）が確認された。特に【図51】に示す「伏水龍徳庵」の描写には、沓脱（板）と沓脱（石）が共に描かれている。

「龍徳庵」は檜皮葺と見られる屋根を持つ建物があり、門から池もしくは枯池の中を飛石で伝い座敷に至る動線となっている。

建物には明障子や切目長押が確認されるが屋内の畳の有無は明確にならない。沓脱（板）は門から飛石を伝った先の縁先に備わる。沓脱（板）の構造は、踏み面（天端）に一枚板を使用していることが、縁側に貼り合わせ板を用いていることから判断できる。脚部は左右の端に前脚後脚があり、四本脚で自立する造りとなっており、飛石が徐々に高くなって沓脱（板）の手前の自然形の石は地面よりもかなり突き出して据えられている。なお、沓脱（板）の横には蹲踞が確認される。

一方、沓脱（石）は座敷から飛石方向ではなく橋の架かる中島がある方向の縁側に据えられている。沓脱（石）は長方形で切石を用いていると見え、一組の履物が置かれている。

庭は刈り込みの生垣に囲われ、この他にも多くの樹木が植え

右　【図51】『都林泉名勝図会』伏水 龍徳庵 沓脱（板）と沓脱（石）
左　【図52】『都林泉名勝図会』東六條祭主三位輔親卿邸 沓脱（板）
国立国会図書館デジタルコレクションより転載、加筆（いずれも部分）

られ、大小の石が立てられている。座敷には一名の老人が座り、飛石に小僧が立つが、この図には説明もないため明確な状況を把握できない。

沓脱（板）は、構造においても延久元年（１０６９）の『聖徳太子絵伝』と寛政11年（１７９９）の『都林泉名勝図会』の描写がほぼ同一の形である。ただし、近世の描写では「龍徳庵」に見られるように飛石から沓脱（板）につながる動線が見られる。このように門を入った飛石から沓脱（板）につながる動線は【図52】「東六條祭主三位輔親卿邸」にも確認される。

先述した通り中世までの史料と近世史料では製作された経緯ならびに史料そのものの性質が異なる。庶民に対して制作された近世の絵画史料に沓脱（板）の描写数が極端に少ないことから、庶民の生活の昇降装置に使用される機会が少なかったとも考えられる。このように近世では沓脱（板）の描写数が減少する一方、沓脱（石）の描写数は急増する。

延宝8年（１６８０）の『余景作り庭の図』では7例の沓脱（石）の描写が確認できる。

沓脱（石）がある庭は、「平庭の一種」、「唐様の庭」、「下屋敷にて蹴鞠をする場を設ける庭」、「藤棚のある水辺近き所の下屋敷の庭」、「来迎の庭」、「岩屋の滝」、「相生の庭」であった。

「平庭の一種」と題された庭は、【図53】に見られるように遣り水風の小流れがある庭である。庭の添書きは下記の通りである。

「へいちうもんのうちにうちひらきたる庭にながれ池をほりてその池のきに左右に四季の木をうへてから芝をふせ、とび石をすへ、はなれたるすきや涼ミ所などへかよふ道をつけたり、四季ともにながめをたやさず、すなほなるてい、この作りを並木の庭といふ、かやうなる泉水にはしをかけるには、しばはし、ふな板はし、朽木はし、竹はしなどのわひたるはしをかけへからず、あたらしくこしらへ左右に駒寄をしたるはしをかけるよし勿論也、是にはつき山もつく事なし。」[58]

この庭の図に建物は描かれておらず、縁側のみが確認され、沓脱(石)は縁先に据えられている。沓脱(石)の形は長方形の切石で、高さ(厚み)は縁側の半分よりも高い。『一遍上人絵伝』にて確認された沓脱(石)も長方形であったが、加工された石ではなく長方形の自然石であった。「平庭の一種」に描かれる沓脱(石)は『一遍上人絵伝』の沓脱(石)に比べると綺麗な天端を有しており、四隅は角を消すような面取り加工がされている。

この庭は塀で囲われ、門を入ると正面に四石の飛石があり奥にある沓脱(石)につながっている。添書きは「とび石をすへ、はなれたるすきや涼ミ所などへかよふ道をつけたり、」と、沓脱(石)について言及していないが、門から飛石によって沓脱(石)までの動線が明確になっていると見える。

庭には唐檜や紅葉などと思われる樹木が植えられ、添書きには芝を伏せるとあり、図を見ると飛石や沓脱(石)の周りも芝が貼られている。

【図53】『余景作り庭の図』平庭の一種 沓脱(石)
国立国会図書館デジタルコレクションより(以下113頁まで、いずれも部分)

門の外には三名の武家姿の者がおり、履物を着用していることは分かるが履物の種類までは特定されない。この他に武家姿の三名を平伏して迎える同じく武家姿の者が門の外と内で迎える様子が見られる。

次の「唐様の庭」とは中国風の庭のことである。【図54】に見られる庭の構成について添書きを確認する。

「此にわからやうのにわ、又はかん山の庭ともいふ、洞庭のかかり、むかふになるほどけんそなるいわをたて、そのいわにほりをほり、泉水をながす、庭を島に造り、島に座敷をたてゝすさきにはしをかけてそばつたへに山のてう上のぼる道をつけて山のみこしのかげに五重の石塔をするゑ、とだいのかくるゝやうにすねたる木をうへて谷のあひだよりたきをながし、山のふもとに茶やをたてる、松、杉、ものなどをうへるなり、山のうらこしに梅などをうへる、これは春にて鶯のこゑを谷にひびかせんがためなり。[59]」

沓脱(石)の備わる茶屋の大きさは正確には把握できないが描写からは二間程度であると見える。吊り格子と明かり窓が付いており、簀子縁と板縁を供え、切目長押によって一段屋内が上段になってい

【図54】『余景作り庭の図』唐様の庭 沓脱(石)

る。沓脱（石）は簀子縁に沿うようにあり、自然形をした高さ（厚み）のある石が用いられている。縁側先には手水鉢があり松が植えられている。橋を渡った先の島には建物（座敷）の棟が二棟見え、その上には滝があり、五重の塔が確認されるほか、松や杉や梅などの樹木が植えられる。

「下屋敷にて蹴鞠をする場を設ける庭」は【図55】に示す。添書きには以下の通り記される。

「このかかりは下やしきなどへおこしけまりなどあそはし、又は御きやくなど御ちそうのためになるしうきくのにわなり、四本かかりもなくしてさうのにわなり、南おもてむきにかやふきの座敷あり、是は月ミ又は涼ミなどのときお出あるざしき也、庭に芝もなく、小石も敷事なし、すな地にして飛石あり、くれをこのむ庭なれば高きうへ木などもうへず、うちひらきたるていなり、座敷のていさか丸太などにていんじやのすむていをこのむがよしともいふ也。」▽60

添書きを見る限り、下屋敷ということからも上級の身分にある者の庭を想定していると考えられる。

沓脱（石）は隠者の住む体をした座敷と称される建物の縁側前に据

【図55】『余景作り庭の図』公爵蹴鞠の庭図 沓脱（石）

えられている。沓脱（石）は長方形で高さ（厚み）があり草履が置かれ、「平庭の一種」に見られた沓脱（石）と同じ切石を用いているように見える。隠者の住む体の建物は茅葺の屋根で、障子があり切目長押により屋内は一段上段となっており、縁先には棗型手水鉢が据えられ、庭には松の木や笹類などが植えられている。添書きには「すな地にして飛石あり」とあるが、飛石のような石は描かれておらず、沓脱（石）に関する言及もされていない。

次の「藤棚のある水辺近き所の下屋敷の庭」の沓脱（石）は【図56】に見られる。添書きは下記の通りである。

「此ふじのたなはつねにはたなのけいもなければ見物のなき庭なれども、此にわは水辺ちかき所の下やしきなどにうゑおき、花の頃行ては見物多き庭なり、あいらしき花にて、ゑだつきもしなやかなれば、そのあしらいにかん竹をみこしにうへてよし、自然きやくなどよび、ちそうの時ふじのはなぶさのながさをみるたに座敷より花のもとまで海石のひくめ成をすへてにわにはじやりを敷也、ふちのたなき所には松の木にまとわせるがよし、外の木には葉つきあしきもの也、これなごりの春の庭也。」▽61

【図56】『余景作り庭の図』藤棚の庭　沓脱（石）

沓脱（石）は座敷の縁先に据えられている。屋内は縁側より切目長押により一段上がっており、畳が敷かれている。沓脱（石）の形は自然形で少し大きめな印象があり、一組の草履が置かれている。「平庭の一種」と同じように沓脱（石）へは飛石が続き、さらに藤棚のある池の方にも飛石が打たれている。図には門が確認されないが飛石によって座敷前の沓脱（石）への動線以外の庭の動線が確認できるが、添書きでは沓脱（石）にも飛石にも言及はない。

「来迎の庭」と記す【図57】には、檜皮葺の屋根を持つ付書院のある座敷が描かれる。

「この庭をらいくわうのにわという、先、座敷をほうきやう作りにして緑きわにとこをつけ、くわとう口を黒ぬりし上段のさきに高き手洗水の石をすへ置也、庭に岩をもつてみつみねに作り、これを三尊石といふ也、そのもとにこしかけ石をすへ、山のそばに木をうへる也、ふもとに山水をながし、枝のなだれたる松をうへる、これをのぞき松といふ、その前になだれいわ、てかけの石、らいはい石などといふさまさまの名ある岩をすへて置く、この山のかつかうはすずかのみつ子山をてほんとする庭也。[▽62]」

【図57】『余景作り庭の図』来迎の庭 沓脱（石）

この庭の図には、三尊石、腰掛石、手掛の石、なだれ岩、礼拝石、のぞき松などの添書きがあり、庭には他に流れや松以外の植物も確認される。沓脱（石）とその前に続く大小四石の飛石については言及されていないが、座敷縁側から沓脱（石）に降り、飛石を伝って庭に出る動線が分かる。

建物の大きさは不明であるが、縁側があり切目長押によって一段上がった屋内には畳が敷かれ、一部には吊り格子が見え、縁側の角には先に添書きにある棗型手水鉢が備わっている。沓脱（石）は縁側に沿って据えられており、その形は長方形で高さ（厚み）がある加工を施したと見られる切石を使用している。

【図58】に示す「岩屋の滝」の沓脱（石）は、茅葺き屋根の数寄屋座敷に備わる縁側前に自然形の石を用いていることが分かる。

「この庭をいわやのたきという也、まへにふどう石という、成ほどけんそないわをたて、みないわ山にして谷あいより水をおとすなり、座敷よりかこひへかやぶきのらうかをつけ、まへにいろいろの坪木をうへてすきやをみなみむきにたつる、たにあひに所々いわをあしらい、おつる水成ほど白糸をみだしたるやうにさかおとしにする也、樹木を山にうへぬ也、座敷とらうかの

【図58】『余景作り庭の図』岩屋の滝　沓脱（石）

あひたにまき、もつこく、つばきなどをあしらい、庭はみなこいしまじりのじやりを引へし、かこいの軒下に松ばをひくべし。」▽63

数寄屋は南向きに建てられるとしていることから、沓脱(石)があるのは建物南口であると見える。庭には砂利を敷き、軒下に松葉を敷かれていたとされる。沓脱(石)の大きさは比較的大型であり、取り付くように三石の飛石、そして二石の切石へ繫がる様子が確認できる。建物の大きさは明確ではないが、一間から二間程度の小さな数寄屋であり、縁側が廻り屋内は切目長押により一段上段となっている。縁側に沿って棗型手水鉢が置かれている様が見える。

「相生の庭」の沓脱(石)は、奥方の御座の間などにある【図59】の庭に確認される。

「この庭をあいおいの庭といふなり、おく方の御座の間などにある庭なり、なるほどなだらか成泉水をながし、いわなどをあしらひ、池の中にほん山せきとてふりのよき岩をすへ、岩のうへに木をうへる、泉水のむこふに木をうへて茂りをもちひ、その内に宮をすべてをく、ぼんさん石に梅などをうへて、水きわにねざさうへる也、縁のまへに柴の袖かきをゆいて、かき根に大

【図59】『余景作り庭の図』相生の庭 沓脱(石)

木の松をうへる、去によって相生の庭となずく、冬のそら雪なとのふる折ふしはしんしんとしておもしろき庭也。」▽64

盆山石という室町期から用いられた箱庭風の石組みの中に檜皮葺の宮が建てられる。庭には、柴の袖垣があり、大木の松も植え、岩の上に木を植え、泉水のむこうにも木を植えると記される。沓脱(石)は自然形であり、飛石から続き、建物縁側に上がるための石であることが分かる。建物の全容は描かれていないため規模は分からないが、縁側が廻り切目長押により一段上段となる屋内には畳が敷かれている。また、御簾が吊るされ一部には格子も確認される。

以上が、『余景作り庭の図』に見られる沓脱(石)の描写である。『余景作り庭の図』では具体的な石の名称や「見こし松」の名前を用いているほかに、「四季の木をうへてから芝をふせ」などと造園の手順や「柳の朽木に梅をうへませて作る」など専門的な見解が確認される。本書にある本文が菱川師宣自身によるものかは不明であるが、少なからず庭に関する知識を有する者の作文であると考えられるが、7か所に描かれる沓脱(石)については一切言及されていない。

また、『余景作り庭の図』では、沓脱(石)が飛石とつながる様子が確認できる。『一遍上人絵伝』を含む中世までの沓脱(石)は、全て独立した一石で用いられていたことから、近世になり、飛石とつながることで建築と庭の各部をつなぐ動線の一部として使用されるようになったと分かる。さらに、中世までの絵画史料に確認される沓脱(石)は、いずれも天端が平らな自然石であったのに対し、近世になると『余景作り庭の図』でも見られるように切石などの加工が施された石が用いられるようになっている。この2点は中世と近世の沓脱(石)を比較した際に大きな違いであると言える。

なお、沓脱(石)は中世までの絵画史料では僅か30か所程度に確認されるに過ぎなかったが、近世の絵画史料では200か所以上に確認される。沓脱(石)が描かれる史料は、17世紀では『邸内遊楽図屛風』[65]、『遊興図』[66]、『吉原戀の道引』[67]、『余景作り庭の図』であった。この他に平面指図のみで確証は持てないが『古今茶道全書』[68]、『諸国茶庭名跡図会』[69]にも昇降装置の沓脱(石)であろうと推定される石が記されている。

続けて、18世紀の沓脱(石)が描かれる史料は、『都名所図会』、『拾遺名所図会』[70]、『住吉名勝図絵』[71]、『摂津名所図会』[72]、『東海道名所図会』、『伊勢参宮名所図会』[73]、『都林泉名勝図絵』、『戸山荘図巻稿本・下』[74]、『大和名所図会』などであった。

19世紀の史料では、『河内名所図会』[75]、『播磨名所図会』[76]、『木曽名所図会』[77]、『紀伊国名所図会』、『石組園生八重垣伝』、『築山庭造伝(後編)』、『江戸名所図会』、『尾張名所図会』[78]、『善光寺名所図会』[79]、『絵本江戸土産』[80]などに確認された。なお、このほかに『嵯峨流庭』の「真の真体図」を模倣した江戸期の作庭書の異本において「履脱石」と添書きされている史料が確認された。

沓脱(石)は、中世の絵画史料では天端が平らな自然石のみが確認されるが、江戸期の史料では加工を施した切石が確認される。また、多くの場面で沓脱(石)は、飛石から伝うようになっており、庭の動線を明示する回遊装置の一端として建築と接するところに用いられるようになっている。

第2節　文献史料における沓脱の記録

絵画史料を検証した結果、「沓脱」には木製と石製のものがあることが分かり、どちらも建築への昇降装置として利用されていた。本節では、沓脱（板）と沓脱（石）に関して文献史料における記述を確認する。第1章「履物の脱着行為」で記したように、「くつ」には、「沓」、「舄」、「靴」、「履」、「鞋」などの表記方法があったが、「くつぬぎ」も「沓脱」ばかりでなく「履脱」と表記される場合があった。文献史料において「沓脱」、「履脱」と示される場合、これらのほとんどが板で造られた沓脱（板）を示していると考えられる。一方、沓脱（石）に関する記述は、第1節第2項で述べた『嵯峨流庭』の「真の真体」を除いては、慶長年間に記された『古田織部正殿聞書』になるまで確認されなかった。

第1項　板の沓脱に関する記録

平安期の公卿である藤原実資が、天元5年（982）から長元5年（1032）の約50年間記した『小右記』[81]では「履脱」の文字が確認される。『小右記』寛弘8年（1011）11月16日条には、「殿上簡・日記辛櫃猶□□、蔵人觸女房申、下簡、於履脱日給返置、極無由事也、」[82]とあり、「殿上の簡・日記の辛櫃猶ほ□□□」と蔵人、女房に触れ、笏を申し下し、履脱に於いて日を給い、返し置くとは、極めて由無き事なり。」と読める。管見の限りであるが「くつぬぎ」と読むことが可能な最も古い記録であった。

沓脱（板）に関する記述は、『聖徳太子絵伝』に描写が確認される時期とほぼ同じ源経頼の『左経記』を引いた『列見并定考部類』長元2年（1029）2月21日の条にて確認される。長元2年（1029）2月21日の条には「杓相従、余取盃昇従西面南間階履脱院下、」[83]とあり、履脱から昇っていることから昇降装置であり、さらには階があることから、記録の舞台が寝殿造であることが分かる。

本章第1節にて検証した中世までの絵画史料において寝殿造に沓脱（石）が使用されている例はなく、寝殿造には沓脱（板）が用いられていた可能性が高いことが考えられる。

次に記す『後二条師通記』[84]寛治5年（1091）1月6日条は、清涼殿で行われた叙位の儀式に関する記録である。

「叙位［叙位儀爲右大弁執筆］六日、丙寅、暁雪紛ゝ庭積、有叙位儀事、予酉剋参内、先参於御前、巳及秉燭、着左仗、雖爲次上卿、而依九條殿御記、今日着外座、以官人令置膝突、有召仰事、今日召之後、又召仰被仰云ゝ、違例云ゝ、召外記、仰被叙位之召仰事、次召外記、仰令構莒文之由、外記稱唯退了、令持莒文而立小庭、件莒取者外記三人（廣實・親亮・清眞）、定了揖、避」座又立揖、了相率予公卿等、沓脱下立、次人被示之後、予登着御宿所座云ゝ次ゝ人ゝ着了、」[85]（波線筆者）

「叙位」は、親王に一品（いっぽん）から四品（しほん）、諸王に一位から五位、諸臣に一位から初位（そい）の位階を授ける儀式であり、清涼殿にて執り行われた。

記録内にある「小庭」は【図60】で示す通り清涼殿「殿上間」の南に位置することから、『後二条師通記』

の沓脱装置は『承安五節之図』（【図48】参照）や【図61】の『承安五節繪』[86]と同じ場所にある「クツヌキ」である可能性が高く沓脱（板）であると特定される。

この他に清涼殿にて執り行われた叙位の儀式に関する記録にて、沓脱装置に言及している事例が『後二条師通記』を含め4例確認された。まず、『薩戒記』応永27年（1420）1月5日条の叙位の記録は以下の通りである。

「事了執筆於殿上被授敍位簿於万里小路中納言、兼起御前着端座、亜相取副簿於笏、跪端座上、西面、置笏於右膝下、取直簿被授之、納言揖起座、跪亜相前置笏賜之、[副]笏復座、此間亜相出上戸下高遣戸退出、納言起座下沓脱着沓、入神仙門代経小庭、出無名門代向陣、直着端座、先向奥揖、南面直足、縿置据、直沓」[87]（波線筆者）

沓脱を降りて履物を着用したとあり昇降装置

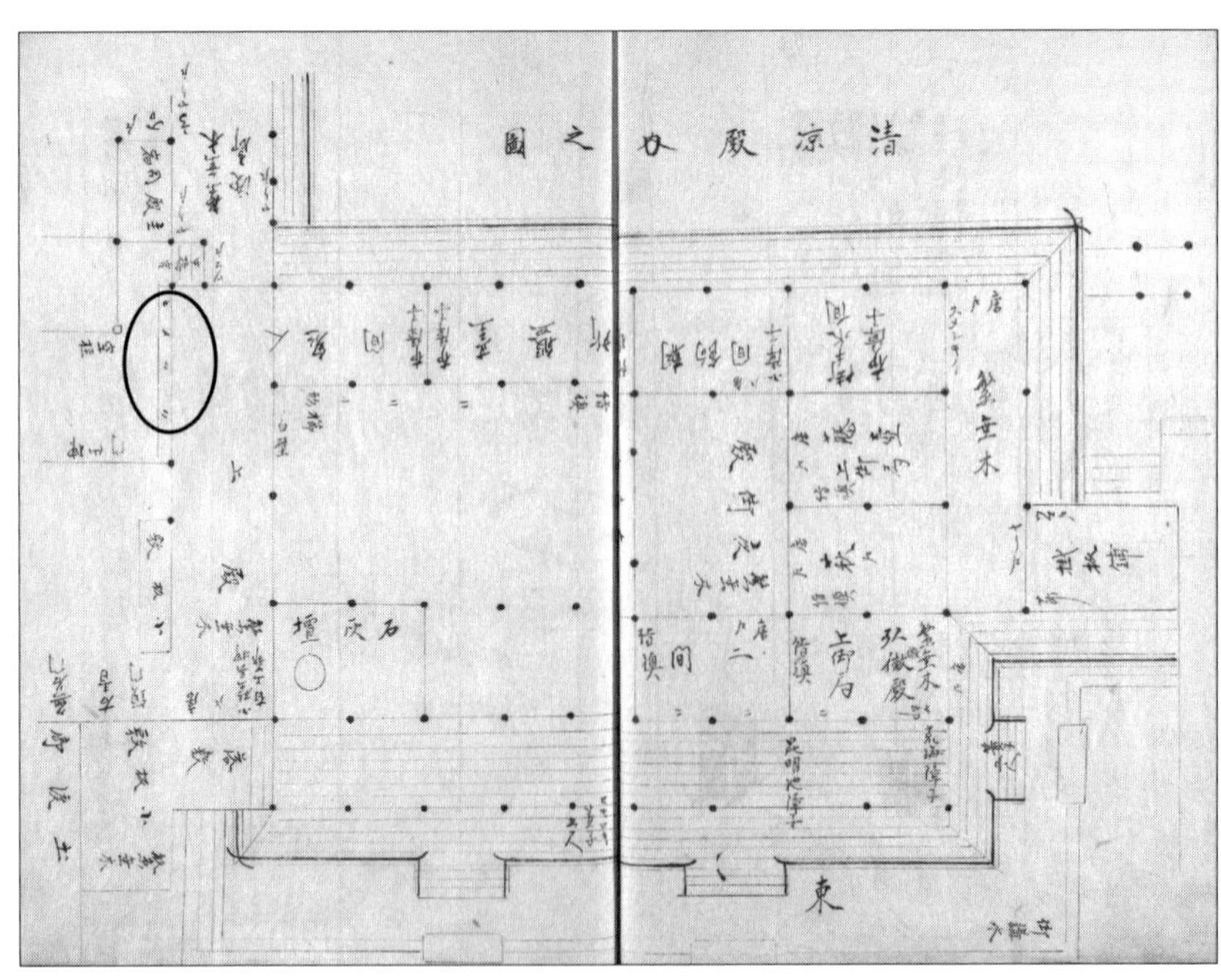

【図60】清涼殿 平面図「クツヌギ」・「小板敷」・「小庭」の場所
『鳳闕見聞図説』国立国会図書館デジタルコレクションより転載、加筆

であると分かる。また、「神仙門を入り、小庭を経て無名門を出る」とあることから、清涼殿「殿上間」の南に位置する「クツヌキ」すなわち沓脱（板）を使用していると判断できる。

続いて、『薩戒記』応永28年（1421）1月5日条の叙位の記録には、「大納言殿揖起座被退出、下沓脱兼令置沓、着沓、揖降地、入神仙門出無名門、着陣端座、」[▽88]（波線筆者）とあり、同じ清涼殿の沓脱（板）を使用していることが分かる。

さらに、『薩戒記』応永33年（1426）1月6日条の記録は以下の通りであった。

「筥文ニ餘ル公卿ノ作法　壇上、出庭中西行、入無名門出神仙門、此所引裾、於沓脱下揖、昇沓脱ゝ沓、着殿上西間、臺盤、向揖、即又揖起座、出上戸経簀子入東庇南妻戸着座、有揖、」[▽89]（波線筆者）

この記録では沓脱（板）を昇ってから履物を脱いでいることが分かるが、その場所は無名門と神仙門があることから、やはり清涼殿の殿上間の南にある沓脱（板）を示している。

『後二条師通記』を含む上記4例は清涼殿で行われた叙位の儀式であるが、この他の記録にも清涼殿の殿上間の南にある沓脱（板）だと判断できるものが計8例確認さ

【図61】『承安五節繪』文政13年（1830）の沓脱（板）
国立国会図書館デジタルコレクションより

れた。

例としてまず、『民経記』[90]寛元3年（１２４５）12月22日条には「予入無名・神仙門、於殿上西第一間一揖、於沓脱上脱沓、」[91]と、無名門から神仙門を経て沓脱の上にて履物を脱いだことが分かる。同じく安貞2年（１２２８）10月22日条では、「入神仙門経小庭、垂裾、雨儀簾内、沓脱前也、予如此所存知也、」[92]（波線筆者）とあり、昇降の有無に関する記述はないが清涼殿「殿上間」の南に位置する沓脱（板）を示していると考えられる。

また、『建内記』[93]永享2年（１４３０）7月25日条にも「次入無名門、番長一人相従、経神仙門代、一揖昇沓脱、懸膝着座、有揖、引直裾、」[94]（波線筆者）と記されることから、清涼殿「殿上間」南の沓脱（板）を示していると考えられる。

このように清涼殿の殿上間南にある沓脱（板）だと判断される記録は、ほかに『民経記』安貞元年（１２２７）4月27日条、『薩戒記』応永29年（１４２２）1月12日条、応永32年（１４２５）7月5日条、『建内記』文安元年（１４４４）1月1日条、文安元年（１４４４）4月21日条があり、合計して12例が『承安五節繪』に描かれる清涼殿の殿上間の南に位置する「クツヌキ」を使用していることが特定されることから、板で造られた沓脱（板）であると分かる。

さらに、沓脱（板）の名称について、治承3年（１１７９）の『壬生家古文書』[95]では「沓脱板一枚〈長一丈一尺四寸半〉」という記述があり、板の沓脱は「沓脱板」と呼ばれることがあったと確認される。しかし、「沓脱板」という名称はこの他には確認されず『壬生家古文書』が唯一であり、他はいずれも「沓脱」と記すのみであった。

なお、清涼殿で執り行われる「叙位」「除目」の儀式と同じように儀式から建物が特定される記録として、紫宸殿にて執り行われた「元日節會」に関する記録がある。『愚昧記』[96]嘉応２年（１１７０）１月２日条は、「元日節會」における儀礼の手順について左府藤原経宗らが話し合いをしている記録であり、下記の通り記される。

「昨日兩方拜礼申次之間、有兩事之相違、右兵衛督於地脱沓、歸出之後、不復本列立妻戸前、修理大夫脱沓於沓脱上、歸出之後、手自取下沓、於地着之復本列、如何、左府云、脱沓於沓脱上、是常事也、但有子息之人、昇了後取沓退去、歸出之時、持来之着之、有便宜、不然之人、手自取下之着之、無便宜歟」[97]

「元日節會」の当日を振り返って話し合いがされており、紫宸殿に備わる沓脱（板）の記録であると判断できる。このように紫宸殿における「元日節介」であることが明確になる記録のほか、仁寿殿で行われていた「御仏名」の儀式、清涼殿の殿上間の南にある沓脱（板）であるかは定かでないが、叙位除目の儀式であることから清涼殿に備わる沓脱（板）の記録であると判断される。

加えて、清涼殿の「殿上間」の南にある沓脱（板）というように具体的な場所の特定ができなくとも、寝殿造にある昇降を伴う沓脱装置であるので、沓脱（板）であることが推察される記録も多数確認される。例として『民経記』嘉禄２年（１２２６）８月10日条を下記に挙げる。

「内裏　次参御所方、次歸來□、仰聞食之由、次二拜了退出、次参内、同院儀、於冷泉油少路下車、入西面四足門并南面屛戸北行東面、立殿上口、殿上立蔀南頭、次藏人左兵衛尉平繁茂來逢気色、次藏人奏聞、歸來仰聞食由、次舞踏如常、次與笏於僮僕、給少舍人童、東行經柱東北行、經小庭北頭西行、至殿上西第一間東畔、此所端座也、昇沓脱乍著沓、裾下参殿上也、懸左膝於長押、膝行候外座。次縿集裾、五位下臈當彈棊局程可居也、」[98]（波線筆者）

内裏にある沓脱装置を昇ったことが確認されるが、「内裏」であるので清涼殿であるとも考えられるが、いずれにしても寝殿造であり「沓をつけながら沓脱を昇る」とあるので、昇降を伴う装置である沓脱（板）と見て良い。

さらに、邸宅を構成する建築から寝殿造に備わる沓脱であることが分かる記録を拾い上げた。『民経記』安貞2年（1228）10月2日条は「吉書ノ儀」について記されるが、「中門」という寝殿造を構成する建築があることから、寝殿造の沓脱であることが分かる。

「参關白殿（藤原家實）、立中門南廊西妻［是雨儀、晴時中門外］□□南柱程所立也、中門南柱程也、啓事由、申次職事壹岐守時宗仰聞食由、自蔵人所方廻庭来也、次二拝、昇中門沓脱、居障子上端座、」[▽99]（波線筆者）

寝殿造の中門付近には沓脱（板）が備わっていたことを第3章第1節「寝殿造における沓脱の動線」に取り上げる『年中行事絵巻』の【図62】「貴族邸の東中門妻戸前」・「貴族邸の侍廊前」の描写、【図63】の「貴族邸の西中門南側」の描写においても分かる。このように寝殿造を構成する建築である中門、中門廊を示す記録としては『民経記』仁治3年（1242）6月5日条などが挙げられる。記録には「南門〈雑色追前、〉遥北行、昇新造中門廊沓脱、御所南面儲公卿座、右少弁時継祗候、」[▽100]（波線筆者）とあって、新し

【図62】『年中行事絵巻』「貴族邸の東中門廊妻戸前」「貴族邸の侍廊前」の沓脱（板）
小松茂美『日本絵巻大成8 年中行事絵巻』中央公論社、1977年、p.17を転写し加筆

く造られた中門廊の沓脱から昇ったことが分かる。この他、『実躬卿記』[101]嘉元３年（１３０５）11月17日条、[102]『薩戒記』正長元年（１４２８）７月28日条など、[103]寝殿造の「中門」であることが分かる記録が確認される。

「中門」、「中門廊」以外にも、寝殿造を構成する「階」などの建築物が特定できることから、寝殿造に備わる沓脱（板）だと判断できる記録もある。語句としては「透渡殿」、「宜陽西壇上」、「幣殿」、「侍廊」、「侍所」であるが、これらを含む「沓脱」の記録もそれぞれ確認された。

このほかに、寝殿造であることが判断される語句としては、「殿上」などとされる記録がある。『九条家歴世記録』[104]弘長２年（１２６２）１月25日条には、「入屏戸着殿上、於沓脱下揖、昇沓脱脱沓、懸膝着座揖、」[105]（波線筆者）とあり、寝殿造の「殿上」であることが分かる。「殿上」以外にも「昇殿」、「殿下」などが寝殿造であることを示している。

以上のように、中世までの貴族・公家らの日記等に確認される「沓脱」、「履脱」とは、寝殿造の沓脱（板）を示していることが推定された。

中世までの文献史料において、沓脱（板）は「沓脱」、「履脱」などと記されていたが、近世の文献史料である天保13年（１８４２）の『家屋雑考』[106]や江戸後期の有職家である田沼善一が記した『筆の御霊』[107]においても、沓脱とは板で造られた沓脱を示していた。『家屋雑考』の「沓脱」の項ならびに「廊ノ沓脱」の項では寝殿造に備わる沓脱（板）について以

【図63】『年中行事絵巻』「貴族邸の西中門南側」の沓脱（板）
『日本絵巻大成８ 年中行事絵巻』、p.19を転写し加筆

下の通り記している。

「沓脱　こは簀子の内階の上へ、平なる板を敷きおくなり。又階より一段低く設くるもあり。其造さまざまと見えたり。東鑑、知家前右衛門尉参上乍レ着二行縢一。経二南庭一直昇二沓脱一。於二此所一撤二行縢一。参二御坐之傍一云々。などいふ事もみゆ。」[▽108]

「廊ノ沓脱　是は中門より廂への上り口にあるなり。階の沓脱とも見えたり。」[▽109]

以上のように「平なる板」とあることから、「沓脱」とは板で造られた沓脱(板)であると言える。

続いて『筆の御霊』に紹介される沓脱の記録について見てみると、以下の通り言及している。

「義経記に、喜三太まゐれとめされければ、南面のくつぬぎにかしこまつてぞ候ける、とある是なり、今ふみ石とも云物を沓ぬぎと云も、通ふ所ありて、やがて此物のなごりなり、沓ぬぎの状は、是よりはるかに古き畫どもにも有り、」[▽110]（波線筆者）

「今ふみ石とも云物を沓ぬぎと云も、通ふ所ありて、」と記されていることから、「南面のくつぬぎ」は沓脱(板)を示し、江戸後期では沓脱(石)は「ふみ石」と呼ばれることがあったことが分かる。

また、嘉永4年(1851)の『大匠雛形』には、「クツヌギ」と書かれる指図が確認され、本文には「くつぬぎの高サ。八寸八分ゑんの板あつさ二寸。」[▽111]とある。この高さが沓脱(板)の標準的な高さであるとは言えないが、沓脱(板)を単に「クツヌギ」、「くつぬぎ」と表記されていることが確認される。『家屋雑考』や『筆の御霊』、『承安五節之図』においても、板の沓脱は単に「沓脱」、「クツヌキ」であることから、沓脱(板)は中世、近世に関わらず一貫して「沓脱」と呼ばれていた可能性があると考えられる。

第2項　石の沓脱に関する記録

一方、沓脱（石）の呼称・名称は応永2年（1395）の『嵯峨流庭』にある「真の真体」に「対面・履脱」の添書きが確認されるが、描かれる石の形状は昇降装置として用いられる石とは断定できなかった。中世の文献史料で沓脱（石）に言及している可能性のある史料はこの他には確認されず、管見の限り具体的な名称・呼称、記述が確認されるのは慶長年間に記された『古田織部正殿聞書』であった。本節では記述の具体的な内容と名称の変遷を明らかにする。

『古田織部正殿聞書』では茶室前の沓脱（石）について、下記の通り「ニシリ上リノ石」、「躙上リ之石」、「踏石」と表記している。

「一　能ヲ吟味シテ居ル石之事。ニシリ上リノ石、刀掛之石、手水鉢之前石、雪隠之マタケ石二ツ、同ク前石・後石二ツ、クヽリノ前同踏越石二ツ、右之分景有能石ヲ可居、客路次入之時モ此石共ニ弥気ヲ付見物可仕也。」▽112（波線筆者）

「飛石ヨリ躙上リ之石へ取付ル也。畳石ヨリ躙上之石へ移様ニ居事不可有、飛石三ツ五・七ツモ可居、是ヨリ躙上之上ニ可移、惣飛石道通ハ石且ト同高サ一寸八分也。」▽113（波線筆者）

「一　ニシリ上リ之石居様之事。石之根直クニシテ高サ三寸、恰好ニヨリ四・五寸ニモ居也。数寄屋ヲ立ル地形高キ壁之際ニ居故、此石之前ツラ何程ニモ高ク見ヘシ。飛石ヨリ少大成根深ク面白克石ヲ可居、壁ヨリ除ル事寸法無之、此石ト壁ト之間ニセキダヲ壁ニ立掛可置其心得有テ壁ヲノケテ可居。是へ之飛石躙上リ之石之外ニ数ハ半ニ居也。」▽114（波線筆者）

「一　主人・貴人御入坐之時ハ躙上リ被為入候ト御次ノモノ御雪踏ヲ取テ入口ニ向、我左ノ方踏石ト壁ノ間壁ニ立掛可置。偖床前ヘ御立候時躙上リヘ入、我せキタハ御せキタト少間ヲ隔テ御せキタ之次ニ壁ニ立掛置也。」[115]（波線筆者）

中世の文献史料には沓脱（石）だと断定される記述はなかったが、『古田織部正聞書』では以上のように、「ニシリ上リ」と具体的に配置される場所が茶室の躙口に据えられる沓脱（石）であることを示し、地面より三寸（9㎝）、または四寸から五寸（12～15㎝）に据えることなど具体的に言及をしている。『古田織部正聞書』に確認される以降、茶書を中心に造園書などにおいて沓脱（石）に関する記述や名称・呼称が確認される。沓脱（石）に言及している史料を以下の通り成立年の古い順に記す。

慶長年間に記されたとされる『古田織部正殿聞書』に続き、沓脱（石）に関する記録があるのは『松屋會記』であり、寛永15年（1638）年10月28日の記録には、【図64】に示すように沓脱（石）が飛石へつながる様子が描かれている。[116]『松屋會記』では図の通り、「ニジリアガリ」と記された石より四石の飛石につながる様子が確認できる。

次いで、沓脱（石）の名称に言及しているのは、正保3年（1646）の『山水可致抄』[117]であった。『山水可致抄』

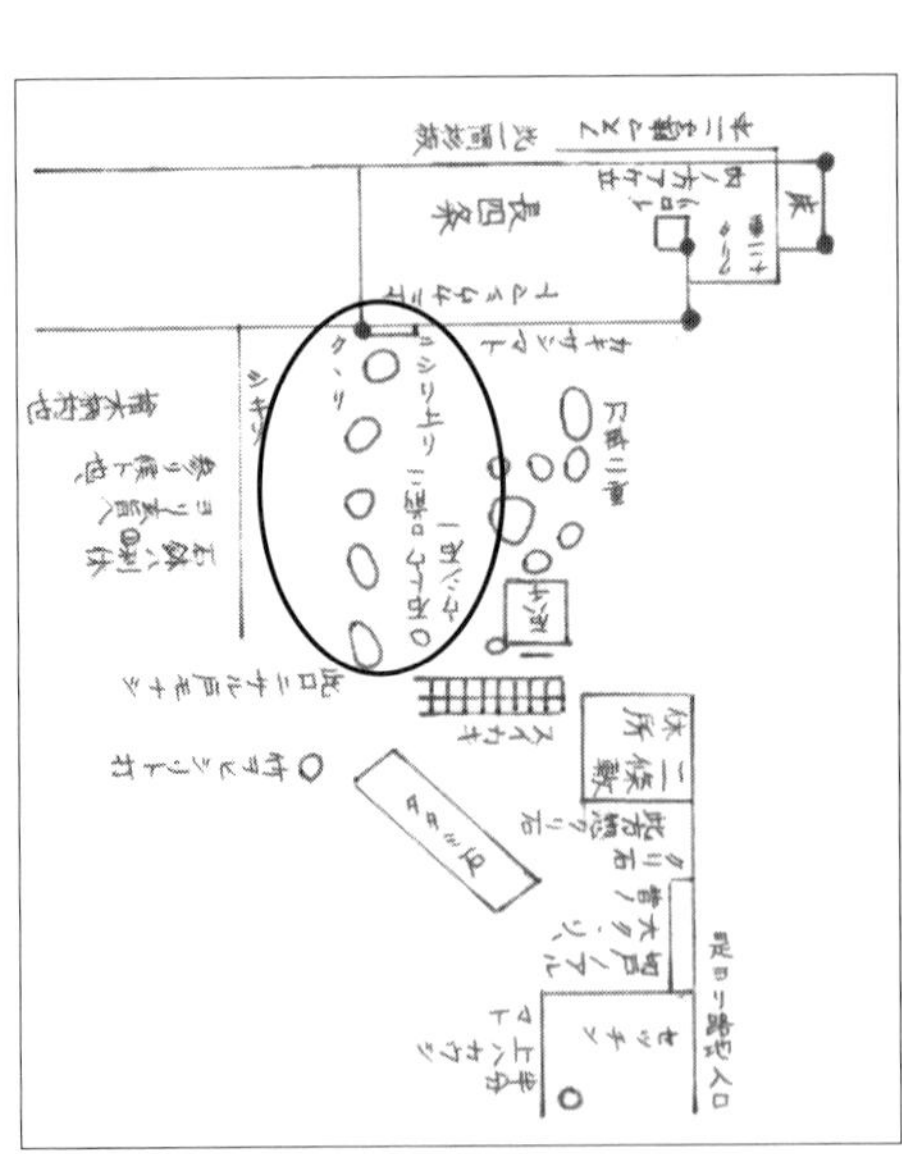

【図64】『松屋會記』飛石と躙上りの石 寛永15年（1638）10月28日条
千宗室『茶道古典全集 第9巻』淡交社、1956年、pp.349-350より一部転写加筆

は『嵯峨流庭』の「真の真体」を踏襲しており「對面石履脱ノ石アリ」とあるが、描写される石の天端は平ではないことについては前述した通りである。

『座敷庭石山水伝』[118]、『庭口傳抄』[119]、『築山庭造伝（前編）』[120]、『夢窓流治庭』[121]も同様に『嵯峨流庭』の「真の真体」を踏襲している。それ故に昇降装置としての石の是非はあるが、「履脱」に用いる石が正保年間には存在した可能性が示唆される。

承応２年（１６５３）の『十三冊本宗和流茶湯伝書』[122]では「第一石のつよくすハり申事、肝要也。」[123]という一文が確認されるほか、が、第一の石が沓脱（石）を指し示すのか、飛石のはじめの石を示すのかは明らかでない。

承応３年（１６５４）『数寄道次第』[124]では「くゝりを明、ふミたしの石」とされる。[125]寛文年間の『石州三百ケ條』では「にしり上りの石」、「ふミ石」、「くゝりの石」の３つの名称が用いられる。[126]

寛文年間の細川三齋の茶湯書である『細川茶湯之書』[127]では「せきだを石の上に、ろくに（真正の意）ぬぎそろへ、」と単に「石」と記している。[128]同じ寛文年間、石州流の祖である片桐石州の『石州三百ケ條』では「にしり上りの石」であった。[129]

また、伊藤景治が貞享３年（１６８６）に記した『数寄屋工法集』[130]には、「にじり上りの石」と記される。[131]『数寄屋工法集』には、「にじりあがりの石の高さ七寸又ハ七寸五分。但高サ石の景により見合へし」、「二の石の高さ五寸三分」、「三の石の高さ弐寸五分、是ハ飛石の高なり」、「飛石の上端ゟ下のつり明キ五寸五分」と織部よりも具体的な寸法に言及している。[132]

続いて、正確な成立年は不明であるが17世紀中に書かれたとされる『露地聴書』[133]にも「にじり上がりの石」

と記されていた。

18世紀の史料では、『茶話指月集』[134]にて「くぐり口の石」、近衛家凞の『槐記』[135]には「御草履ハ、踏石ヨリ外ノ方ニ平ニ直ス、」[136]とあり「踏石」と記されている。藪内紹智の『源流茶話』[137]では「にじり上り前石」、『夢窓流治庭』では『嵯峨流庭』の「真の真体」に見られる「履脱石」のほかに「茶方の庭作の事」にて「数寄屋躙り口の柱石より敷居迄の高さ一尺五六寸、躙り口の踏石高、土より四寸五分位。但し蹴込の板より前の明き三寸五分位。」[138]（波線筆者）と「躙り口の踏石」としている。

東睦庵主の編述による『築山染指録』[139]は、三巻三冊にて構成されるが、内容は、石の名、石組み、樹木、燈籠、手水鉢、飛石、橋、垣、露地などについて庭師の石竜の口伝と他の作庭書をまとめたものとなっており、「踏壇石」のほか、「一の石」という沓脱（石）の名称が確認された。[140]『築山染指録』は、北村援琴の『築山庭造伝（前編）』の説に沿う部分が散見している。本研究では、１９７５年に庭園古書刊行会が出版した『築山染指録』を用いた。『築山染指録』では以下のように「踏壇石」の具体的な据え寸法にも言及している。

「踏壇石是レヲ一ノ石ト云フ、切リ石自然石共ニ用ヒ椽縁ヨリ下リ七寸、次ヲ二ノ石ト云フ、一ノ真中ニ付クヘシ、下リ又タ七寸、次ノ石是レヲ三ノ石ト云フ、初テ飛石ノ高サヲ用ユ、延石ヲ用ヒテモ苦シカラズ、左リ蹈ニハ踏出シ右ニ寄セ右蹈ナルハ左ニアルヘシ、是レ壹貳参ノ古法ナリ、然其ノ宣ニ随テ取捨増減之法作者ノ手ニ出ズベシ。」[141]

東睦庵主によると、沓脱（石）は、「踏壇石」とも「一の石」とも呼ぶとされ、また、切石であっても自然石であっても縁側より七寸（凡そ21㎝）下に天端が来るように据えると記される。さらに踏段石より七寸（21㎝）下がる高さの位置に二の石が据えられ、続く三の石にて飛石と同じ高さに据えると「踏壇石」の石組法をまとめている。また、最終的な高さの調整は作者によって行われることが望ましいとも述べている。

茶書や造園書のみならず『旧幕府引継書　江戸町方書上』[142]にも沓脱（石）の記録が確認される。同書には「伊豆磯などの石の踏段石」と記され、町人が敷地上げに応じた御礼に福井藩主から手水鉢と沓脱（石）を賜り、その石を用いた庭を造ったことが書かれている。[143]

また『桂御別業之記』[144]には「前に名高き遠州好みの真の飛石なり、御椽の昇り口は大なる石あり、六人の沓を並ぶへし故の遠州好みの真の飛石六つの沓脱という」とあって、沓脱（石）について「六つの沓脱」と記している。

19世紀の史料では文政10年（1827）の『石組園生八重垣伝』に具体的な記述が確認される。『石組園生八重垣伝』は秋里籬島により記され、同書には計5種の沓脱（石）の組み方が示され、挿絵と添え書きにて具体的に言及している。本研究では、上原敬二の『石組園生八重垣伝　解説』より本文を引用した。[145]

「飛石沓抜五ケ之伝　中之巻終之伝」と題される組み方は【図65】に示す通りであり、「本勝手定式飛石奥義」と副題を以て紹介され、挿図には「心信（二石）―不火（二石）―霊脚（二石）―二相（二石）―大極（一石）」と書かれ、添書きは以下の通り記される。

「心脚と組て心信といふ、是坐敷より踏初とす、また是を沓抜といふ霊枝を不火といい、霊脚また二相霊胴といひ、大極はその末なり、是をもつて九字石十字之因廻その姿おのづから分明なり、大第八石にして八ツな

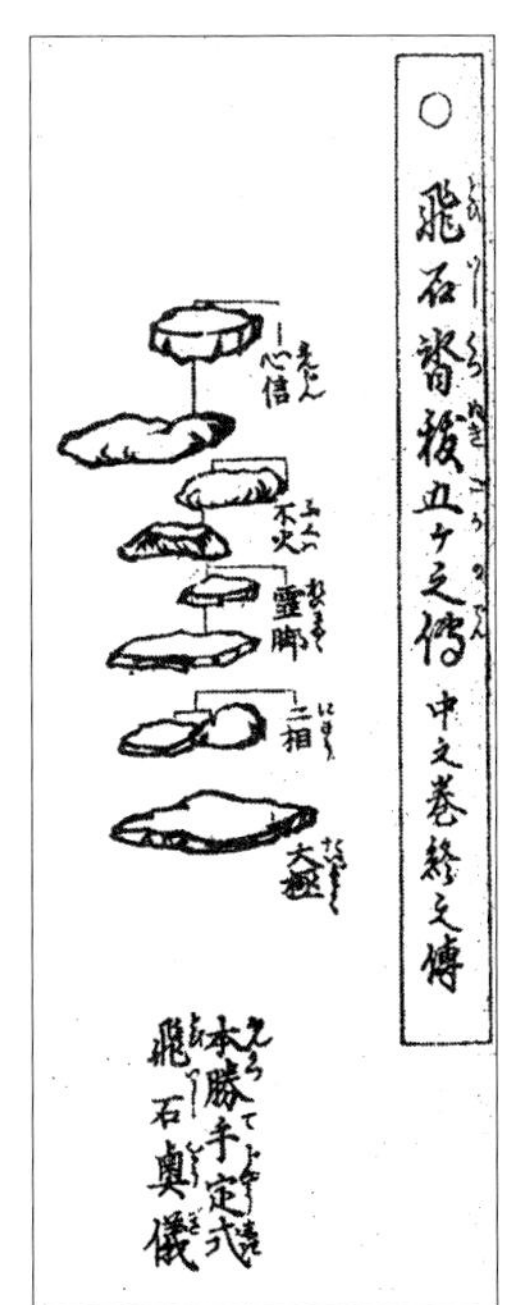

【図65】『石組園生八重垣伝』飛石沓抜五ケ之伝 記載
国立国会図書館デジタルコレクションより（以下131頁まで、いずれも部分）

り、八字九字を発す、九字能十字をしらふると是一義の一心大極のいたる処なり」

次に「岩段沓抜組方」では、沓脱(石)を含む計五石の組み方が【図66】のように掲載されている。添書きには「此のごとく岩組踏段は定法之真の飛石を居るにおなし、飛石踏み初になる石を心信の二石を兼るの石を置べし、真の飛石の形に略式を以つて取扱ふとしるべし」と二石の踏み初めの石の一方が飛石を兼ねる方法が記される。

「横勝手踏段」は、縁側に沿って据えられる踏段石(沓脱(石))と四石の飛石が【図67】に描かれる。添書きには「横勝手上り段は居間或は掃除伝ひ等の踏段に用ゆ、略式図のごとし／○刀懸石之伝に二段石ともいふ、踏段の式、心信の二石を一石にて兼法なり、石の象に依て大極を置也」と記される。先の二法で、二石とした沓脱(石)を一石にする方法であると理解できる。

次の「定石之略図二種」では、飛石について四三連と打つことが略式を用いる場合にも必要であると推奨している。

そして「真の履脱石　踏段石」では、【図68】に見られるように石に印しが付けられ「此処ゑんつか持、寸尺座敷にしたがふなり」と、縁側の束柱が踏段石(沓脱(石))に乗ることを想定している。添書きでは「心信二石をもつて真の沓ぬき踏だん石とす、勝手にしたがつて左右の振様可心得、長三尺、幅壱尺弐寸、高さ八寸を定法とす」と記している。また、

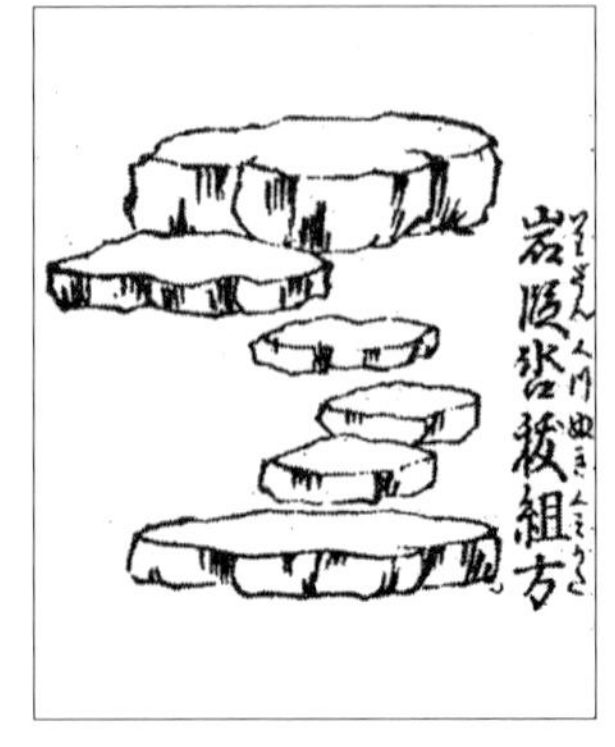

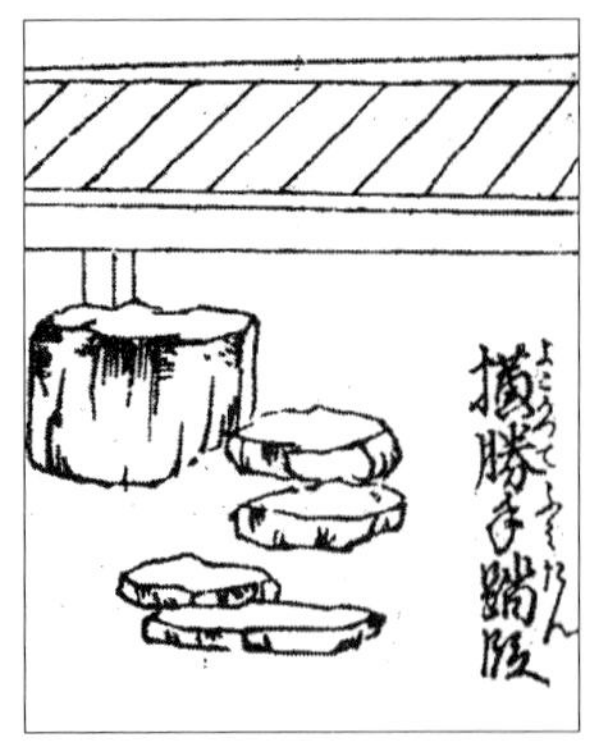

右　【図66】『石組園生八重垣伝』岩段沓抜組方の記載
左　【図67】『石組園生八重垣伝』横勝手踏段の記載

履脱石の名称と並び、踏段石の名称を確認できる。ただし、「京都大学史料アーカイブ」[146]に所蔵される『石組園生八重垣伝』では、「真の履脱石」ではなく、「真の脱履石」と記されていた。[147]

「略伝踏段」では【図69】のように「つかの立所穴をほるにあらず、ただ此辺との印也」と添書きされる。さらに「略伝の法は一石にて心信の二石を兼る法なり、然ばまた重て次に心信の二石をおく、長三尺、巾壱尺二寸、高六寸大小とも右の割合なり」と、沓脱(石)が一石であった場合、それを補完する小ぶりの心信の石を、重ねて置くことが記されている。『石組園生八重垣伝』の記述から、秋里は沓脱(石)の真の型は二石で構成されると考えていたこと、ならびに沓脱(石)に縁側の束柱が乗ることを想定していたことが分かる。『石組園生八重垣伝』に記載される沓脱(石)の名称をまとめると、「飛石沓抜」、「岩段沓抜」、「横勝手踏段」、「真の履脱石」、「踏段石」、「沓ぬき踏だん石」、「略伝踏段」となり、沓脱(石)を「履脱石」と表記した名称も確認される。

さらに秋里は、翌年に刊行した『築山庭造伝(後編)』においても、3か所で沓脱(石)に言及しており、その内の1つである「真之平庭之全図」の記述は以下の通りであった。

「踏分石 六 此印の処なり、此図にてハ踏段より三番石なり、真の平

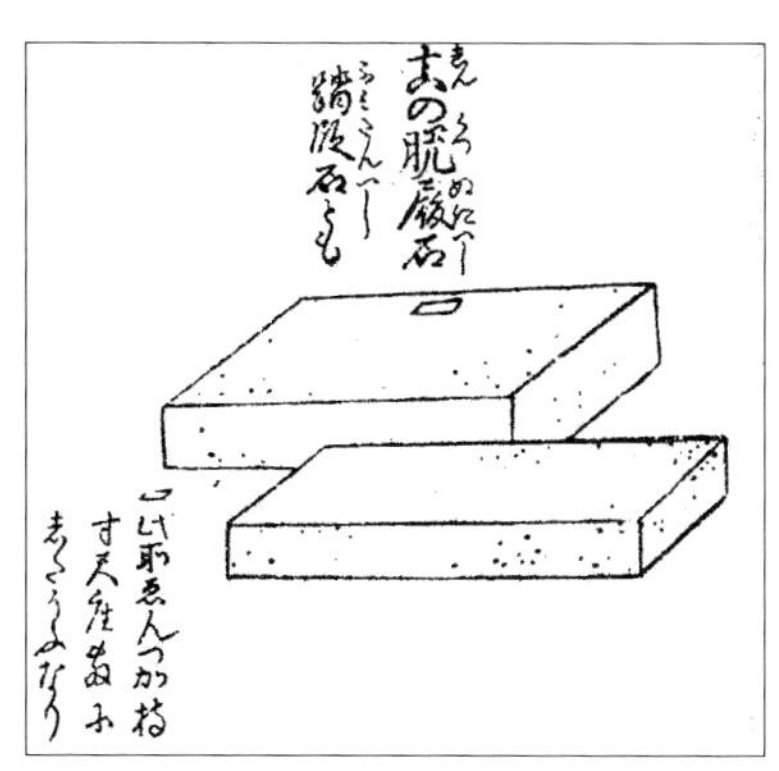

右　【図68】『石組園生八重垣伝』真の履脱石 踏段石ともの記載
左　【図69】『石組園生八重垣伝』略伝踏段の記載

庭にハ飛石不置也、故に三番石踏留とす、何れへも従是分る故踏分石なり、築山の庭にて云結目の蝸羅石といふ結留なれバ八方白眼合石なり、故に石モ又処を能考へて置べし。」[148]

以上のように、平庭に用いられる沓脱（石）をただ「踏段」と記している。また「茶庭造り様の事并木戸路地の事」では路地の躙口の石について記載しているが、「躙揚踏段石㊀壱此印の石なり、高さ敷居に並び敷居より凡六寸低きとしるべし、然し敷居高き時其心持に随ふ、壁の間を離す事四寸位、此間に草履又雨天にハ路地下駄を壁に為持（もたせかけ）る故その心得有べし、石の象は上の平にして如此（かくのごとく）を善とするなり、庭中二番の石なり、躙口直中（まんなか）に居（すえ）て向の真直を善とすと可心得一石也。」[149]と、躙揚の沓脱（石）を「踏段」と呼んでいることが分かる。

続いて「路地庭の図」は、茶庭ではなく通路地の庭を想定していると考えられ、記述には「途中に踏分石を置て上り壇を造る、是ハ定式の沓脱踏磴に居べし」[150]とあり、「沓ぬき踏だん石」という名称が使われている。

以上のように『築山庭造伝（後編）』は、露地の場合には「躙揚踏段」と茶室の躙口を想定しているが、平庭の場合とともに沓脱（石）を「踏段」としていることが分かる。

近世の史料に「沓脱石」という名称を用いている書物は少なく、「沓脱石」と表記する史料は『石組園生八重垣伝』の「履脱石」のほかは、安政4年（1857）の『茶湯一會集』[151]であった。

『茶湯一會集』には、以下に記すように沓脱（石）について3種の名称・呼称が用いられている。

「一　腰懸の石・刀掛の石・にしり上の石、別而水たまりてハ不宜、又水気なきもあしゝ、心得て打へし、軒下のたゝきも同し、／躙り上の沓脱石ニ露を不打ハ、震翰を懸たる時の古實也、他流ニ、此石常ニも露を不打ハ誤也、右の古實ある故、常會ニハ、かならす露を打たるか本意と知るへし、」[152]（波線筆者）

「一　次客も同様、沓脱石より席中を伺ひ居り、正客、床拝見仕廻、道具畳へ廻りたる時、にしり入、都而正客のことく致すへし、皆々同様也、詰も同しく席入り、躙上りの戸さら〱と〆て、すこし音のする如く〆切る事、法也、是ハ亭主へ、席入すみたる事を知らす爲也、尤、懸かねハかけす、」▽153（波線筆者）

以上のように『茶湯一會集』に確認できる名称・呼称は「沓脱石」、「にしり上の石」、「躙り上の沓脱石」であった。

近世の文献史料に確認される沓脱（石）の名称は慶長年間の『古田織部正聞書』を初めとする茶書では「躙上リ之石」、「ニシリ上リノ石」と記され据えられる場所を示す呼称が見られ、このほかには「踏石」と記すことが多く、『茶湯一會集』では「沓脱石」という名称を用いている。一方、昇降装置の沓脱（石）であるか定かにならないが、『嵯峨流庭』の「真の真体」を用いた17世紀中頃の造園書では「履脱ノ石」や「履脱石」また「踏段石」などと記されていた。

近藤正一が明治42年（1909）に発刊した『庭園図説』には、計5か所に沓脱石に関して言及している節が確認される。この内、説明書きに「沓脱石」と表示されているのは「飛石は鉢前脇の沓脱石の所から…」と図が添えられる「老梅一株の庭」の沓脱（石）のみであり、他4か所は「郊野式の庭」では「飛石は沓脱を下りて…」、「二重塀の庭」では「飛石は沓脱の先…」、「萩の庭」では「自然石の沓脱あたりの様が亦ことに良い。」、「雑木植込の庭」でも「沓脱の石から三四尺…」と「沓脱」と記されている。▽154

このように史料のなかには沓脱（石）を指して単に「沓脱」と記すことがあるが、近世の史料を見る限りでは沓脱（石）を一概に「沓脱」と統一して記していた様子はなく、また、茶庭、平庭に関わらず様々な名称・呼称が用いられていたと見える。

小結

沓脱（板）の姿が初めて確認されるのは延久元年の『聖徳太子絵伝』であった。『聖徳太子絵伝』には8例の沓脱（板）が描かれており、建物の特徴として沓脱（板）の備わる建物の屋根は全て檜皮葺であった。また、『聖徳太子絵伝』に描かれる人物の多くは、第1章で検証したように烏皮舄、烏皮履（【図7・8】参照）などの「くつ」と呼ばれる履物を身につけていると見て良い。沓脱（板）の構造は、天板には一枚板が用いられ、幅は一間から二間程度である。脚部は前脚二本脚である場合と四本脚で自立している場合が確認された。前脚二本脚である場合には、後方は縁側などの束柱に組み込まれ重心を保つ構造になっている。沓脱（板）の構造は、中世、近世に関わらずほぼ変化がないと見られる。それは絵画史料に描かれる沓脱（板）の形状が、現存する金閣寺の沓脱（板）とほぼ同一であることからも分かる。

沓脱（板）の描写数は中世までの絵画史料に確認される沓脱（板）の描写数は191か所にあったのに対し、近世の絵画史料になると僅か20か所に減少した。なお、近世の絵画史料に確認された沓脱（板）の多くが寝殿造様式の建築に備わっていた。

一方、沓脱（石）は正安元年の『一遍上人絵伝』にて確認された。中世の文献史料には沓脱（石）に言及している記録がないことから、『一遍上人絵伝』が紛れもなく沓脱（石）の初見であると考えられる。『一遍上人絵伝』に描かれる人物の足元には、草履類が多く、下駄類も確認することが出来たが、『聖徳太子絵伝』とは反対に「くつ類」を身につけている者は確認されず、沓脱（石）の上に描かれる履物は全て草履類であった。沓脱（石）の形は、『一遍上人絵伝』を含め中世までの史料では天端が平らな自然石が用いられている。沓脱（石）が据えられている場所は、建物の入口に据えられている場合もあるがほとんどが縁先に据えられていた。しかし、その場所は中央であったり、片側に寄ったりと統一性は見られなかった。

ただし、中世までの史料に描かれる沓脱（石）が全て自然石であるのに対し、近世史料で取り上げた『余景作り庭の図』に用いられる沓脱（石）は加工が施されているように見える。さらに、東睦庵主の編述による『築山染指録』でも切石が使用されることが明記されていることから、中世では自然石ばかりであったが、近世になると切石の沓脱（石）が使用されるようになったと言える。

また、中世の絵画史料の沓脱（石）は全て一石が独立して据えられているが、近世の史料に確認される沓脱（石）は飛石と接続しており、庭の動線を担う石として用いられるようになったと考えられる。なお、調査した絵画史料において、寝殿造に沓脱（石）が据えられている描写はなかった。

沓脱（石）の描写数は中世の絵画史料では『嵯峨流庭』の「真の真体」を含めてもわずかに33か所であった。このうち『法然上人絵伝』と『融通念仏縁起絵巻』には、同じ沓脱（石）が異なる場面に描かれているため、実数としては27か所に確認されるのみであった。しかし、沓脱（石）は近世史料では、各史料に合計して２３６か所に確認されるようになる。

さらに第１節第３項において『一遍上人絵伝』に描かれている沓脱（板）と沓脱（石）を取り上げ比較したところ沓脱（板）と沓脱（石）には使用される建物の性質に違いが見られた。『一遍上人絵伝』にて沓脱（板）の備わる建物は、寺院僧房、武士の屋敷・館、寺院本堂、曼荼羅堂などである。建物の規模は「華台上人の房」が三間×三間と最も小規模であり、この他の建物は四間×三間よりも大きく、「尾張国甚目寺の本堂」では六間×五間の大きさであった。つまり、沓脱(板)が備わる建物の規模は全て三間以上の間口を持っており、不特定多数の者が来訪する寺院僧房や武士の館、寺院本堂、曼荼羅堂などの中規模から大規模な建物に備わっていることが分かる。

建物の屋根も「因幡堂」と「信濃佐久小田切の里武士の館」については全容が明らかにならないが、この他は檜皮葺が多く、草葺の屋根の描写も見られた。檜皮葺は民家などに見られる板葺屋根を下地として用いることから、少なくとも仕上げに費やす手間や費用は檜皮葺の方が数段上であると言える。日向進は、当時はまだ製材技術が発達しておらず板材そのものが高価であり、大量に生産するためには、工具として大鋸や台鋸が必要であったが、その使用は寺社や武家、公家などの特権的な階層に限られ、庶民の工具となるのは江戸期になってからだとしており[155]、板材そのものが高価であることから沓脱(板)の天板に用いられる板を含み、それが備わる建物の多くはそれだけ費用や人手を掛けて造作が可能な建物であるという見方ができる。

一方、沓脱(石)が備わる建物は、僧房、住房などが多く、沓脱(石)は施設の中心となる本堂や金堂などの建物に据えられていなかった。沓脱(石)が据えられている建物の規模は、「善光寺外の僧房」以外は全て二間×三間程度である。沓脱(板)の備わる建物の規模は全て三間以上の規模を有しているので、沓脱(石)の備わる建物の規模は善光寺外の集落などに見られる小規模な建物に近いと見られる。小泉和子は、「住み主の階層と建物の規模」において、絵巻物に描かれた建物を識別する方法を記しているが[156]、その判断基準の前提として建築内部の土間の有無を確認することとしている。小泉が指摘するように善光寺外の民家には土間があることが確認され、庶民の住まいであることが分かるが、全容が把握できる限り、集落に見られる庶民の建物の大きさは最大でも間口三間までとなっており、三間×三間以上の大きさの建物は確認されなかった。沓脱（石）が据えられている建物の外観を見てみると、全容が確認できる7例の場面のうち「大隅正八幡宮の拝殿」は檜皮葺の屋根であり、「善光寺外の建物」が茅葺と板葺の合わせである他は、残る5か所が板葺屋根であったが、その全てにおいて切目長押が描かれていることは民家の描写と比べて大きな違いであると言えよう。

このように沓脱（板）と沓脱（石）の備わる建物の規模には明らかな差があり、沓脱（板）が不特定多数の往来が想定される中規模から大規模な建物であるのに対し、沓脱（石）は比較的小規模な建物に限って据えられている。

なお、『一遍上人絵伝』の沓脱（板）、沓脱（石）の備わる建物は内部が確認できない場面もあるが、屋内に土間を有さないことが推察されることから、沓脱が備わるどちらの建物も一般的な民家ではないことが考えられる。

ただし、建物規模や屋根の構造から推測するならば、人手や手間を掛けて造られたであろう沓脱（板）の備わる建物に対し、沓脱（石）の据えられる建物は、人手や手前を掛ける必要のない非儀式的な「ケ」の用途である建物に据えられていると考えられる。それは『慕帰絵詞』の唯善房の屋敷においても「ハレ」の空間には沓脱（板）が備わっていることから、沓脱（石）が据えられる建物は「ケ」の空間であったことが推察された。

続く第2節では、文献史料において沓脱（板）と沓脱（石）の名称・呼称に焦点を当て記述を整理した。中世の文献史料に沓脱（石）に関する文献史料は確認できなかった。

「履脱」の記録の初見は、源経頼の『左経記』を引いた『列見并定考部類』の長元2年（1029）2月21日の条にあり、「杓相従、余取盃昇従西面南間階履脱院下、」と記され、昇降装置であることが分かる。さらにこの建物には階が備わることから、この「履脱」は寝殿造にある沓脱（板）であると判断した。

古記録には清涼殿で執り行われた叙位の儀式に関するものがあり、殿上間の南側にある沓脱（板）を示していることが判断される。この沓脱（板）は『承安五節繪』に描かれる「クツヌギ」であることが特定された。治承3年（1179）の『壬生家古文書』には「沓脱板一枚〈長一丈一尺四寸半〉」と記されていたが、「沓脱板」という名称は、その他の史料には確認されず、沓脱（板）は一貫して単に「沓脱」と記されてきたと考えられる。従って中世の古記録にて「沓脱」と記される場合、沓脱（板）を示している可能性が高いことを明らかとした。

一方、近世になると文献史料において沓脱（石）も茶書などに確認されるようになる。武家社会において発展した茶の湯の露地に使用されるようになっていることからも、支配階層の文化に沓脱（石）が取り入れられるようになったとも考えられる。また、近世になると支配階層者のみならず、喫茶など一部の支配階層の文化は茶の湯として民衆にも広がり始めることから、こうした普及に伴って沓脱（石）の利用が増えたという見方もできる。

また、一貫して「沓脱」と呼ばれる沓脱（板）に対し、沓脱（石）の名称は慶長年間に記された『古田織部正殿聞書』以降、様々な呼び名で記されていた。『古田織部正殿聞書』では「ニジリアガリノ石」と茶室の躙口という沓脱（石）が据えられる場所を示している。

また「沓脱石」と記される近世初期中期の文献史料は、いずれも『嵯峨流庭』の異本であると考えられ、履物を脱着する昇降装置の石であるかは明確にならないが、正保3年（1646）『山水可致抄』にて「對面石履脱ノ石アリ」という記述が確認された。

明確に沓脱（石）であると判断できるのは、文政10年の『石組園生八重垣伝』にて描かれる沓脱（石）であり、添書きには「履脱石」という名称が確認される。なお、寛政11年（1799）に刊行された『都林泉名勝図会』にて、「伏水龍徳庵」の描写には、沓脱（板）と沓脱（石）が共に描かれていた。

「龍徳庵」の描写（【図51】参照）には、檜皮葺と見られる屋根を持つ建物があり、門から池もしくは枯池の中を飛石で伝い沓脱（板）を昇って座敷に至る動線となっている。一方、沓脱（石）は門への動線ではなく、庭側に向けて据えられており、沓脱（石）は庭へ降りるための昇降装置として使用されていたと見られる。

沓脱（板）、沓脱（石）ともに中世から建築への昇降装置として使用されており、時代によっては単に「沓脱」と呼ばれたことが確認された。

この他にも「沓脱」が示す意味には、昇降装置の「沓脱」以外にも「空間の沓脱」を指す場合がある。虎明本狂言にある『芒芒頭』▽157（別名『菊の花』）には、上臈に声を掛けられた丁稚が、祇園松原に連れて行かれ「一の上座に通された」と、主人に報告する場面がある。この狂言の確かな成立年代は不明であり、室町末期から近世初期に掛けての成立とされているが、舞台が祇園松原であることから、おおよそ江戸期以降のことだと推定される。丁稚から、周りに緒太の金剛がたくさんあったことを聞いた主人は「そこは沓脱といふて一の下座じゃ」と答えるやり取りがある。履物が散在していることから、履物を脱ぐ場は、一定の空間を有している玄関などであり、その空間を指して「沓脱」と言っている。このように「沓脱」という言葉には昇降装置ではなく、一定の空間を指すこともあったと言える。

〔注釈〕

1 国立文化財機構e国宝HP　https://emuseum.nich.go.jp/『聖徳太子絵伝』（２０２０年12月3日閲覧）

2 『左経記』の著者である源経頼は、長徳4年（９９８）に、14歳で叙爵（従五位下）となり、長和3年（１０１４）に左少弁となってから長暦3年（１０２９）に左大弁の職にいて没するまで、二十五年間も弁官職を勤め、太政官政治の実務に携わっている。その間、実務官僚の立場から儀式次第を把握するために、『西宮記』などを作成したとされる。

3 市野千鶴子校訂『古田織部茶書一　古田織部正殿聞書』思文閣、１９７６年。

4 国立文化財機構文化財活用センターHP　https://cpcp.nich.go.jp/（聖徳太子絵伝場面解説）（２０２１年9月22日閲覧）

5 国立国会図書館HP　https://dl.ndl.go.jp/info:ndljp/pid/1183417『平家納経巻口絵』（２０２１年8月8日閲覧）。

6 小松茂美・佐和隆研編『日本絵巻大成4　信貴山縁起絵巻』中央公論社、１９７７年。

7 小松茂美編『日本絵巻大成2　伴大納言縁起絵巻』中央公論社、１９７７年。

8 小松茂美・河原由男・松原茂編『日本絵巻大成5　粉河寺縁起絵巻』中央公論社、１９７７年。

9 小松茂美・松原茂・名児耶明編『続日本絵巻大成16　松崎天神縁起』中央公論社、１９８３年

10 小松茂美・吉田友之・木下政雄編『日本絵巻大成18　石山寺縁起絵巻』中央公論社、１９７８年。

11 小松茂美・菊竹淳一・小野勝年編『日本絵巻大成16　東征伝絵巻』中央公論社、１９７８年。

12 小松茂美・友久武文編『日本絵巻大成16　住吉物語絵巻』中央公論社、１９７８年。

13 小松茂美・友久武文編『日本絵巻大成16　小野雪見御幸絵巻』中央公論社、１９７８年。

14 小松茂美・尾下多美子編『続日本絵巻大成12　山王霊験記』中央公論社、１９８４年。

15 小松茂美・尾下多美子編『続日本絵巻大成12　地蔵菩薩霊験記』中央公論社、１９８４年。

16 小松茂美・上野憲示・鈴木一雄編『日本絵巻大成23　駒競行幸絵巻』中央公論社、１９７９年。

17 小松茂美・久保田淳編『日本絵巻大成20　直幹申文絵詞』中央公論社、１９７８年。

18 小松茂美・中野玄三・松原茂編『日本絵巻大成21　北野天神縁起絵巻』中央公論社、１９７８年。

19 小松茂美・久保木彰一編『続日本絵巻大成14　春日権現験記上』中央公論社、１９８２年。

小松茂美・久保木彰一編『続日本絵巻大成15　春日権現験記下』中央公論社、１９８２年。

20 真鍋俊照・尾下多美子編『続日本絵巻大成5　弘法大使行状絵詞上』中央公論社、１９８２年。
真鍋俊照・尾下多美子編『続日本絵巻大成6　弘法大使行状絵詞下』中央公論社、１９８２年。
21 小松茂美・村重寧編『日本絵巻大成11　絵師草紙』中央公論社、１９７７年。
22 小松茂美・河原由雄・名児耶明編『続日本絵巻大成24　稚児観音縁起絵巻』中央公論社、１９７９年。
23 太田昌子・大西廣・菅原昭英・松原茂・松原潔・毛塚万里『志度寺縁起絵　瀬戸内の寺をめぐる愛と死と信仰と』平凡社、２０１９。
香川県東部にある真言宗の大寺、四国霊場第86番札所である志度寺に伝わる全6幅からなる縁起絵。「讃州志度同上縁起」、「白杖童子縁起」、「当願暮当之縁起」、「松竹童子縁起」、「千歳童子蘇生記」、「阿一蘇生之縁起」からなる。
24 小松茂美・上野憲示・榊原悟・島谷弘幸編『続日本絵巻大成19　土蜘蛛草紙』中央公論社、１９８４年。
25 小松茂美・上野憲示・榊原悟・島谷弘幸編『続日本絵巻大成19　大江山絵詞』中央公論社、１９８４年。
26 小松茂美・神崎充晴編『続日本絵巻大成11　融通念仏縁起絵巻』中央公論社、１９８３年。
27 小松茂美・神崎充晴編『続日本絵巻大成1　法然上人絵伝上』中央公論社、１９８１年。
小松茂美・神崎充晴編『続日本絵巻大成2　法然上人絵伝中』中央公論社、１９８１年。

小松茂美・神崎充晴編『続日本絵巻大成3　法然上人絵伝下』中央公論社、１９８１年。
28 小松茂美・村重寧・久保木彰一編『続日本絵巻大成17　平治物語絵巻常葉巻』中央公論社、１９８３年。
29 小松茂美・金沢弘・神崎充晴編『日本絵巻大成25　福富草紙』中央公論社、１９７９年。
30 小松茂美・高崎富士彦・神崎充晴編『続日本絵巻大成20　芦引絵』中央公論社、１９８３年。
31 国立文化財機構e国宝ＨＰ　https://emuseum.nich.go.jp/detail?&langId=ja&webView=&content_base_id=101303&content_part_id=0（２０２１年8月8日閲覧）『清水寺縁起絵巻』
32 三保松原ＨＰ　https://miho-no-matsubara.jp/archives/art/no1（２０２１年8月8日閲覧）『天橋立・富士三保松原図屏風』
33 サントリー美術館『絵巻マニア列伝』サントリー美術館、２０１７年、１５４—１５５頁。『長谷寺縁起絵巻』
34 国立歴史民俗博物館ＨＰ　https://www.rekihaku.ac.jp/education_research/gallery/webgallery/rakuchu_f/rakuchu_f_1.html（２０２１年8月8日閲覧）『洛中洛外図屏風』（歴博本）。

35　村重寧「一遍上人絵伝」の画風―〈写実性〉と〈宋画風〉の問題」小松茂美『日本絵巻大成　別巻　一遍上人絵伝』１９７８年、３５３―３６４頁。

36　小松茂美・村重寧・古谷稔編『日本絵巻大成別巻　一遍上人絵伝』中央公論社、１９７８年、24―25頁。

37　小松茂美・村重寧・古谷稔編前掲書（36）26頁。

38　上原敬二編『解説余景作り庭の図他三古書』加島書店、１９７５、58頁。

39　上原敬二編前掲書（38）53頁。

40　『嵯峨流庭』には、多くの異本が存在しており、異なる題名がつき、内容も異同があるため、原著の特定や最古の異本の特定には至っていない。

41　福井市商工労働部観光文化局文化振興課　一乗谷朝倉氏遺跡管理事務所『特別名勝一乗谷朝倉氏庭園保存活用計画書』福井市商工労働部観光文化局、２０２０年。

42　福井市商工労働部観光文化局文化振興課　一乗谷朝倉氏遺跡管理事務所前掲書（41）１２５頁。

43　上原敬二編前掲書（38）21頁。

44　上原敬二編前掲書（38）20―21頁。

45　上原敬二編前掲書（38）20―21頁。

46　サントリー美術館ＨＰ　https://www.suntory.co.jp/sma/collection/data/detail?id=579（２０２１年８月８日閲覧）『正月風俗図屏風』

47　安田靫彦編『日本風俗画大成　第一』中央美術社、１９２９年、徳川時代初期。

48　早稲田大学図書館ＨＰ　https://www.wul.waseda.ac.jp/（閲覧日：２０２１年９月19日）『承安五節之図』は承安元年（１１７１）の五節の行事を描いたものであるが、現存するものは原本を写したものではなく、全て江戸期の模本とされる。

49　秋里籬島『都名所図会』五巻安永９年（１７８０）。

50　秋里籬島・竹原春朝斎『摂津名所図会』寛政８年（１７９５）。

51　秋里湘夕・竹原信繁『大和名所図会』寛政３年（１７９１）。

52　東京国立博物館　ＨＰ　https://webarchives.tnm.jp/imgsearch/show/C0058788（２０２１年８月８日）渡辺始興作「池田之宿図屏風」

53　『承安五節之絵』前掲（48）。

54　橋中和・小野廣隆・上田公長・池田東籬帝・蔀開牛『紀伊国名所図会』天保９年（１８３８）。
55　青木國夫・飯田賢一・石山洋・大矢真一・菊池俊彦・樋口秀雄編集『江戸科学古典叢書23『大匠雛形数寄屋工法集』恒和出版、１９７９年。
56　原田幹校訂『江戸名所図会　上』人物往来社、１９６７年。
57　土屋貴裕編『室町時代のやまと絵―絵師と作品―』東京国立博物館、２０１７年、46頁。
58　上原敬二編前掲書（38）20―21頁。
59　上原敬二編前掲書（38）８―９頁。
60　上原敬二編前掲書（38）20―21頁。
61　上原敬二編前掲書（38）20―21頁。
62　上原敬二編前掲書（38）32―33頁。
63　上原敬二編前掲書（38）42―43頁。
64　上原敬二編前掲書（38）44―45頁。
65　文化遺産オンラインＨＰ　https://bunka.nii.ac.jp/heritages/detail/478180（２０２１年８月８日閲覧）『邸内遊楽図屏風』
66　サントリー美術館ＨＰ　https://www.suntory.co.jp/sma/collection/data/detail?id=533（２０２１年８月８日閲覧）『遊興図』
67　国立国会図書館ＨＰ　https://dl.ndl.go.jp/info:ndljp/pid/2542793（２０２１年８月８日閲覧）『吉原戀の道引』
68　紅染山鹿庵『古今茶道全書』水田甚左衛門、１６９４年。
※１～４巻の原文は、解読が困難であり画のみを確認した。
69　針ヶ谷鐘吉編『諸国茶庭名跡図会 茶話指月集』加島書店、１９７６年。
70　国立国会図書館ＨＰ　https://dl.ndl.go.jp/info:ndljp/pid/765988（２０１９年９月１日閲覧）『拾遺都名所図会』
71　早稲田大学図書館ＨＰ　https://archive.wul.waseda.ac.jp/kosho/bunko30/bunko30_e0219/（２０１９年９月１日閲覧）『住吉名勝図絵』
72　早稲田大学図書館ＨＰ　https://archive.wul.waseda.ac.jp/kosho/bunko30/bunko30_e0205/（２０１９年９月１日閲覧）『東海道名所図会』

73　蘆田伊人『大日本地誌大系』大日本地誌大系刊行會、１９１６年。
74　東京国立博物館ＨＰ　https://colbase.nich.go.jp/collection_items/tnm/A-12126?locale=ja（２０２１年８月８日閲覧）『戸山荘図巻稿本・下』
75　国立国会図書館ＨＰ　https://dl.ndl.go.jp/info:ndljp/pid/2608020（２０１９年９月１日閲覧『河内名所図会』
76　国立国会図書館ＨＰ　https://dl.ndl.go.jp/info:ndljp/pid/2563454（２０１９年９月１日閲覧）『播磨名所図会』
77　早稲田大学図書館ＨＰ　https://archive.wul.waseda.ac.jp/kosho/bunko30/bunko30_e0206/（２０１９年９月１日閲覧）『木曽名所図会』
78　国立国会図書館ＨＰ　https://www.digital.archives.go.jp/file/1216288.html（２０１９年９月１日閲覧）『尾張名所図会』
79　早稲田大学図書館ＨＰ　https://archive.wul.waseda.ac.jp/kosho/ru04/ru04_03657/（２０１９年９月１日閲覧）『善光寺名所図会』
80　国立国会図書館ＨＰ　https://dl.ndl.go.jp/info:ndljp/pid/8369305?tocOpened=1（２０２１年８月８日閲覧）『絵本江戸土産』
81　東京大学史料編纂所ＨＰ　https://clioimg.hi.u-tokyo.ac.jp/viewer/view/idata/850/8500/06/0801/0285?m=all&s=0285（２０２１年８月８日閲覧）『小右記』
82　東京大学史料編纂所ＨＰ前掲書（81）寛弘８年（１０１１）11月16日条。
83　東京大学史料編纂所ＨＰ　https://clioimg.hi.u-tokyo.ac.jp/viewer/view/idata/850/8500/06/0801/0285?m=all&s=0285（２０２１年８月８日閲覧）『列見并定考部類』長元２年（１０２９）２月21日条。
84　東京大学史料編纂所ＨＰ　https://clioimg.hi.u-tokyo.ac.jp/viewer/view/idata/850/8500/06/0702/0140?m=all&s=0140（２０２１年８月８日閲覧）『後二条師通記』
85　東京大学史料編纂所ＨＰ前掲書（84）寛治５年（１０９１）１月６日条。
86　国立国会図書館ＨＰ　https://dl.ndl.go.jp/info:ndljp/pid/2542679（２０２１年９月13日閲覧）『承安五節繪』
87　東京大学史料編纂所ＨＰ　https://wwwap.hi.u-tokyo.ac.jp/ships/shipscontroller（２０２１年８月８日閲覧）『薩戒記』、応永27年（１４２０）１月５日条。
88　東京大学史料編纂所ＨＰ前掲書（87）応永28年（１４２１）１月５日条。
89　東京大学史料編纂所ＨＰ前掲書（87）応永33年（１４２６）１月６日条。

90　東京大学史料編纂所ＨＰ　https://clioimg.hi.u-tokyo.ac.jp/viewer/view/idata/850/8500/06/1601/0261?m=all&s=0261（２０２１年８月８日閲覧）『民経記』

91　東京大学史料編纂所ＨＰ前掲書（90）　寛元３年（１２４５）12月22日条。

92　東京大学史料編纂所ＨＰ前掲書（90）　安貞２年（１２２８）10月22日条。

93　東京大学史料編纂所ＨＰ　https://clioimg.hi.u-tokyo.ac.jp/viewer/view/idata/850/8500/06/1401/0006?m=all&s=0006（２０２１年８月８日閲覧）『建内記』

94　東京大学史料編纂所ＨＰ前掲書（93）永享２年（１４３０）７月25日条。

95　東京大学史料編纂所ＨＰ　https://wwwap.hi.u-tokyo.ac.jp/（２０１９年５月１日閲覧）『壬生家古文書』

96　東京大学史料編纂所ＨＰ　https://clioimg.hi.u-tokyo.ac.jp/viewer/view/idata/850/8500/06/2801/0001?m=all&s=0001　（２０２１年８月８日閲覧）『愚昧記』

97　東京大学史料編纂所ＨＰ前掲書（96）嘉応２年（１１７０）１月２日条。

98　東京大学史料編纂所ＨＰ前掲書（90）嘉禄２年（１２２６）８月10日条。

99　東京大学史料編纂所ＨＰ前掲書（90）安貞２年（１２２８）10月２日条。

100　東京大学史料編纂所ＨＰ前掲書（90）仁治３年（１２４２）６月５日条。

101　東京大学史料編纂所ＨＰ　https://clioimg.hi.u-tokyo.ac.jp/viewer/view/idata/850/8500/06/2001/0001?m=all&s=0001（２０２１年８月８日閲覧）『実躬卿記』は三条実躬（１２８７—１３０８年）によって著された。

102　東京大学史料編纂所ＨＰ前掲書（１０１）嘉元３年（１３０５）11月17日条。

103　東京大学史料編纂所ＨＰ前掲書（87）正長元年（１４２８）７月28日条。

104　東京大学史料編纂所ＨＰ　https://wwwap.hi.u-tokyo.ac.jp/ships/shipscontroller（２０２１年８月８日閲覧）『九条家歴世記録』

105　東京大学史料編纂所ＨＰ前掲書（１０４）弘長２年（１２６２）１月25日条。

106　故実叢書編集部編『故実叢書第二回　家屋雑考』明治図書出版・吉川弘文館、１９５１年。

107　故実叢書編集部編『故実叢書第九回　筆の御霊』明治図書出版、１９５２年。

108　故実叢書編集部編前掲書（１０６）２４１頁。

109　故実叢書編集部編前掲書（106）241頁。
110　故実叢書編集部編前掲書（107）63頁。
111　青木國夫・飯田賢一・石山洋・大矢真一・菊池俊彦・樋口秀雄解説前掲書（196）
112　市野千鶴子校訂前掲書（3）85頁。
113　市野千鶴子校訂前掲書（3）87頁。
114　市野千鶴子校訂前掲書（3）90頁。
115　市野千鶴子校訂前掲書（3）144頁。
116　千宗室編『茶道古典全集　第九巻』淡交社、1956年、349─350頁。
117　国立国会図書館マイクロデータ　大伴資祥『山水可致抄』正保3年（1646）。
118　国立国会図書館マイクロデータ『座敷庭石山水伝』。
119　国立国会図書館マイクロデータ『庭口傳抄』。
「山水ノ両端ニ必二嶋アリ端近クアル嶋ヲハ客人嶋ト云此嶋ニ客拝石對面石履脱ノ石嶋宥石水鳥岩アリ」と記され、奥書には、「山城國伏見久米里金松精舎西芳寺釋慧写写者也享二年五月他見有可不也。」と記されている。
120　上原敬二編『築山庭造伝（前編）解説』加島書店、1989年、26頁。
121　上原敬二編前掲書（38）80─93頁。
122　谷晃校訂『茶湯古典叢書四　金森宗和茶書』思文閣、1997年。
123　谷晃前掲書（122）13─14頁。
124　市野千鶴子校訂『古田織部茶書二』思文閣、1984年。
125　市野千鶴子校訂前掲書（124）195頁。
126　千宗室編『茶道古典全集　第十一巻補遺一』淡交社、1956年、237頁。
127　千宗室編前掲書（126）237頁。
128　千宗室編前掲書（126）111頁。
129　千宗室編前掲書（126）236頁。

130 青木國夫・飯田賢一・石山洋・大矢真一・菊池俊彦・樋口秀雄解説前掲書（54）14頁。
131 青木國夫・飯田賢一・石山洋・大矢真一・菊池俊彦・樋口秀雄解説前掲書（54）14頁。
132 青木國夫・飯田賢一・石山洋・大矢真一・菊池俊彦・樋口秀雄解説前掲書（54）14—15頁。
133 上原敬二編『解説南坊録抜粋・露地聴書』加島書店、１９８３年、88頁。
134 千宗室編前掲書（１２６）『茶話指月集』２３７頁。
135 千宗室編『茶道古典全集　第五巻』淡交社、１９５６年。
136 千宗室編前掲書（１３５）９頁。
137 千宗室編『茶道古典全集　第三巻』淡交社、１９５６年、４３２頁。
138 上原敬二編前掲書（38）88頁。
139 庭園古書刊行会編『築山染指録　下巻』大原出版企画、１９７５年。
140 庭園古書刊行会編前掲書（１３９）下巻。
141 庭園古書刊行会編前掲書（１３９）下巻。
142 林陸朗・朝倉治彦・長谷川正次編、小森隆吉・寺田登校注『旧幕府引継書　江戸町方書上　浅草　上』新人物往来社、１９８７年。
143 林陸朗・朝倉治彦・長谷川正次編、小森隆吉・寺田登校注前掲書（１４２）58頁。「享保十巳年十月平右衛門町後へ松平千次郎殿屋敷上げ地に相成り候節、千次郎殿より下され候由に申し伝える御影石大手水鉢ならびに伊豆磯などの石の踏段石所持仕り候。」と記される。
144 国立国会図書館ＨＰ　https://dl.ndl.go.jp/info:ndljp/pid/10214480（２０２０年７月10日閲覧）『桂御別業之記』
145 上原敬二編『石組園八重垣解説』加島書店、２００６年、52—55頁。
146 京都大学史料アーカイブＨＰ　https://rmda.kulib.kyoto-u.ac.jp/item/rb00012327#?c=0&m=0&s=0&cv=3&r=0&xywh=-3786%2C-1%2C13187%2C3744（２０２０年７月10日閲覧）『石組園生八重垣伝』
147 京都大学史料アーカイブＨＰ前掲書（１４６）。
148 上原敬二編『築山庭造伝（後編）』加島書店、１９８９年、19頁。
149 上原敬二編前掲書（１４８）19頁。

150 上原敬二編前掲書（１４８）45頁。

151 千宗室編『茶道古典全集　第十巻』淡交社、１９５６年、３４９―３５１頁。

152 千宗室編前掲書（１５１）３５１頁。

153 千宗室編前掲書（１５１）３７３頁。

154 近藤正一『庭園図説』博文館、１９０９年。

155 日向進『茶室に学ぶ』淡交社、２００２年、20頁。

156 小泉和子「絵巻物に見る中世住宅の寝場所」小泉和子・玉井哲雄・黒田日出男『絵巻物の建築を読む』東京大学出版会、１９９６年、１３３―１３４頁。

157 北原保雄・鬼山信之『大蔵虎明本　狂言集総索引２　大名狂言類』清文堂出版、１９８６年。（別名『菊の花』）。虎明本狂言にある別名『菊の花』と言われる狂言の題材がある。確かな成立時代は不明であるが、舞台は丁稚が方向をサボり、祇園を歩いていたところ、女郎に声を掛けられて連れられていった先を、主人に問い詰められるという展開となっている。

第3章
沓脱における脱着行為と動線

本章では沓脱が設えられる動線と沓脱装置における履物の脱着行為について絵画史料ならびに文献史料により検証する。第2章で絵画史料を検証した結果、寝殿造に沓脱(石)が用いられていないことが明らかとなった。なお、中世までの文献史料における「沓脱」に関する記録を検証したところ、そのほとんどが寝殿造に備わるものであったことから、「沓脱」の記録は寝殿造に設えられた沓脱(板)であると判断される。故に、第1節、第2節では沓脱(板)を使用する動線ならびに履物の脱着について、宮中の年中行事を描いた『年中行事絵巻』を中心に考察する。また、沓脱(石)に関する中世までの文献史料が確認されなかったが、第3節で中世絵巻によって沓脱(石)が据えられる空間の動線ならびに履物の脱着行為について確認し、第4節で沓脱(石)の記録がある近世初期の茶書を用いて露地の動線及び沓脱(石)における履物の脱着行為について検証する。

第1節　寝殿造における沓脱と動線

第2章第1節において『一遍上人絵伝』の沓脱の備わる状況を比較検証した結果、沓脱（板）の備わる建物は沓脱（石）が備わる建物に比べて規模が大きいことが分かった。また、建物の空間性を見ても沓脱（板）は不特定多数の人が訪れる可能性が高い建物に用いられていると考えられる。一方、沓脱（石）の備わる建物は非儀式的な用途に近い建物であり、建物規模から推測しても多くの来訪者は考えられない建物に据えられていた。それは外部の空間性を見ても明らかであり、沓脱（石）が据えられる庭は、参加者の多い儀式などを執り行うことは困難と判断できる程度の狭い空間であるのに対し、沓脱（板）が備わる建物の前には儀式に使用される広場が確認されることがあり、実際に『聖徳太子絵伝』では謁見や献上、祈禱などの儀式のために外部空間が使用されていた。

本章では、第2章第2節「文献史料における「沓脱」の記録」で検証した寝殿造に備わる昇降装置である沓脱（板）が備わる場所と用途及び寝殿への動線について『年中行事絵巻』を用いて検証する。

第1項　寝殿造の板の沓脱―『年中行事絵巻』を中心に―

中世までの貴族・公家らの日記から、寝殿造の昇降装置は「中門廊」、「侍廊」、「中門南側」などに設置されていることが確認される。寝殿造では賓客の寝殿への昇降装置としては南階が使用される。すなわち南階は賓客のみが使用できる昇降装置であり身分による区分けが明確に存在している。『年中行事絵巻』に描かれる沓脱（板）は階とともに寝殿への動線に設置される昇降装置であり、身分によって使用できる沓脱（板）が分けられていたことが考えられる。

『年中行事絵巻』は、後白河院（1127―1192）の下命によって制作された宮中の年中行事を描いている。本研究で用いる『年中行事絵巻』は住吉家模本で、巻第一から巻第七までの七巻分に彩色が施されており、沓脱（板）が描かれているのは、「法住寺殿の西中門北側」、「明神の祠横の巫女の家」、「貴族邸の東中門妻戸前」、「貴族邸の侍廊前」、「貴族邸の西中門南側」、「阿闍梨の宿坊」、「貴族邸東中門横妻戸前」、「建春門前」、「傾く寝殿妻戸前」の場面である。

『年中行事絵巻』は朝覲行幸の巻より始まる。「覲」は謁見の意味であり、年の始めに天皇が太上天皇（父帝）または皇太后（母后）の宮に行幸して拝賀

【図70】『年中行事絵巻』「法住寺殿の西中門北側」沓脱（板）
小松茂美『日本絵巻大成8 年中行事絵巻』中央公論社、1977年、p.8より転写し加筆

する儀式で正月二日に行われた。紫宸殿を出立する天皇を迎える南階下には、靴（かのくつ）を着用した公卿らが列立する。

「法住寺殿の西中門北側」の沓脱（板）は、朝覲のために帝が向かった法住寺殿の西門より入場しようとする場面に確認される。西門より直進した先には中門があり、沓脱（板）は【図70】中門から取付く中門廊の入口に備わる。

沓脱（板）の構造は、踏み面に一枚板を使用していると、廂縁を貼り合わせ板とする描写から推して判断できる。他の場面においても沓脱（板）は全て一枚板を用いていた。脚部は前脚のみ確認でき、縁側と組み合わせる構造であると見られる。

朝覲行幸を迎える院御所、法住寺殿の南階は五段で、階隠と高欄、手摺りが描かれている。さらに西対の前に三段の階があり、沓脱（板）を合わせると三つの昇降装置が存在していたことが確認される。

西門と西中門の間の広場では、公卿や武官が帝を出迎えている。出迎えの公卿らは「烏皮舃」もしくは「浅沓」のような履物を着用し、武官は「毛履」を着用している様に見える。一方、帝の御輿を追従する公卿らの履物は「靴（かのくつ）」であることが確認できる。

巻三の「明神の祠横の巫女の家」の沓脱（板）は、寝殿造ではない建物に備わる例である。【図71】に示す建物は闘鶏、蹴鞠の儀にて、鳥居を入ったところにあり「巫女の家」だと推察されている。建物の屋根は板葺であ

【図71】『年中行事絵巻』「明神の祠横の巫女の家」沓脱（板）
『日本絵巻大成８ 年中行事絵巻』、p.16を転写し加筆

り、建物の大きさは明確にならないが三間から四間と見える。この建物には縁側はなく、一間の開口に対し一段下がった形で沓脱(板)が備わり、脚部は左右の端に前脚のみ確認でき、建物の柱と組み合わさる構造となっている。沓脱(板)が備わっている開口部の隣にも開口があるため、通常の入り口がどちらであるか判別できない。もう一方の開口の屋内は一段下がった土間のようにも見えるが、沓脱(板)側の屋内は床があることが確認される。

「貴族邸の東中門妻戸前」、「貴族邸の侍廊前」、「貴族邸の西中門南側」の沓脱(板)は巻三に描かれる大臣級貴族の寝殿造に備わる。場面の状況については第2章第2節「文献史料における沓脱の記録」にて既に示したが(【図62・63】参照)、東側の門を入ると広々とした広場があり東中門に至る。東中門を抜けると朱塗りの橋が架かり透渡廊より流れてくる遣水があり、石や草が見え中島が造られていることが確認される。南庭には中門廊側に桜などが東西に1本ずつ植えられ、階の下には両脇に松と枝垂れの木が植えられる。

「貴族邸の東中門妻戸前」の沓脱(板)は、東門を入った先の東中門に連なる中門廊の妻戸前に描かれる。沓脱(板)の幅は四間あり、脚部は一間毎に前脚のみ確認でき、縁側と組み合わさる構造であると見られる。

「貴族邸の侍廊前」の沓脱(板)は同じ場面(【図62】参照)に、東門を入った広場を北側に進んだ侍廊の前に確認される。沓脱(板)の幅の全容は確認できないが、場面から見える脚部は前脚の一本のみ確認でき、縁側と組み合わさる構造であると見られる。

「貴族邸の西中門北側」の沓脱(板)は、「西中門」の添書きがある中門から中門廊に取付く部分に描かれている(【図63】参照)。沓脱(板)の幅は二間程度であり、場面から見える脚部は中央に前脚の一本のみ見え、縁側と組み合わさる構造である。

さらにこの寝殿造では、寝殿前に階隠しのある四段の南階が確認されることから、上記３か所の沓脱（板）と合わせると、確認できるだけでも４か所に昇降装置があったことが分かる。なお、東側の中門廊妻戸前に沓脱（板）が備わることを考慮すると、西側の中門廊の妻戸前にも沓脱（板）があったと考えられる。同様に西側中門から西側中門廊に取付く部分に沓脱（板）が備わることを踏まえれば、東中門から東側中門廊に取付く部分にも沓脱（板）が備わっていたと考えられる。この寝殿造では東ノ対が確認できるが、西ノ対はなく、西中門より西門側は描かれていないので、西の侍廊の有無は明確にはならないが、場面上で確認される南階と沓脱（板）と推測される西中門廊妻戸前の沓脱（板）、東中門の北側の沓脱（板）を合わせると、さらに複数の昇降装置があったことになる。

寝殿の身舎には賓客と主人と見られる直衣姿の者が畳に座している。廂には二名の者が座し、透渡廊にも袿着姿の女性が闘鶏を観戦している。

この場面に描かれる者たちの履物を確認していくと、幕が張られている南庭において、闘鶏を楽しむ公卿らは「烏皮舃」もしくは「浅沓」を着用しているが、幕の外にいる高麗楽の座とされる者たちは履物を身につけておらず、それを見物する幕外の公家は草履を履いている。また、東門を入った広場には、白い衣姿の者など数名が草履を履いているが、その他に見える者たちは「烏皮舃」もしくは「浅沓」を着用している。寝殿造の外にいる者たちを見てみると、一名が「烏皮舃」もしくは「浅沓」を着用しているが、その他の者は草履である。

このように大臣級貴族の寝殿造には複数の沓脱（板）が確認されるが、公卿である中山定親が応永25年（１４１８）から嘉吉３年（１４４３）まで記した日記である『薩戒記』には、「貴族邸の東中門妻戸前」と同じ中門廊妻戸前の沓脱（板）から建物に入ったことが分かる記述が確認できる。『薩戒記』応永29年1月2日条を以下に記す。

「関白以下列立中門外、東上北面、中門之南腋也、悉列立之後、日野大納言有光、執權也、大納言申次之事不打任之由、先年有其沙汰、而今日不及沙汰云々、如何、揖離列、直到中門廊外沓脱下、脱沓昇入南妻戸、下切妻出中門、進立関白前、次関白」被揖、大納言答揖、歸入中門昇切妻、経中門廊責子幷公卿座前・寝殿西簀子、跪階間西邊、啓事由、経本路歸出、向関白揖、関白答揖之間、大納言蹲居、家礼之人也、又歸［入］中門、昇切妻戸、下沓脱着沓、前駈置之、如何、拝礼申次之時、不可直沓、兼可令仰知知前駈也、立殿上前壁下、去五許尺、今日申次之儀太不審、有家説歟、而有光卿先々又勤之、其儀不同也、直進立関白前、答揖之後、昇中門廊外、参御前、啓事由、下切妻出中門、仰聞聞之由、直歸脱沓之所着沓、或加列、［或］立北方歟、今日儀未見及之、可尋知事也、」[1]（波線筆者）

さらに「貴族邸の侍廊前」の沓脱（板）と同じ場所にある沓脱（板）の記録として、勘解由小路経光が記した『民経記』（『経光卿記』）寛喜3年（1231）3月6日条を下記に挙げる。

「六日、壬辰、天晴、未刻許著束帯用丸鞆、参一條殿、鸞輿御逗留、明暁可有還御云々、於一條室町辻下車、雲客車一條面立之、有置路如常、参入昇北侍廊沓脱、似准殿上也、」[2]（波線筆者）

続いて「貴族邸の西中門南側」と同じ中門の沓脱（板）を記す記録として、鎌倉期の関白である近衛兼経の日記である『岡屋関白記』[3]建長3年（1251）8月17日条を以下に記す。

「時繼朝臣持文杖、昇自子午廊南面沓脱、経簀子東行、於弘庇長押下伺氣色、稱唯、了昇長押経弘廂東行」[4]（波線筆者）

以上のように『年中行事絵巻』の貴族邸に描かれる沓脱（板）は古記録にも確認され、複数の昇降装置がある寝殿造では沓脱（板）が使い分けられていたことが分かる。

次の「阿闍梨の宿坊」の沓脱（板）は【図72】に示す通り、巻六に描かれる。正月8日から宮中の真言院で行われていた、後七日の修法の場面、高欄のない廻り縁のある入母屋檜皮葺の阿闍梨の宿坊において確認できる。

沓脱（板）の幅は一間程度で、脚部は左右の前脚に確認できることから縁側と組み合わさる構造であると見られる。

続けて「貴族邸東中門横妻戸前」の沓脱（板）は、巻十の貴族の邸における六月祓に見られる。【図73】に示す通り、東中門横の妻戸前に三間の幅で沓脱（板）が確認される。絵巻が略式で描かれているが、屋根は檜皮葺である。沓脱（板）の脚部には一

【図72】『年中行事絵巻』「阿闍梨の宿坊」沓脱（板）
『日本絵巻大成8　年中行事絵巻』、p.32を転写し加筆

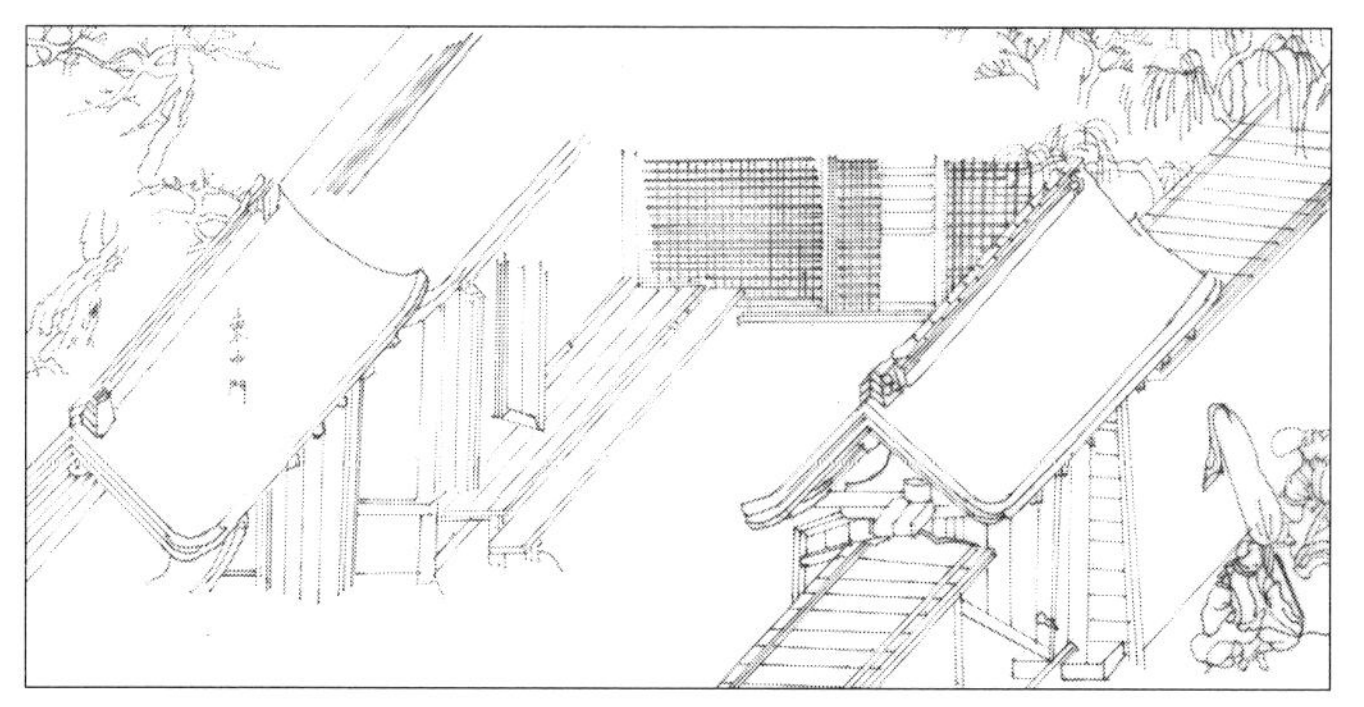

【図73】『年中行事絵巻』巻十の貴族の邸における六月祓の沓脱（板）
『日本絵巻大成8　年中行事絵巻』、p.49を転写

間毎に前脚が確認できることから縁側と組み合わさる構造であると見られる。この建物には東廊を介して五段の南階がある寝殿があることから、儀式における賓客の出入口はこの階を利用していたと考えられる。

「建春門前」の沓脱（板）は、【図74】に示す通り、別本巻二にて正月の内裏の建春門前を描いた場面に確認される。

沓脱（板）の幅は二間程度で、脚部は前後脚が付いているように見える。沓脱（板）の上には浅沓が二組並べて置かれることから履物の脱着があった場所であると確認できる。

最後に「傾く寝殿妻戸前」の沓脱（板）の描写は、【図75】の通り、別本巻三の安楽花に描かれる傾く屋根を支柱で支える建物の廻り縁側の前に一間の幅で描かれる。参照した小松茂美・吉田光邦の『日本絵巻大成8年中行事絵巻』によると、この建物は寝殿造であり、屋根は入母屋檜皮葺だと説明されている。沓脱（板）は片側に傾いで描かれているため、脚部に関しては描写から読み取ることができなかった。

以上が『年中行事絵巻』に描かれる沓脱（板）の描写である。寝殿造では階と沓脱（板）という2種類の昇降装置が確認される。さらに沓脱（板）は「貴族邸の東中門妻戸前」、「貴族邸の侍廊前」、「貴族邸の西中門南側」に確認できるように、同一の寝殿に複数の沓脱（板）があったことが確認された。

右　【図74】『年中行事絵巻』「建春門前」の沓脱（板）　『日本絵巻大成8　年中行事絵巻』、p.96を転写し加筆
左　【図75】『年中行事絵巻』「傾く寝殿妻戸前」の沓脱（板）　同、p.103を転写し加筆

第2項　寝殿造の南階と動線

寝殿造における賓客の昇降装置は南階であり、天皇を中心とした貴族、公家文化において、天皇の御座である寝殿へ昇る行為を伴うもっとも重要な昇降装置である。昇殿は、従五位以上の位階の者に限られた行為であり、その位にある者は殿上人と呼ばれた。

寝殿への昇殿装置となっていた階に関する記述は『礼記』に見ることができる。『礼記』における階に関する記述を用い中国での例を上げる。

「大夫士君門を出入するには、闑の右よりし、閾を踏まず。凡そ客と入る者は、門毎に客に譲る。客寝門に至れば、則ち主人入りて席を爲さんと請ひ、然る後に出でて客を迎ふ。客固辞す。主人客を粛して入る。主人は門を入りて右し、客は門を入手左す。主人は東階に就き、客は西階に就く。客若し降等なれば、すなわち主人の階に就く。主人固辞し、然る後客復りて西階に就く。主人客と登ることを譲る。主人先づ登り、客之に従ふ。級を拾り足を聚め、連歩して以て上る。東階を登るには則ち右足を先にし、西階を上るには則ち左足を先にす。」▽5

この一文は、『礼記』の委曲の礼儀という意味の曲禮にて記される。この篇には、種々の礼儀作法がこまごまと記述されており、礼の精神や意義について説いており、『礼記』のなかでも極めて重要な部分であるとされる。

記述では主人は東階、客は西階を昇ることが書かれているが、客が主人よりも官位が低い場合は、主人の後に続て東階の下に行き、それを主人が固辞して、客は西階に戻るとしている。この後、主客互いに先に昇るようにと譲ったのち、主人が先に東階を登りかけ、続いて客が西階を一段ごとに両足を揃え繰り返しながら登るとある。東階を登るには右足から踏み出し、西階では左足から踏み出すとしている。

階を登る際の礼法として、身分の上下によって、東西どちらの階から登るか決まっているばかりか、主人より格が下の客ならば、わざわざ主人の下につき、それを主人が断るなどの所作を経てから、改めて西階を登ることが順序立てられていた。昇る際には、一段ごとに足を揃えながら登ることや、東階ならば右足、西階であるならば、左足から踏み出すなど、階の利用には細事に取り決めがあったことが分かる。

「粛す」とは会釈のようなものであり、「揖」に近いものであると言える。「閾」とは、日本の敷居にあたり、これを踏んで汚さないように注意すべきであり、これを踏みつけるのは驕慢のふるまいとして忌むとされる。▽6
さらに『礼記』明堂位第十四の段は3つ階がある場合の序列について、周公旦が成王を補佐して、明堂において諸侯を朝みせしめる時の人々の列位を例に以下の通り示している。

「諸侯を明堂の位に朝せしめ、天子斧衣を負ひ南郷して立つ。三公は中階の前に、北面して東上と。諸侯の位は阼階の東に、西面して北上す。諸伯の國は西階の西に、東面して北上す。諸子の國は門の東に、北面して東上す。諸男の國は門の西に、北面して東上す。九夷の國は東門の外に、西面して北上す。八蠻の國は南門の外に、北面して東上す。六戎の國は西門の外に、東面して南上す。五狄の國は北門の外に、南面して東上す。九朵の國は應門の外に、北面して東上す。四塞は世ごとに至ることを告ぐ。此、周公の明堂の位なり。明堂とは、諸侯の尊卑を明らかにするなり。▽7」

天子の最高大臣である、太師、太保、太傅が中央の中階に立つことから、日本の寝殿造における南階はこれに該当する。さらにこの中でも東側に立つ者が上位であるとされている。次いで、諸侯、諸伯の順に、東、西の階になり、北を上位にしていることが分かる。仮に各階に三名ずつ居る場合には、最上位が中階(南階)の最も東側に位置する人で①となり、西に向かって②、③となる。東階の最も北側に位置する人が④で、南に向かって⑤、⑥となり、西階の北側に位置する人が⑦で、南に向かって⑧、⑨の身分となる。

諸子以下は門の東とされることから⑨までの身分が日本の殿上人に当たる位階となる。中国の住居は、主要部を「寝」と言い、中央に「堂」、その奥に「室」、左右に「房」があるとされ、日本の寝殿造はこの様式に基づいているとされている。[8]

日本においても『礼記』と同様の事例があったことが確認され、小泉らによれば『三内口決』[9]において階に関する記述から、平安の貴族住宅では中門から南庭に入り寝殿や対の南階から昇殿するのが主人や賓客が用いる最も格の高い入口であったとされる。[10]

南階が寝殿に上がる際の最重要の昇降装置であったことは明らかであるが、東西に2つ階がある場合には、東が上位の昇降装置であったことが『鳳闕見聞圖説』[11]に記されている。同書では、「庭堂升兩階アリ。所レ謂東階西階也。西階賓客昇。故賓階云。東階主人昇故主階云。又阼階云。王宮ニテ中東階昇玉フハ天子也。西階升ルハ公卿百官也。」[12]とあり、東階は主人、西階は賓客の昇降装置であり、宮中ではそれぞれ天子、公卿が昇る階であると記している。

また『家屋雑考』には「殿の正面にあり。五級階の通法とす。但周制に、天子ハ七級、諸侯五級などいふ事あれど、ここには定制なし。南階には欄あり。また東西の妻戸の前にも階あり。ここには大抵欄なし。常の出入大かたは、此東西の階より昇降するなり。」[13]と記され、寝殿の昇降装置として、南階のほか東西階の3か所に階があり、日常の出入りは東西階が使用されていたことが分かる。

日本では南階は平生の場合に使用されることはなく、[14]あくまでも儀式における装置であったため、昇殿に際する有職故実が東西階よりも強く付帯していたと考えられる。

末松剛は寝殿造建築というのは母屋・廂・孫廂・簀子・階・庭上などにおいて、高さや距離によって、参加者の身分秩序を顕在化する装置であったとしているが、[15]官位によって昇降動線が異なれば、必然的に履物を脱ぐ場となる沓脱（板）の場所も異なることが考えられる。

藤田盟児の「日本の住宅建築における空間的発展」[16]によれば、12世紀の寝殿造において、主人や彼らよりも身分が高い貴人の動線は【図76】に示すように、中門を入り、南庭を経て南寝殿階（御階）から昇殿する動線であった。中門廊は、表門から入った住宅内部をさらに内と外に分けるもので、このような二重の空間構造は寝殿造の空間的特色の1つであるとされる。中門廊の途中や先端に設けられた中門は、その内側の寝殿と南庭が一体となっている住宅内で最も格式が高い場の入口であったとしている。

主人と同じ階層に属する貴族つまり公卿と呼ばれる客人は、中門の内側に入ることは許されたが、南庭から寝殿に直接上がることはできなかった。このように御階は使用できないが上位の身分にある

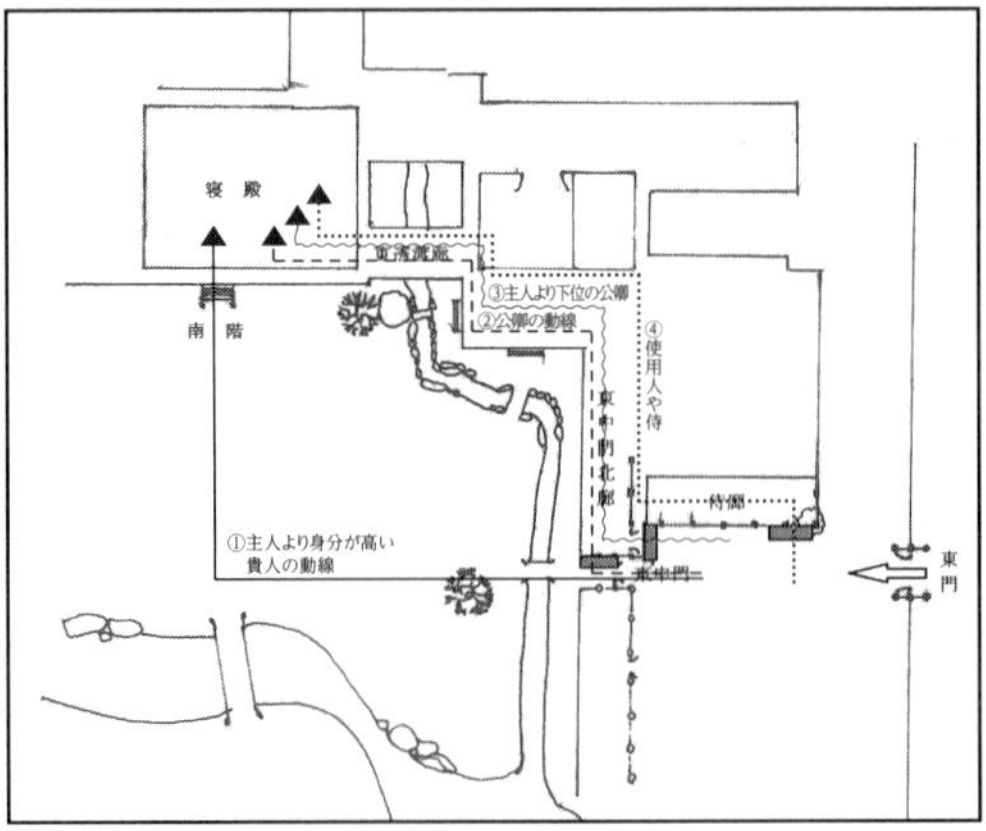

【図76】寝殿造（東三条殿）における動線図
日本建築学会『日本建築史図集 新訂第三版』彰国社、2019年、p.27より一部転写し加筆

公卿は、中門廊南側に設えられた沓脱（板）から上がり、中門廊を北向きに進み、透渡殿を経て寝殿に入るとされる。この動線は『年中行事絵巻』の「貴族邸の西中門南側」の沓脱（板）が合致すると考えられ、この経路がもっともよく使用されたようである。

藤田によると「貴族邸の東中門妻戸前」、「貴族邸の侍廊前」の沓脱（板）は、主人よりも下位の身分者の出入口であったようである。

「貴族邸の東中門妻戸前」の沓脱（板）を使用するのは、主人よりも下位の身分にある殿上人と呼ばれる階層の客人での経路であり、沓脱（板）から縁側に上り、そこにある扉から中門廊に入り、透渡殿を通って寝殿に行く経路であった。また、藤田は殿上人であるが中門を使用することが許されていなかったと述べている。

「貴族邸の侍廊前」の沓脱（板）を使用するのは、使用人の階層に属する侍などであり、中門廊を使うことすら許されていなかったとされる。

以上のように寝殿造では階級、身分によってそれぞれに出入口が定められていたと考えられる。階は南階、東西階がある場合、身分の階級により使用する階が決められていたが、同じく沓脱（板）にも官位の上下によって身分が反映される規律があったことが分かる。

さらに平安末期から鎌倉期になり寝殿造に東西の対を欠く様式が増えるなど形態に変化が見られるようになると、寝殿の南階を使用する経路はほとんど使われなくなったため、【図77】の延暦寺の子院である愛宕房などに見られる南階を持たない建物が増えたとされる。南階からの経路がなくなると、南

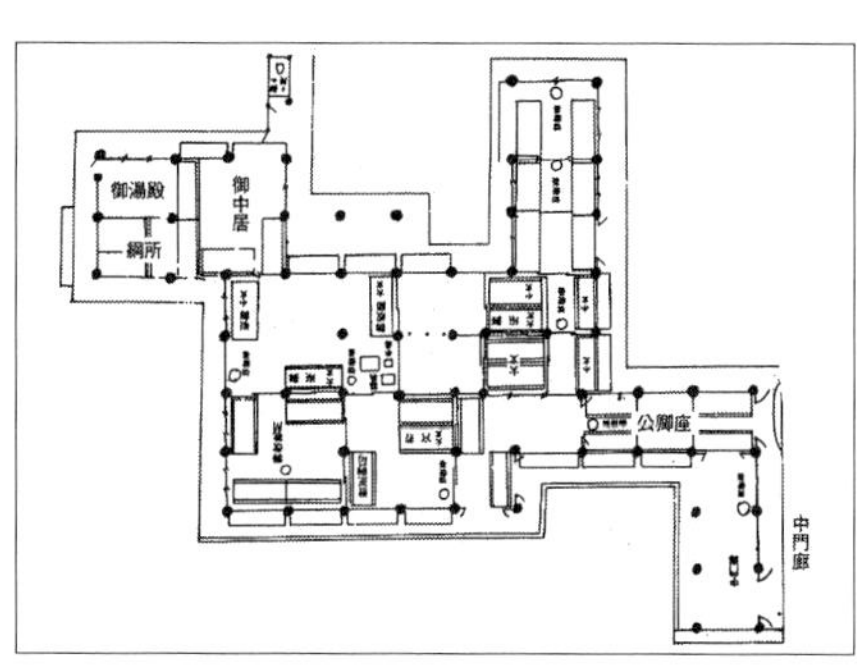

【図77】「愛宕房修法指図」階を持たない寝殿造
藤田盟児「日本の住宅建築における空間的発展－日本文化の空間原理の研究 その1」『名古屋造形大学・名古屋造形芸術大学短期大学部紀要』同朋学園名古屋造形大学、2000年、p.50より転載

庭への出入口であった中門も次第に必要性がなくなり、「貴族邸の東中門妻戸前」の沓脱（板）を昇り北側にある扉を入る経路が主要な出入口となった。愛宕房の図では中門廊北側の扉の位置にくし形の図が描かれるが、これは唐破風を示しているとされ、このように唐破風が設けられた中門廊側面の妻戸が最も格式が高い入口となったと藤田は述べている。[17] その様子は【図78】に示す通り『春日権現験記』において確認できる。

『春日権現験記』巻五の太皇太后宮権大夫藤原俊盛の逸話は、春日社の神主である時盛の教えにより、春日社への月詣でを欠かさなかったことにより春日権現験の力によって隆盛を極めるという内容である。[18] 藤原俊盛は、幼少のころに父である修理大夫顕盛を亡くし経済的に貧窮していた。いかに身を立てるべきか途方に暮れていたとされる。絵巻からは、春日社に月詣でしたことにより、一家が隆盛に至る前と後が描かれており、荒廃した邸から隆盛を極めた邸への変貌を見ることができる。俊盛は、長承3年（1134）に、従五位以下に叙位となる叙爵をされているが、保延2年（1136）には備後国の知行を受け、保元2年（1157）に讃岐国の国守を歴任し、長寛2年（1164）に非参議ながら従三位、その3年後に正三位となったとされる。『春日権現験記』には、保元2年の記述があることから、隆盛後の描写（【図78】参照）は讃岐国の国守の時期に当たる。

まず、隆盛前の俊盛の邸は、【図79】の通り切妻造りの板屋根の門があり、土塀は崩れ、檜皮葺の屋根ばかりか簾すらも破れたままである。隆盛前の場面には、妻戸前に沓脱（板）は描かれていない。しかし、春日大明神の加

【図78】『春日権現験記』「藤原俊盛邸（隆盛後）」の様子
小松茂美『続日本絵巻大成14 春日権現験記絵（上）』中央公論社、1982年、p.31を転写し加筆

護により、隆盛した邸を描いた場面では【図78】に示すように、整えられた檜皮葺の建物が描かれ、五間幅の中門廊の前に一段落ちた形で、一間半幅の一枚板から成る沓脱(板)が描かれる。邸は門前から、中門廊前、室内、庭に至るまで訪問者で溢れ返っているが、門構えは隆盛前の建物と同じ板葺屋根のままであり、土塀に囲われた敷地内の建物配置にも大きく変わった印象はない。

中門廊には、沓脱(板)から向かって右手方向に妻戸が開かれるが、妻戸の開口上部には、藤田が賓客の出入口を示すという唐破風が上っているのが確認できる。藤田が指摘しているように、藤原俊盛の邸は東西の対を欠き(【図78】参照)、南階と中門廊南側の沓脱(板)も姿を消しており、中門廊の妻戸前に備わる沓脱(板)が身分ある者の昇降装置となったことが確認される。南階を持たなくなった後期の寝殿造において、唐破風と沓脱(板)が階に代わる賓客動線となったことを示している。

以上のように、階に関する記録は平安期に数多く確認されるが、その原型は中国の『礼記』に見られ、そこに記された儀礼が平安の宮中に伝搬している。寝殿造において、南階は単なる昇降装置ではなく、重要な儀式の場であるが故に身分を顕在化する装置として機能していたことが分かる。また、藤田が言うように平安期に昇殿に使用されていた南階の担っていた役割は昇降行為を含み鎌倉期になると少なからず沓脱(板)に移行されたとも考えられる。

【図79】『春日権現験記』「藤原俊盛邸(隆盛前)」の様子
『続日本絵巻大成14 春日権現験記絵(上)』、pp.29-30を転写

第2節　板の沓脱における履物の脱着

第1節では、寝殿造には複数の沓脱（板）が存在し、それは中門、中門廊前、侍廊前にあり、身分よって使い分けられていたことを明らかとした。

中世絵巻に見られる沓脱（板）では、板の上で履物を脱いでいる者と板の下で履物を脱いでいる者、さらに沓脱（板）のない場所で脱いでいる場面と切目長押の前（廂の上）で脱いでいる場面が確認される。本節では、中世絵巻に描かれた沓脱（板）において行われる履物を脱ぐ行為に着目し、文献史料による記述と照合しながら、沓脱（板）の下、上、廂上における履物を脱ぐ行為の意味を検証する。

第1項　板の沓脱を利用した履物の脱着

本願寺の第三世である覚如上人の一代記を描いた絵巻である『慕帰絵詞』には、計9か所に沓脱（板）が描かれる。[▽19] そのうちの6場面には履物が置かれる描写が確認される。

沓脱（板）の描かれる場面を挙げると、「慈信房」、「浄珍の僧房」、「摂津国原殿の禅房」、「親鸞聖人の閑居」、「鎌倉、唯善房の屋敷」、「和歌の会宗昭の房」、「宗昭の閑居」、「金剛薩埵院の寺務某僧都の住房」、「大原の宗昭の病室」以上の9か所である。なお、『慕帰絵詞』の沓脱（板）の天板も全て一枚板であり、履物を脱ぐ様子が確認されるのは、「慈信房」、「親鸞聖人の閑居」、「鎌倉、唯善房の屋敷」、「和歌の会宗昭の房」、「宗昭の閑居」、「大原の宗昭の病室」である。

「慈信房」が描かれる【図80】に示すように沓脱（板）は、巻一にて比叡山の学僧・澄海の住房に備わる。覚如の幼名は、勘解由小路中納言法印宗昭であり、8歳の頃、慈信房澄海に入門したとされる。沓脱（板）は、宗昭が澄海に対面した場面の檜皮葺建物の開かれた妻戸の縁先に設えられている。建物には吊り格子があり、縁側と身舎を区切る切目長押から一段上がった屋内には畳が敷かれている。

沓脱（板）の構造は、脚部は前脚のみ確認でき、縁側と組み合わさる構造であると見られ、幅は一間半から二間程度であり、その上に一組の草履が揃えられているが、誰の物か定かでない。

建物の外には、立て蔀や小柴垣があり、沓脱板の横には1本の樹木とシダと石が描かれている。屋内では、澄海が宗昭に先師の自筆の『初心抄』という本を渡している様子が見られ、敷居奥の室では袈裟を着た僧が座している。この他に縁側には稚児と僧が座って談笑している姿が見え、沓脱（板）の横では白張の僧が縁側上の稚児と会話を交わしている。

【図80】『慕帰絵詞』「慈信房」の沓脱（板）に脱がれた草履
小松茂美『続日本絵巻大成4 慕帰絵詞』中央公論社、1985年、p.10を転写

「親鸞聖人の閑居」の沓脱(板)は、巻四にて(【図16】参照)に示すように、親鸞と慈信聖人の密談の場に描かれる。建物の大きさは二間×三間であり、屋根は板葺であるが小さな付書院の屋根は檜皮である。閑居には簀子縁があり、切目長押で一段上がった屋内には畳が敷かれている。縁先には一間半幅の沓脱(板)が備わっており、脚部には、木の柱ではなく自然石を両端中央に置き、その上に直接板を渡しているのが注目される。屋内では親鸞聖人と慈信法師が密談をしており、訪れた顕智房は沓脱(板)の上で草履を脱ぎ、片足を簀子縁に乗せている。[▽20] 外には混ぜ垣があり、簀子縁の奥には木管によって導かれた水が流れている。

「唯善房の屋敷」に描かれる沓脱(板)については、第2章第1節にて触れたが、改めて詳細について検証する。この描写は巻五の鎌倉唯善房の屋敷前(【図45】参照)に見られる。敷地内の2つの建物のうち、沓脱(板)が備わる建物には縁側があり、切目長押より上段の屋内は板張であるが、宗昭の来訪のために一部畳が敷かれている。建物には2か所の妻戸や御簾、吊り格子が見え襖装飾も見られる。

沓脱(板)の脚部は前脚のみ確認でき、縁側と組み合わさる構造であると見られ、その幅は一間半程度であり、その上には二組の草履が揃えられているが、これは宗昭と唯善房の履物と考えられる。[▽21] 屋内に座しているのは宗昭と唯善房だけであり、その様子を二名の僧が縁側に座り見守っている。沓脱(板)の下には供と見られる僧が地面に座している。

もう一方の建物には沓脱(石)(【図46】参照)が確認される。詳細については次節にて検証するが、この建物には吊り格子があり、襖絵も確認される。縁側から切目長押で一段上がった屋内は板敷で、畳が一畳置かれ囲碁盤が見える。外では稚児が弓当てをしており、その姿を一名の若い僧が見守っている。板塀と反対側には小柴垣があり、柳が一本見える。沓脱(石)は自然石でその上には草履が一組置かれている。

2つの建物の装飾や建物を構成する要素に大きな差はないと見られるが、宗昭の応対をしていることから、沓脱（板）がある建物が「ハレ」の空間であると推察される。

「和歌の会宗昭の房」の沓脱（板）は巻五の和歌の会が開かれている場面（【図81】）に描かれる。屋内では歌人たちが歌の会に興じている。沓脱（板）の全貌は描かれていないが、妻戸から縁を隔てた前に一段落ちた沓脱（板）があり、浅沓が脱ぎ置かれている。

板敷の屋内には来客に備え畳が敷かれ、奥の壁には三幅対の掛け軸があり、その前には文台が置かれている。この他に、屋内では饗応の支度に勤しむ僧の姿が描かれている。

外部には、築地塀があり、開口部を入ると沓脱（板）の前に出る。歌会の席には宗昭の血縁者といわれる白狩衣姿の公卿が一名確認される。浅沓は公卿が用いる履物であることからも、沓脱（板）上に置かれるのはこの公卿のものであると考えられる。

「宗昭の閑居」に描かれる沓脱（板）は、【図82】の板葺の建物が描かれる縁先に確認される。建物の大きさは明確にならないが、書院があり縁が廻っている。切目長押により一段上がった上段には畳が敷かれ宗昭が座している。

沓脱（板）の脚部は前脚のみ確認でき、縁側と組み合わさる構造であると見ら

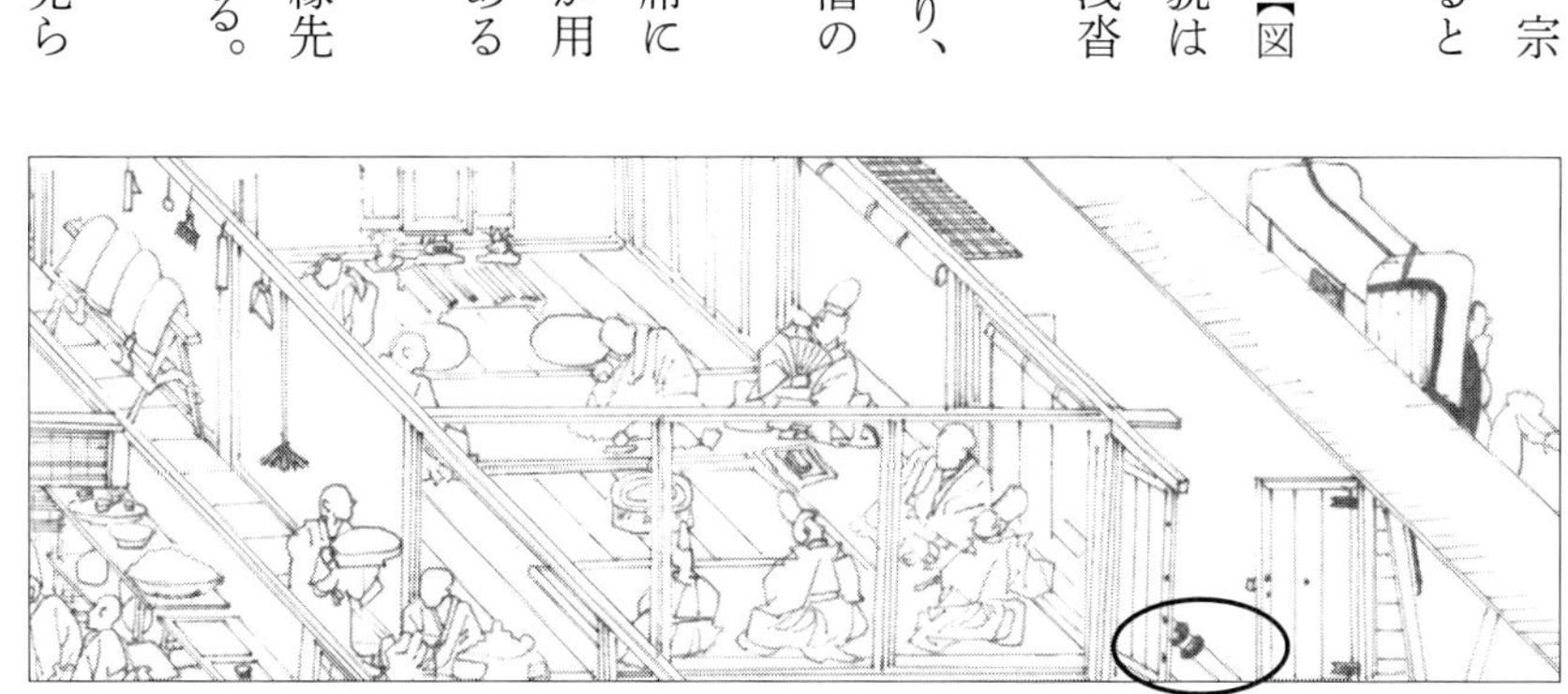

【図81】『慕帰絵詞』和歌の会の沓脱（板）に脱がれた浅沓
『続日本絵巻大成4 慕帰絵詞』、p.46を転写し加筆

れる。沓脱（板）の幅は一間程度であり、その上には一組の下駄が揃えられている。切目長押の前の草履は宗昭の使いの僧のものであると考えられる。この場面には沓脱板の上の履物のほか、縁側の上に脱がれた宗昭のものだと考えられる竹草履が揃えられている。外部は、松ともう1種の樹木が植栽された庭的空間となっている。

「宗昭の病室」の沓脱（板）は巻十の妻戸前に確認される。建物は縁側が巡らされ【図83】の通り、切目長押より一段上段となった屋内には畳が敷かれており襖絵も確認される。建物の屋根は描かれていないが、吊り格子や妻戸があり開口部には御簾が見える。

沓脱（板）の幅は一間半程度で、脚部は前脚のみ確認でき、縁側と組み合わさる構造であると見られる。

屋内には宗昭が病に伏せており、見舞いを終えた老僧の従者が、履物を沓脱（板）の上に用意しようと手に持っている。▽22

以上、6か所が『慕帰絵詞』に見られる沓脱（板）において履物が脱がれる様子であるが、「唯善房の屋敷」には敷地内に2棟の建物があり、一方には沓脱（板）が備わり、もう一方には沓脱（石）が据えられる。宗昭の来訪の応対をしていることからも沓脱（板）が備わる建物は「ハレ」の空間であると推察された。沓脱（石）のある建物では稚児らが弓当てなどをしている

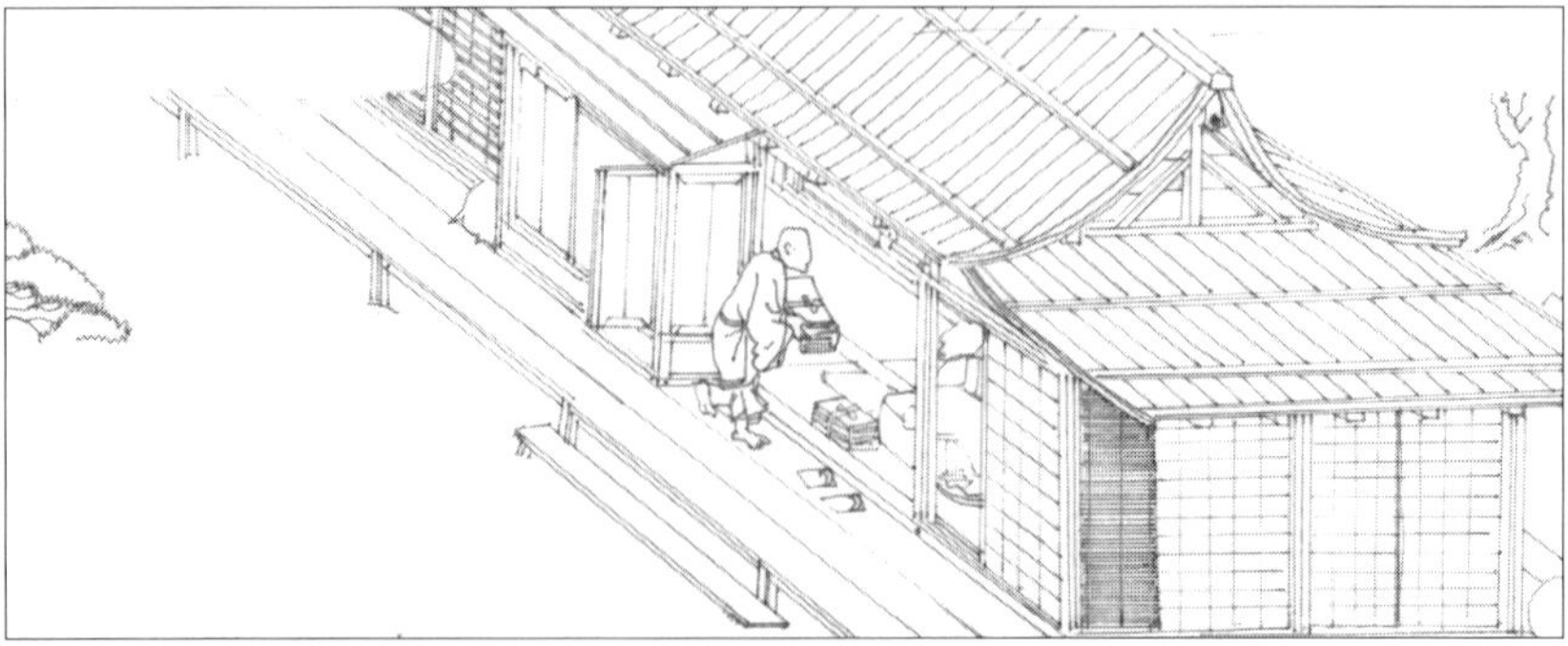

【図82】『慕帰絵詞』「宗昭の閑居」沓脱（板）と切目長押手前に脱がれた草履類
『続日本絵巻大成4 慕帰絵詞』、p.70より転写

ことから「ケ」の空間であると見え、唯善房の屋敷では使い分けがされていたと考えられる。

『慕帰絵詞』に見られる沓脱（板）の描写では、いずれも沓脱（板）の上で履物を脱いでいる。『民経記』寛元3年（1245）12月22日の条では、「次大臣以下経宜陽西壇幷軒廊、階下・弓場舎東砌、入南廊西第三間参殿上、二位中納言・土御門宰相中将爲行南殿事留候、予入無名・神仙門、於殿上西第一間一揖、於沓脱上脱沓、著横敷」[23]（波線筆者）とあり、沓脱（板）の上で履物を脱いでいる様子が記されている。

同じく『民経記』仁治3年（1242）3月15日条でも、「如大臣路、中門廊切妻、自簀子北行、経透渡殿・長橋、入寝殿南第一間妻戸参進、其儀如除目時、抑昇切妻之時、沓脱上脱沓、尤可然歟」[24]（波線筆者）とあり、沓脱（板）の上で履物を脱いでいることが分かる。

さらに『九条家歴世記録』明応元年（1492）1月7日条には、「於殿上沓脱上揖、登沓脱」[25]（波線筆者）とあり、沓脱（板）に登って、その上で沓を脱いで殿上に至ったとしている。

反対に沓脱（板）の上で履物を着用した記録は『実冬公記』嘉慶元年（1387）1月3日条に確認され「予・九条大納言於沓脱著沓、出無名門代徘徊便所」[26]と記される。この記録は清涼殿の沓脱（板）であると考えられる。

【図83】『慕帰絵詞』「宗昭の病室」沓脱（板）に草履を用意する様子
『続日本絵巻大成4 慕帰絵詞』、p.94より転写

第2項　板の沓脱を利用しない履物の脱着

しかし、記録の中には、沓脱（板）はあくまで昇降装置として使用するのみで、履物の脱着を沓脱（板）下の地面で行う記録も確認される。

『民経記』仁治3年（1242）1月2日条には「参鷹司院、左相府令退出給、予□下立庭上致礼、於沓脱下著沓給、可然」[27]（波線筆者）とあり、沓脱（板）の下で履物を着用したことが分かる。

『薩戒記』応永32年（1425）1月1日条には、沓脱（板）下の地面において履物を脱いでいることが次の通り記されている。

「関白被小揖、大納言答揖、昇中門廊於沓脱下地上脱沓、外入車寄妻戸、経廊東簀子并公卿座前、就」南面階間西方、跪申事由、只氣色計也」[28]

このように、履物の脱着を地面で行う描写は『法然上人絵伝』に確認される。同絵伝は、浄土宗の開祖法然（1133―1212）の一代の行状を絵巻にしたものであり、知恩院に収蔵されている。

『法然上人絵伝』には58所に沓脱板が描かれている。そのうち沓脱（板）下の地面に履物が脱がれている描写及び沓脱（板）があっても履物を脱いだ場所が確認されない描写が12場面にある。絵巻の構成順に記すと「功徳院境内」、

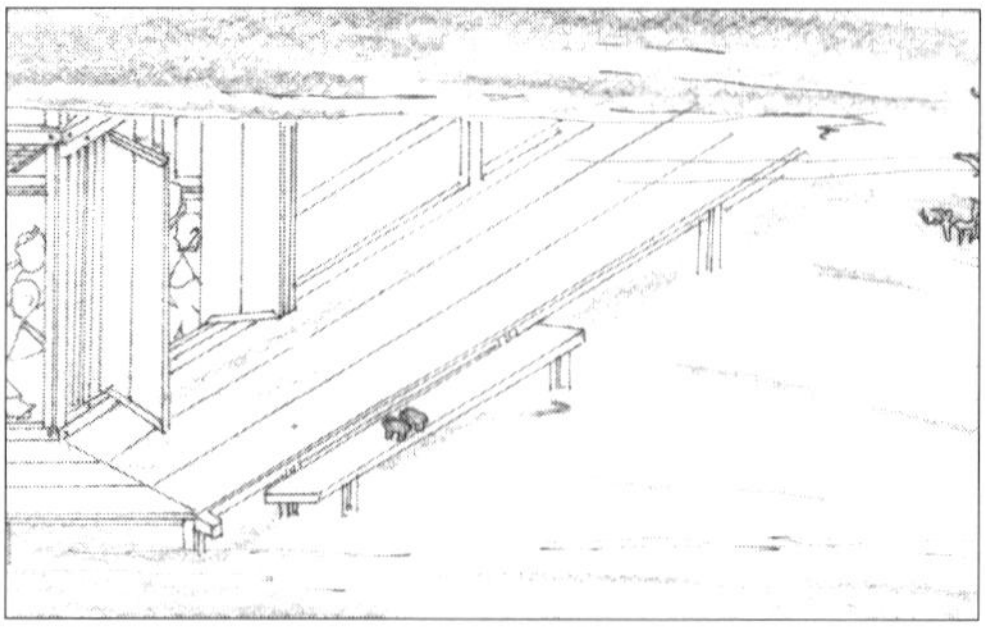

【図84】『法然上人絵伝』「肥後　阿闍梨皇円　功徳院」
沓脱（板）に脱がれた下駄類
『続日本絵巻大成　法然上人絵伝1-3巻』、p.22より転写

「蔵俊僧都」、「裕福とされる家」、「藤原実宗の邸」、「日光の別当僧正の房」、「作仏房」、「法然の吉水の房」、「法然の庵室」、「摂津国押部家」、「夢に現れる公卿の邸」、「肥後国往生院」、「巻四十八法然の住房」である。

「功徳院境内」は巻三にあり、法然15歳が大乗戒を受ける場面で、久安3年（1147）の11月3日とされる。沓脱（板）は、【図84】に示すように高欄のない縁側より一段落ちて設えられている。幅は一間半で脚は手前列の両端のみにあることから、縁側の束柱と組み合わせて自立している。正面には妻戸が開かれ畳が敷かれている。板の上には、黒い足駄が脱ぎ揃えられているが、屋内には八名が確認されることから誰の履物かは不明である。

「蔵俊僧都」は巻四にあり、の沓脱（板）は、【図85】に示すように法然が法相宗の大家である奈良の蔵俊僧都を訪れる場面に描かれている。檜皮葺の築地塀を巡らせた切妻門を入って右手奥に沓脱（板）が設えられている。建物は檜皮葺で、開かれた妻戸の内部には畳が敷かれている。法然のものと考えられる草履は、沓脱（板）上ではなく、沓脱（板）のない縁先の地面に脱ぎ揃えられている。

巻八の「裕福とされる家」は、【図86】に示すように沓脱（板）の全容が描かれていないが、同様に沓脱（板）のない縁の隅にて草履を脱いでいる様子が確認できる。

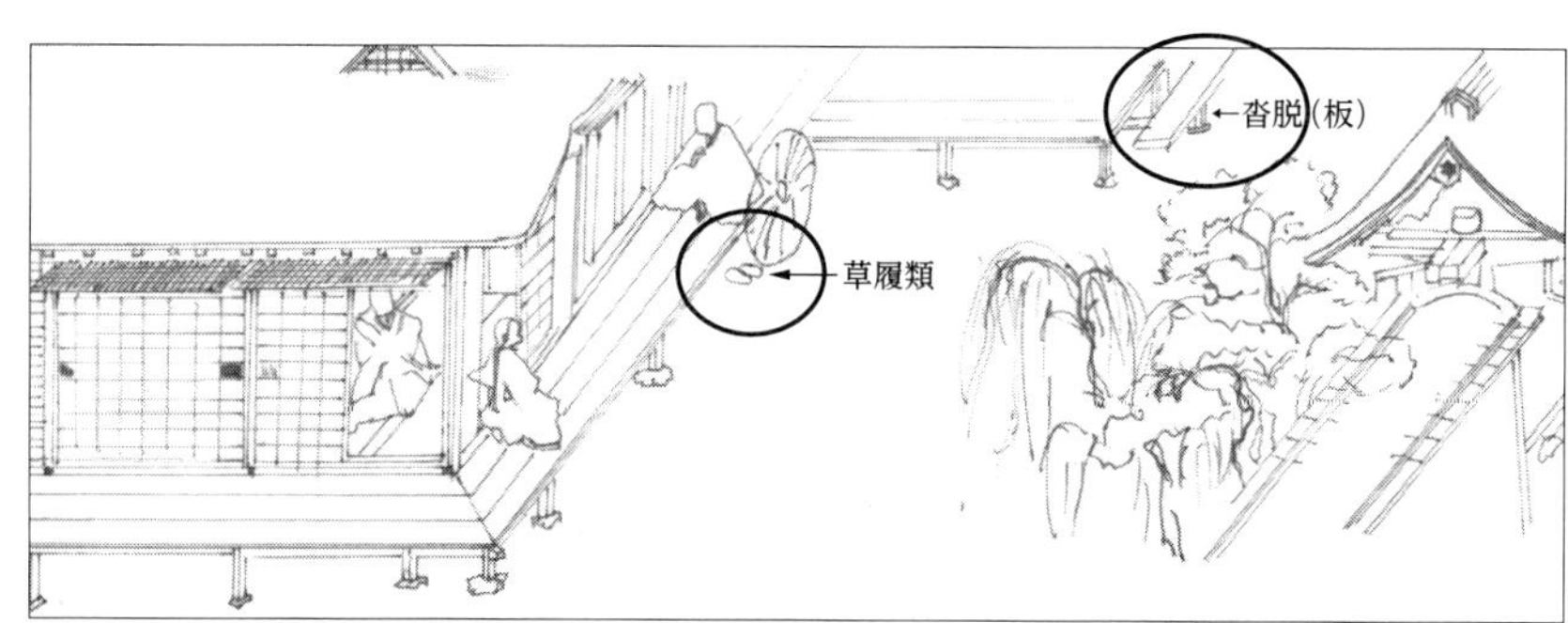

【図85】『法然上人絵伝』「法相宗の蔵俊僧都邸」沓脱（板）ではなく地面に草履を脱ぐ様子
『続日本絵巻大成 法然上人絵伝1-3巻』、p.30を転写し加筆

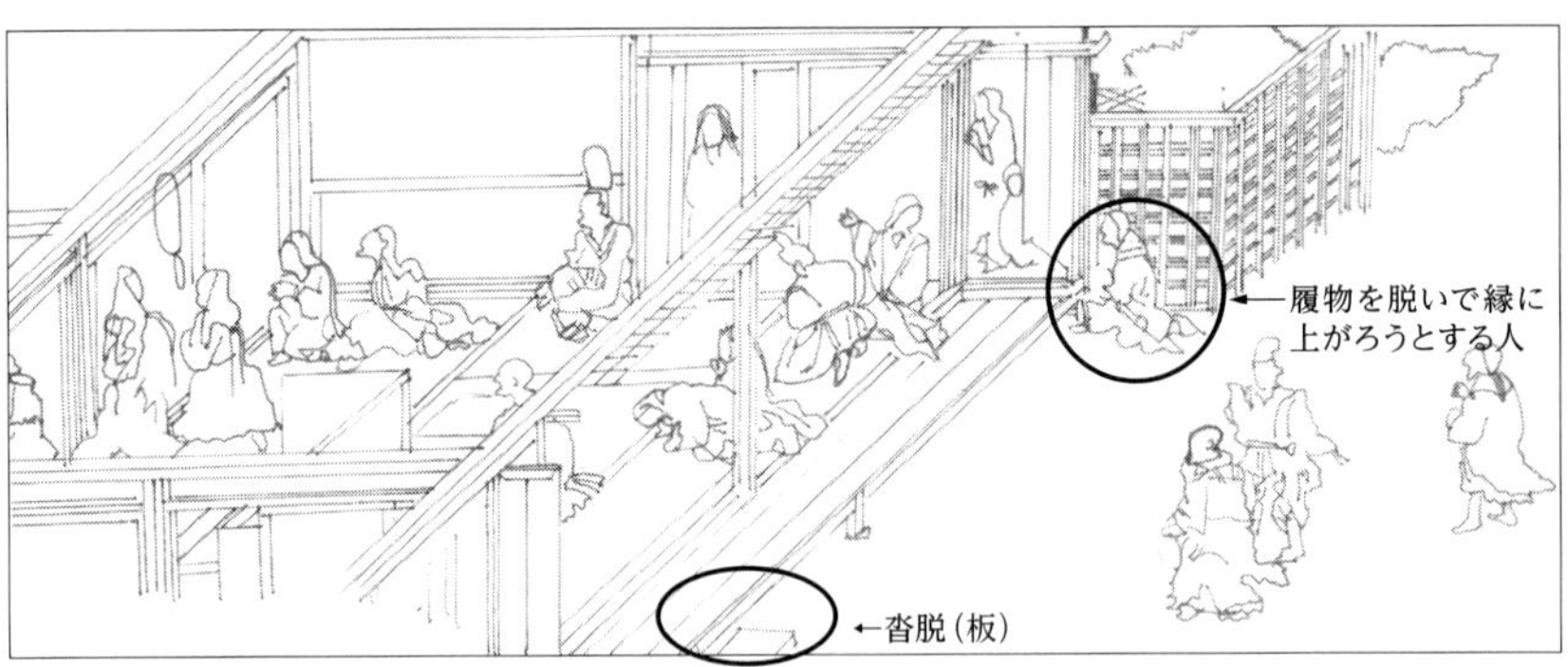

【図86】『法然上人絵伝』「裕福な家」沓脱（板）を使用しない様子
『続日本絵巻大成 法然上人絵伝1-3巻』、pp.72-73を転写し加筆

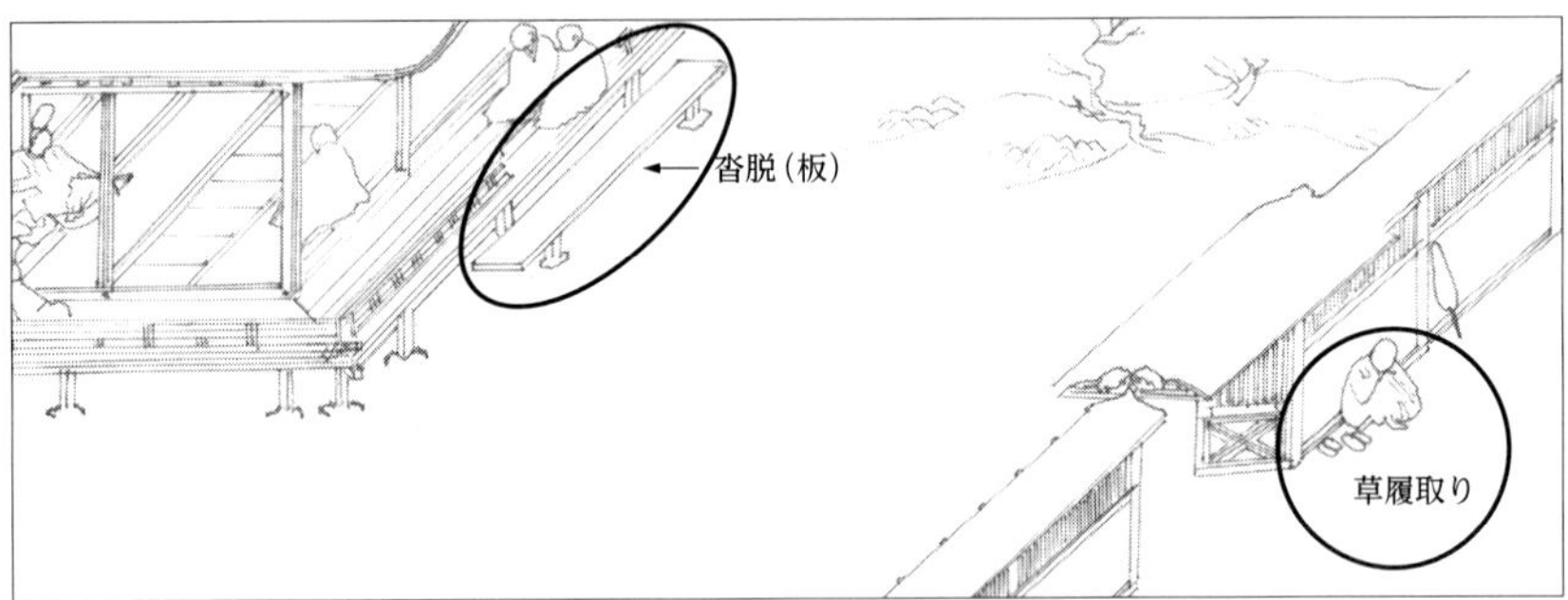

【図87】『法然上人絵伝』「藤原実宗の邸」沓脱（板）ではなく沓取りが履物を守る様子
『続日本絵巻大成 法然上人絵伝上巻』、pp.112-113を転写し加筆

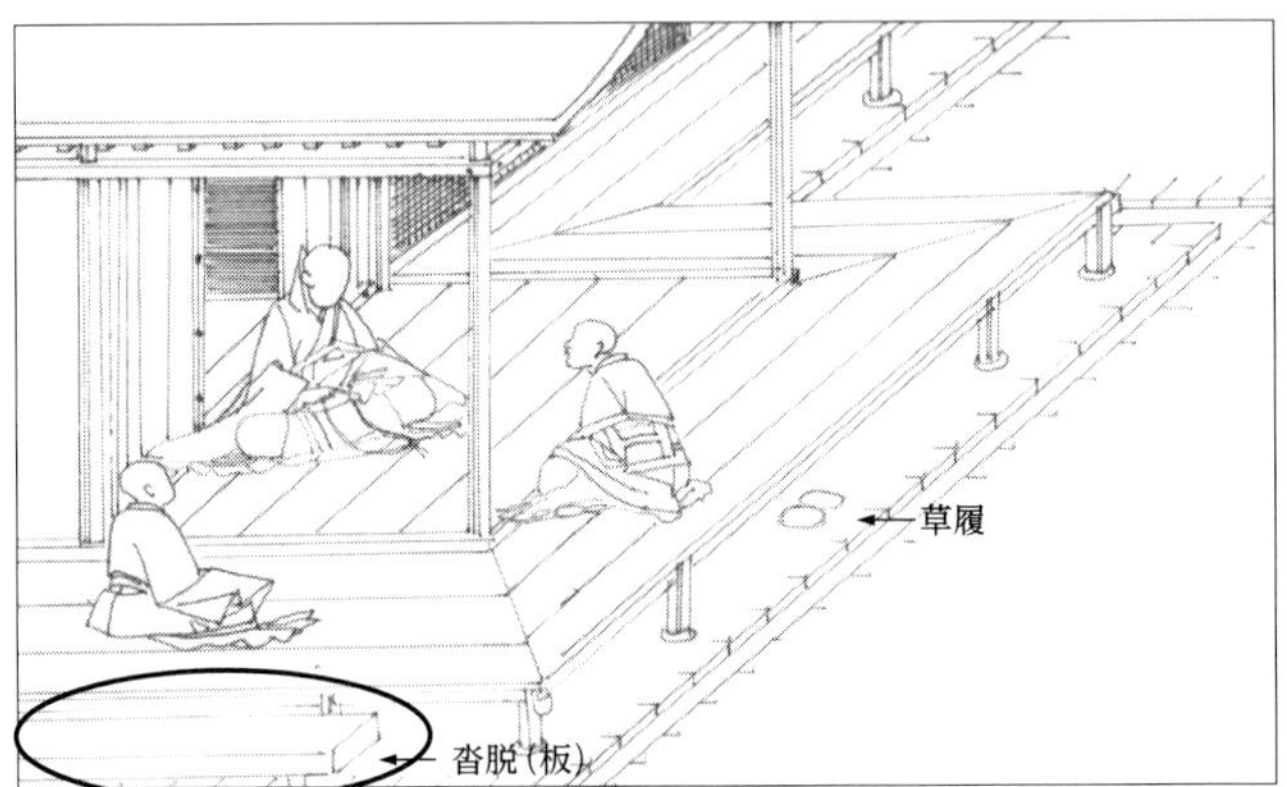

【図88】『法然上人絵伝』「日光の別当僧正の房」沓脱（板）ではない地面に草履を脱ぐ様子
『続日本絵巻大成 法然上人絵伝上巻』、1981年、p.159を転写し加筆

【図87】の内大臣「藤原実宗の邸」（巻十二）には連子の塀があり、中門を入った正面あたり、高欄のある縁先一間半の沓脱（板）が描かれる。切目長押により一段上がった内側には畳が敷かれ、屋根は檜皮葺となっている。『続日本絵巻大成法然上人絵伝上巻』によると、中門の外に座しているのは主人の履物を守る沓取りであるとされ、沓脱（板）があっても、そこに脱いだままに出来ない理由があったことが示唆される。

「日光の別当僧正の房」（巻十七）は、【図88】に示すように、明円という僧が訪れた日光の別当僧正の房の描写である。檜皮葺の房の縁に一間幅の沓脱（板）が確認できるが、訪ねた僧の草履は、沓脱（板）とは別の場所の縁先に脱ぎ揃えられている。

「作仏房の住まい」（巻二十）は【図89】に見える通り、入母屋檜皮葺で、一間四方の小

【図89】『法然上人絵伝』「作仏房の住まい」履物の数と屋内の人数が合致しない描写
小松茂美『続日本絵巻大成 法然上人絵伝中巻』中央公論社、1981年、p.20を転写

【図90】『法然上人絵伝』「法然の吉水の房」沓脱（板）を使用せず地面で草履類を脱ぐ様子
『続日本絵巻大成 法然上人絵伝中巻』、p.24を転写

さな道場には、畳が敷かれ縁が廻っている。幅半間強の沓脱（板）は縁側と同じ高さに描かれており、その上に一組の草履が揃えて置かれている。この場面の来訪者には、近隣の僧や烏帽子に狩衣姿の武士などが描かれるが確認できる履物は一組だけである。

「法然の吉水の房」（巻二十一）とされる場面は、【図90】の通り脱沓の状況が確認される。板葺屋根に板敷の広廂のあるこの房には縁が廻り、開かれた妻戸正面に一段落ちた沓脱（板）が一間の幅で確認できる。畳が敷かれた屋内では、法然が法話をしており、折烏帽子に直垂姿の武士や袈裟を着た僧の姿が見える。外部には沓脱（板）に履物はなく、別の場所の縁の下の地面には草履と下駄が一組ずつ描かれている。

「法然の庵室」（巻二十三）では、【図91】のように法然の庵室だとされる建物に沓脱（板）が備わる。建物の屋根は板葺で、板敷の広廂では法然の弟子の一人が修行僧の応対をしている。修行僧の草履は、沓脱（板）の上ではなく、下に脱がれてい

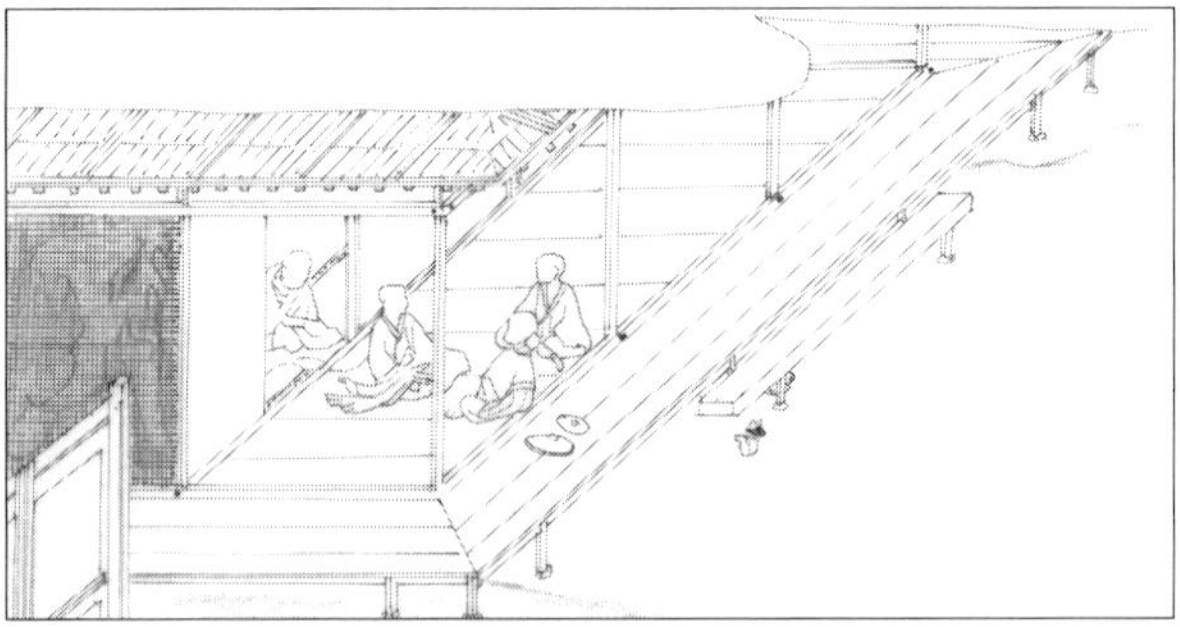

【図91】『法然上人絵伝』「法然の庵室」沓脱（板）をせず地面で履物を脱いでいる様子　『続日本絵巻大成 法然上人絵伝中巻』、p.47を転写

【図92】『法然上人絵伝』「摂津国の家」履物の数と屋内の人数が合致しない描写『続日本絵巻大成 法然上人絵伝中巻』、p.162を転写

る。

「摂津国押部の家」（巻二十六）の描写では、四間幅の建物の廂間の前に一段落とした沓脱（板）が備わる。【図92】に見られるように幅は一間半程度であり、その上には二組の草履と一組の下駄が揃えられている。屋根は茅葺きの棟に板の庇屋根がついており屋内には畳が敷かれるこの場面は、法然の法話を聞こうと人々が集まる様子が見られるが、確認できる履物は法然の物と見られる二組のみである。

「夢に現れる公卿の邸」（巻三十八）は、参議藤原兼隆の夢に現れる公卿の邸だとされる描写が【図93】のように描かれる。檜皮葺で廻り縁側のある建物には、畳が敷かれ、開いた妻戸前に、一段落ちた沓脱（板）が一間半の幅で描かれる。屋内には兼隆と法然を含め八名の人物が確認されるが、沓脱（板）の上には一組の浅沓のみが揃えられている。

「肥後国住生院」（巻四十六）では、【図94】に示す通り二間口の板葺の建物には廻り縁があり、屋内には畳

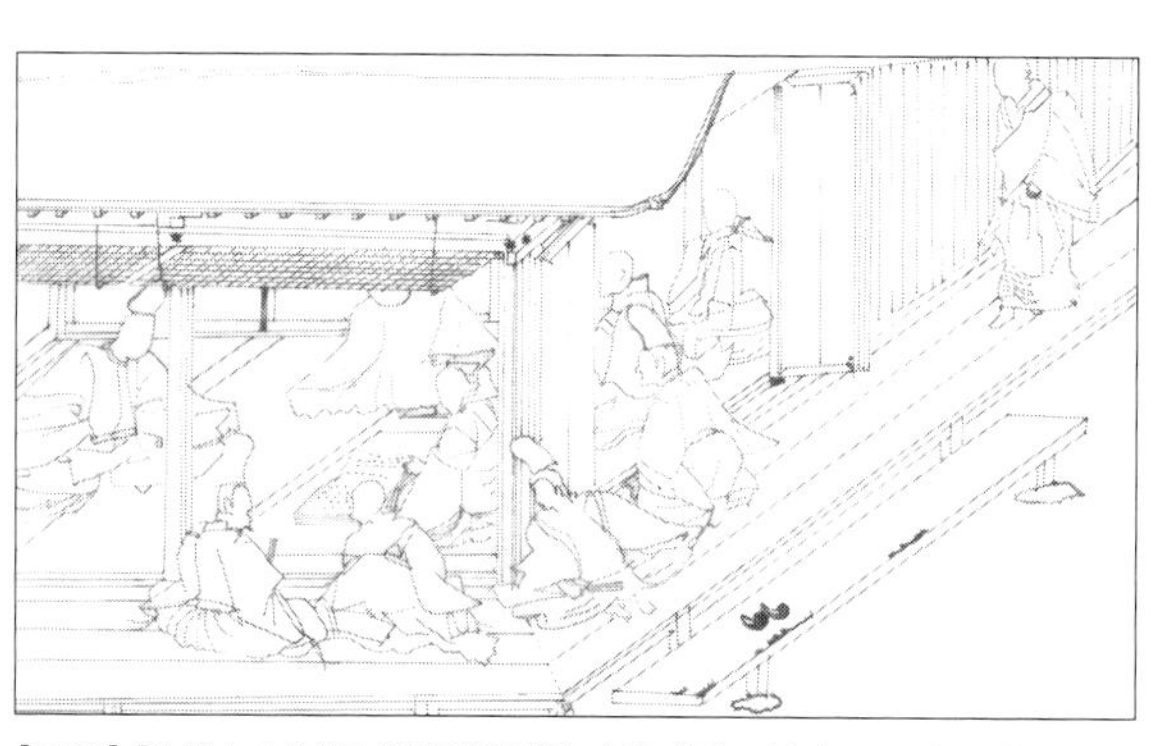

【図93】『法然上人絵伝』「藤原兼隆邸」沓脱（板）の浅沓ならびに履物と人物数が合致しない描写　小松茂美『続日本絵巻大成 法然上人絵伝下巻』中央公論社、1981年、p.13を転写

【図94】『法然上人絵伝』「肥後住生院」地面の草履類ならびに履物と人物数が合致しない様子　『続日本絵巻大成 法然上人絵伝下巻』、p.88を転写

が敷かれている。二間口の片方に寄せ、一段落ちた沓脱（板）が一間幅で描かれているこの場面には、法然の弟子の聖光房弁阿の使いの度脱房という僧が訪ねてきており、度脱房の草履は、沓脱（板）の下に脱ぎ揃えられている。

「巻四十八の法然の住房」の建物には妻戸があり、その正面に沓脱（板）が設えられている。【図95】にあるように縁の途切れた先には、沓脱（石）が据えられる扉があるが、空阿弥陀仏の使者である若い僧の履物は、沓脱（板）も沓脱（石）も備わっていない縁先の地面に脱ぎ揃えられている。

以上が『法然上人絵伝』にて、確認される沓脱（板）を使用せずに地面や別の場所で履物を脱いでいる状況である。「功徳院境内」、「作仏房」、「摂津国押部家」、「夢に現れる公卿の邸」の4描写では沓脱（板）の上に履物が脱がれているが、屋内にいる人数に対し、確認できる履物の数は明らかに少ない。沓脱（板）の上に脱がれている履物は、それぞれ足駄、草履、草履と足駄、浅沓であり、履物には特別偏りなどは見られない。

「功徳院境内」については、法然の大乗戒に際し少なくても六名の姿が確認される。「作仏房」も屋内にいる者は別の昇降口から上り、縁側を歩いて来たとしても、沓脱（板）のある正面の縁側には二名の者が座し、その脇にさらに一名白狩衣の姿がいる。

「摂津国押部家」については、法然と供の履物であると分かるが、この他、

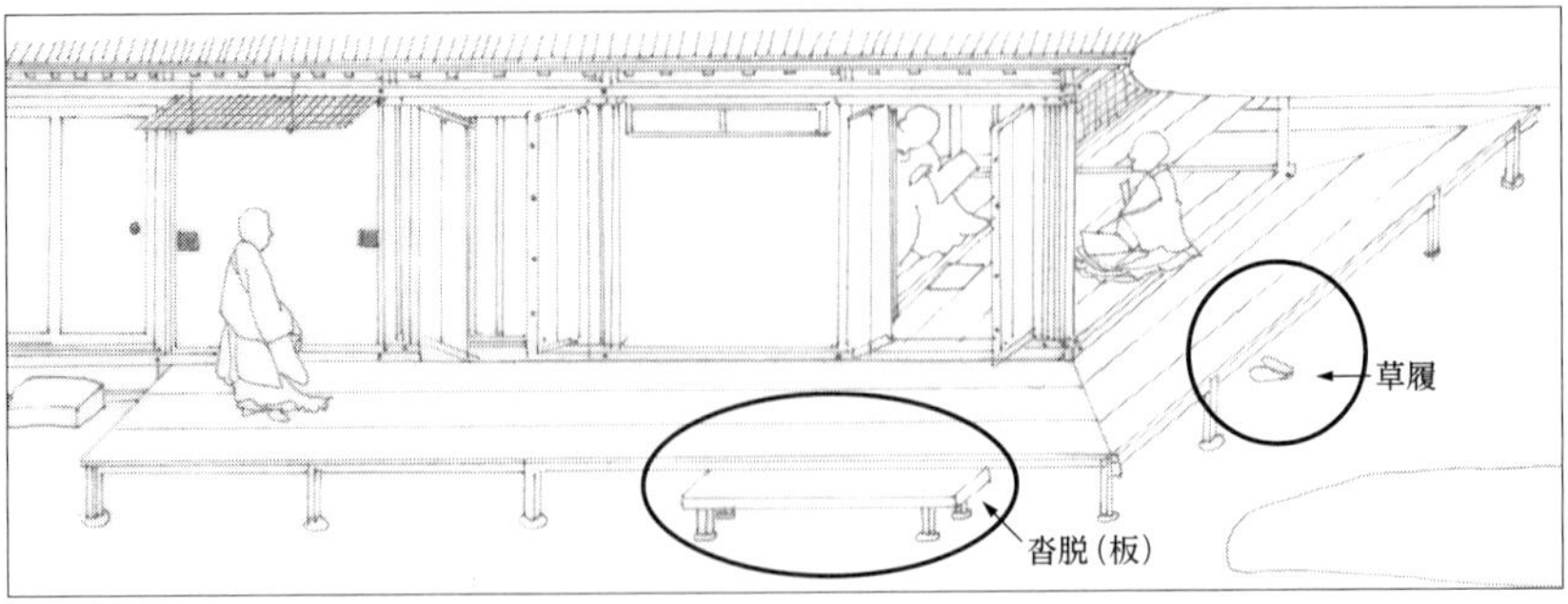

草履
沓脱（板）

【図95】『法然上人絵伝』「法然の住房」沓脱（板）・沓脱（石）どちらも使用せず脱沓している様子
『続日本絵巻大成 法然上人絵伝下巻』、p.109を転写し加筆

縁側には四名、屋内には複数人が居る。「夢に現れる公卿の邸」は夢の中の話しであるが、法然と兼隆のほか、畳敷の屋内には三名がおり、縁側には五名の者が確認できる。

沓取りを従える身分にある者は、履物を置いたままにせずに沓取りに持たせることもあり得るが、「摂津国押部家」の描写を見る限り、招かれた者は沓脱(板)の上にて脱沓行為に及ぶと考えられることから、沓脱(板)の上には客の履物が置かれていると考えられる。よって「功徳院境内」の大乗戒では、剃髪をしている濠襟の衣姿の者の足駄であり、「夢に現れる公卿の邸」の月輪殿にある浅沓は、邸の主である兼隆ではなく、招かれて来た法然もしくは客ものではないかと考えられる。

次に沓脱(板)を使用せずに地面で履物を脱いでいる場面では、確認できる訪問者は、招かれた客ではなく、あくまで自ら訪ねてきた者であった。主人の応対について、沓脱(板)の上にて脱沓行為が見られる場合には、主人は身舎にて応対しているが、沓脱(板)下の地面で脱沓行為に及んでいる描写では、主人は廂もしくは縁側で対応していることが分かる。

巻三十二に描かれる【図96】の「法然の房」では、板葺の建物前には一間の幅で沓脱(板)が描かれている。正面には妻戸が開かれ畳が敷かれているこの場面には、法然が聖覚を招いて口述筆記をしている様子が描かれるが、聖覚は身者の置き畳にて法然と談義しているが、供

【図96】:『法然上人絵伝』「法然と聖覚の対面」身舎に座す法然と聖覚と縁に座る稚児
小松茂美『続日本絵巻大成 法然上人絵伝中巻』中央公論社、1981年、p.133を転写

の稚児は縁側に座っていることから身分が違うことによって同座できないのではないかと推察される。このほかにも【図97】に示す巻二十七の藤原兼実邸の月輪殿では、公卿であっても同じであったことを読み取ることができる。檜皮葺で高欄のある縁が巡るこの建物には、開かれた妻戸前に、一間半程度の幅の沓脱（板）が確認できる。屋内では、畳の上にて入道関白の兼実と法然が法談し、切目長押より一段下がった位置となる縁側上には兼実の近侍である公卿が二人座している。さらに、沓脱（板）の上には、草履を履いた蓮生入道が腰を掛けている。この場面では、沓脱（板）が最も低い下座であると仮定すると、その上位の公卿は縁側部に降り、最上段に当たる身舎には、法然と兼実のみが座しているということになる。蓮生入道が聞き耳を立てているので、会話の内容は公卿に聞こえても支障がないにも関わらず同席できないのは、それだけ身分による隔たりが強く意識されていたと考えられる。つまり、建築の段差が身分を隔てる結界となっていたと見られる。

一方、『法然上人絵伝』の中には、沓脱（板）があるにも関わらず、使用せずに地面や他の場所で脱いでいる場面があったが、それらの描写のうち、法然のもとに来訪者が訪れているのは、「法然の吉水の房」、「法然の庵室」、「巻四十八法然の住房」である。来訪者は、それぞれ法然の説法を聴きに来た者、修行僧、空阿弥陀仏の使者であり、総じて沓脱（板）を使用せずに沓脱（板）下の地面にて履物を脱いでいる。反対に法然が訪問する場合を描く「蔵俊僧都」と「摂津国押部家」を比べてみると、前者は法相宗の大家

【図97】『法然上人絵伝』「月輪殿」身分により身舎、縁、沓脱（板）に座す描写　『続日本絵巻大成 法然上人絵伝中巻』、p.133を転写

のもとを訪れており、法然は沓脱(板)のない他の縁先の地面で脱沓行為に及んでいる。次に、摂津国の家の場面を見てみると法然は招かれている立場であり、この際には沓脱(板)の上で脱着行為に及んでいる。このように、沓脱(板)の使用には、一定の規律があり、それに基づき、沓脱(板)の上かその地面で履物の脱着が行われた可能性が読み取れる。

なお、『慕帰絵詞』の「宗昭の房」の場面は、歌会が催される饗応の席であったが、屋内の畳敷きには七名が座しているが沓脱(板)の上には浅沓が一組だけしか確認されない。詞書によれば、歌会には宗昭の血縁者である公卿が出席しており、浅沓は公卿のものであると推察される。饗応の空間は平等な人間関係のもとで催されたとされるが、[29]履物の扱いには位階による区別があったことが示唆される。

こうした身分による履物を脱ぐ場所の区別は、『愚昧記』嘉応2年(1170)1月2日の記録である「元日節會」にて位階ごとの沓脱の作法にも確認できる。

「二日、葵丑、未刻許参左府亭、平(親範)宰相来會云、昨日両方拝礼申次之間、有兩事之相違、右兵衛督於地脱沓、歸出之後、不復本列立妻戸前、修理大夫脱沓於沓脱上、歸出之後、手自取下沓、於地着之復本列、如何、左府云、脱沓於沓脱上、是常事也、但有子息之人、昇了後取沓退去、歸出之時、持来之着之、」[30](波線筆者)

以上から右兵衛督(従五位)は沓脱(板)下の地面で脱沓行為に及び、修理大夫(従四位)は沓脱(板)の上で脱沓行為に及んだことが分かる。さらに当時の左大臣は、沓脱(板)の上で脱沓行為に及ぶことが常であったようである。つまり同じ殿上人であっても公卿とそれ以外では沓脱(板)の使用方法、そこにおける脱沓行為の作法が異なっていたことが分かる。

なお、『慕帰絵詞』の「宗昭の閑居」の沓脱(板)の場面には、切目長押手前で草履を脱ぐ様が見られるが、巻八に描かれる大原の往生極楽院(現三千院)の描写においても、【図98】のように、本尊の阿弥陀三尊物を拝む尼と同行する女性は、切目長押前に草履を脱ぎ屋内の畳に座っている様が確認される。宝前には、三段の階と縁側に備わっており、履物を履いたまま旅の僧が縁側に立っていることから、当時は廻り縁の上では履物を履いたまま歩く場合があり、切目長押前(縁側や廂の上)が履物を脱着する場となることがあったと考えられる。加えて【図99】に示すように『春日権現験記』巻八の嵯峨清凉寺の場面にも切目長押前にて脱沓行為をしている様子が確認される。清凉寺の本堂は階隠しのある檜皮葺の建物であるが、絹衣姿に烏帽子をつけた男が階を草履のような履物を履いたまま降りる姿を描いているが、高欄のある縁に目を向けると、一人の女性が履物を履いたまま歩いている姿を確認できる。その縁側の上の切目長押の前には、脱ぎ置かれた履物があり清凉寺の本堂の縁側が沓脱を伴っていたと考えられる。同様に【図１００】に示すように巻十では、奈良の教懐上人が入滅した後の上人の庵室裏手の描写に、縁側の切目長押手前に脱がれたままの草履が描かれている。この建物には階も沓脱(板)もなく、縁側上の切目長押が履物を脱ぐ場所となっていたことが分かる。

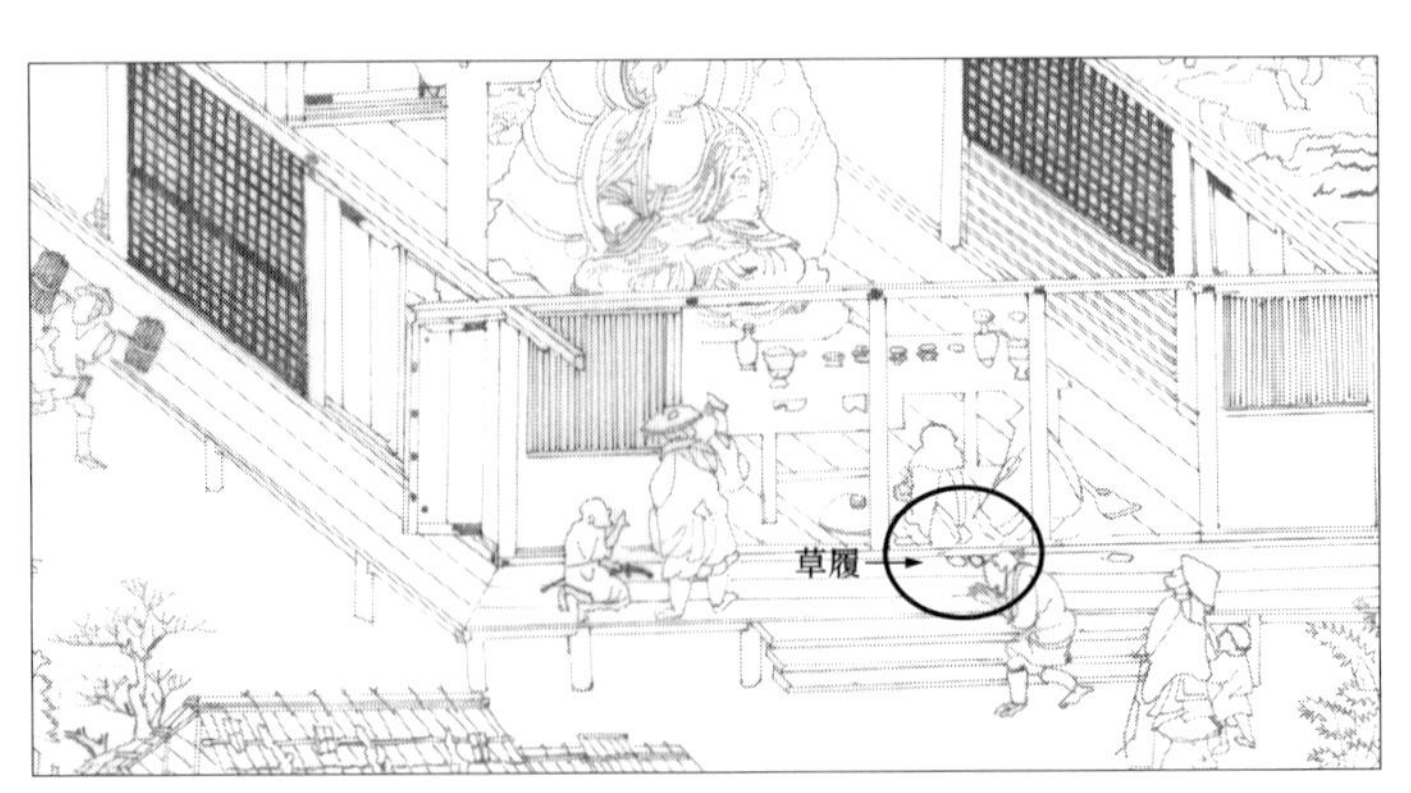

【図98】『慕帰絵詞』「大原の往生極楽院(現三千院)」切目長押前で脱がれた草履
小松茂美『続日本絵巻大成４ 慕帰絵詞』中央公論社、1985年、p.66を転写し加筆

このように切目長押の前で履物を脱ぐことを記す記録は、『実躬卿記』嘉元元年（１３０３）1月22日条でも確認される。同記録では「上卿、入西□戸、予改淺沓立歸、揖次人、有答揖、左廻入北廂東戸、至沓脱下揖、更昇沓脱、懸右膝於長押脱沓著座、揖居刷裾」▽31と記されており、長押に膝を掛け履物を脱いだことが分かる。

以上のように『慕帰絵詞』や『春日権現験記』に見られた縁側上の切目長押の前で履物が脱がれる行為は古記録でも確認された。なお、『民経記』天福元年（１２３３）1月23日条では、位階によって沓脱（板）の使用ばかりでなく、こうした長押における所作が異なっていたことが以下の通り記されている。

「北上東面、光俊朝臣揖離列立上、西面、令立東立蔀前、無揖、於沓脱下弁侍取沓直裾、取笏文参進、沓脱下脱沓了、自第二間膝行参進、置笏文退、於長押上抜笏、次蔵人大進、兼高、於沓脱下小舎人取沓、立上取笏文如常、参進儀同前、退時於長押下抜笏、次蔵人弁忠高、取笏文参進、於沓脱上脱沓、尤可然歟、予如此存知了、於長押上抜笏退、予此沓脱下脱沓、著沓、出納親清献之、後自沓脱下立前庭、持笏、西面、立蔀前、

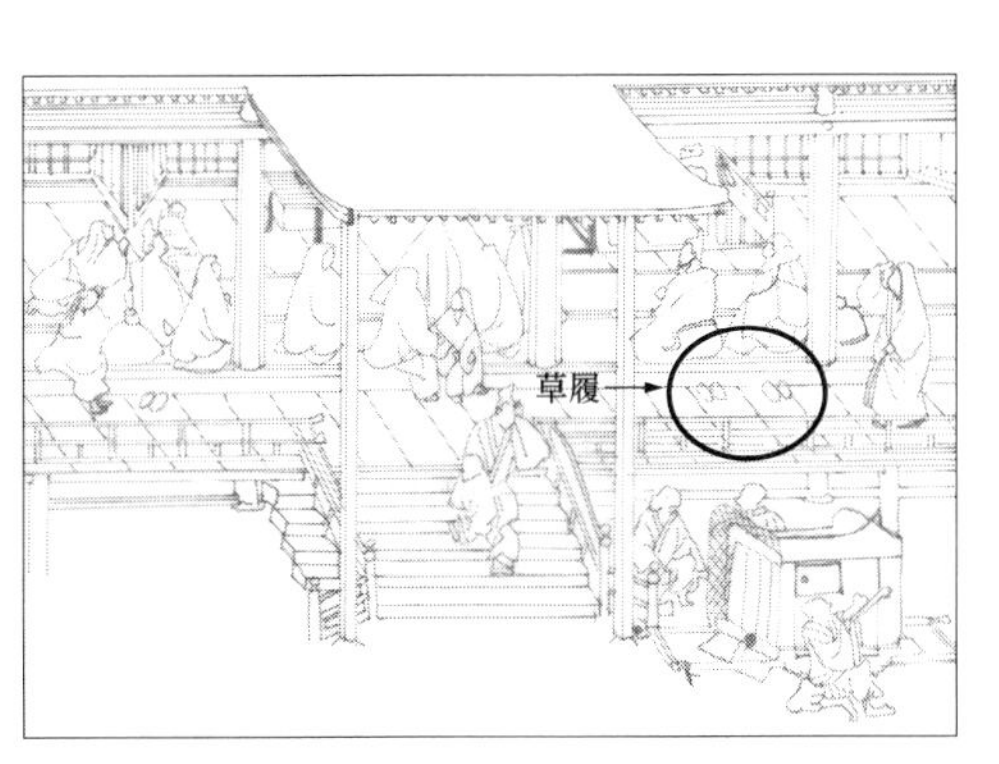

【図99】『春日権現験記』「清涼寺」切目長押前で脱がれた草履
小松茂美『続日本絵巻大成14 春日権現験記絵（上）』中央公論社、1982年、p.51を転写し加筆

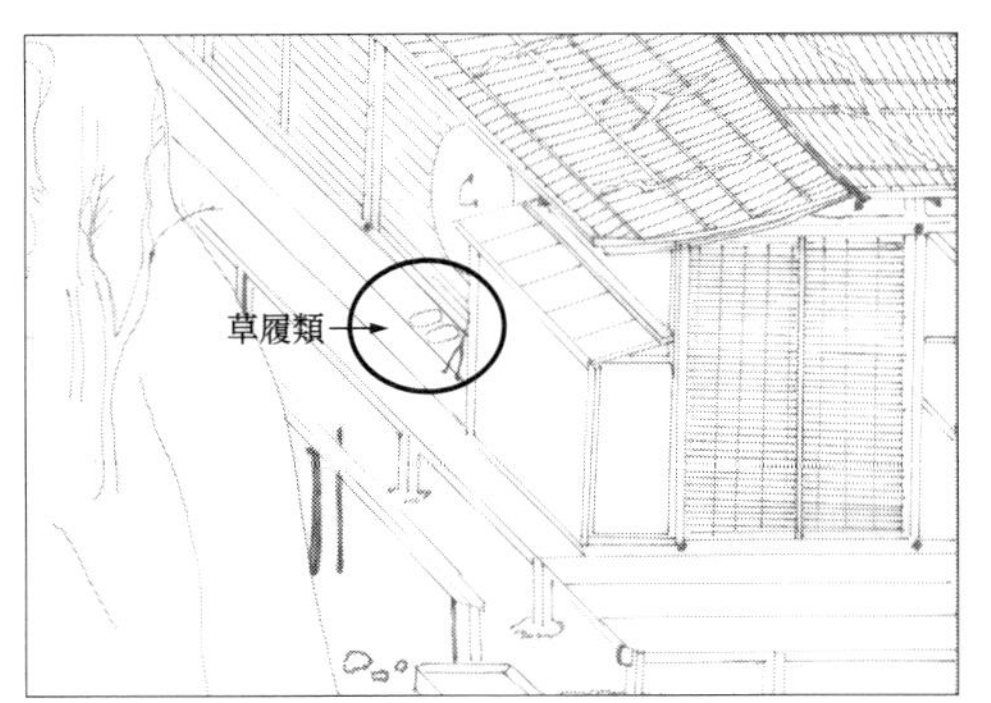

【図100】『春日権現験記』「教懐上人庵室」
長押前で脱がれた草履類の様子
『続日本絵巻大成14 春日権現験記絵（上）』、p.68を転写し加筆

次外記持来笏文、予指笏取笏文、次外記退立、予参進昇沓脱、故祖父入道（藤原兼光）殿并納言殿於沓脱上令脱御了、所追其例也、所脱沓、小舎人久直取沓、（草部）次参進昇弘庇長押、斜行致第一間、西柱東方膝行、三歩、縣笏於長押、次取直笏文置之、以笏右肩引直了、笏自北南へ四合所並置也、次逆行、不幾、向東角方拔笏、拔笏、雖聊不伏者作法也」▽32（波線筆者）

この記録から、脱沓行為に及んでいる場所が特定される人物は四名である。まず、光俊は、葉室光俊のことであり、このときの位階は右少弁、従五位下であるが、当時、配流の身であった彼は沓脱板の下の地面にて脱沓行為に及んでいる。次に脱沓行為が分かる人物は、九条忠高になるが、位階は従五位下、左少弁で蔵人である。忠高は、沓脱板の上にて脱沓行為に及んでいる。筆者である勘解由小路経光は、正五位下、右少弁であり、沓脱板の下で脱沓行為に及んでいる。さらに彼の祖父、権中納言で従三位であった藤原兼光は沓脱板の上で脱沓行為を終えており、位階によって沓脱（板）の使用が異なることが改めて確認されるが、長押においても官位により所作が違うことが確認される。従五位下の葉室光俊と、従五位下で左少弁（蔵人）の九条忠高は長押の上で笏を抜いているのに対し、従六位上蔵人の橘兼高は長押の下にて笏を抜いている。つまり、沓脱（板）のみならず（切目）長押の段差も身分を分ける装置であったことが分かる。

第3節　石の沓脱における履物の脱着

公家や貴族、信仰者を中心に製作される中世以前の文献史料では具体的に沓脱（石）に言及する史料は管見の範囲では見つからなかった。しかし、中世絵巻物には石で造られた沓脱にて履物を脱ぐ様子が確認される。

第1項　中世絵巻の石の沓脱における脱着

沓脱（石）における履物の脱着の様子は、その初見である『一遍上人絵伝』でも確認することが出来る。沓脱（石）の上に履物が確認できるのは、「備前国藤井の政所邸」、「下野国小野寺」、「三島社鳥居前の庵」、「教願の住房」であり、順に履物の主の特定を試みる。

「藤井の政所邸」（【図29】参照）では、吉備津宮子息の妻女の剃髪に、一遍とその供が招かれており、履物は建物に向かって脱がれている。前節で述べたように切目長押が身分を隔てる境界であると考えると、縁に座している供は一遍と同座することが出来なかったことから沓脱（石）上に脱がれた一組の履物は一遍が剃髪に招かれている賓客であるので、一遍の物であると考えるのが自然である。

「下野国小野寺」（【図30】参照）では、突然の雨に板屋に駆け込んでいることから、履物は沓脱（石）を中心に脱ぎ散らかされており、履物の主の特定は難しい。

「三島社」（【図31】参照）においては、屋内に三名がいることが確認されるにも関わらず、履物は一組であり、この場面の来訪者が誰であるのかを特定することは難しく、明確なことは言えない。

「教願の住房」（【図32】参照）に際して脱ぎ置かれる履物は教願が床に臥せていることから一遍かそのお供の物であるが、座る場所を分けている描写はされていないものの、一遍の草履である可能性が比較的高いと言える。

以上のように『一遍上人絵伝』の沓脱（石）の上に描かれる履物を検証すると屋内に居る人数はほとんどの場合で合致せず、なおかつ履物の主を断言するには至らなかった。

第2章第1節「絵画史料に描かれた沓脱」で記したように中世の絵画絵巻に描かれる沓脱（石）の描写は33か所であり少数であったが、『一遍上人絵伝』と同じように履物が脱ぎ置かれる描写が『慕帰絵詞』、『芦引絵』、『法然上人絵伝』、『融通念仏縁起』にも見られる。

まず、『慕帰絵詞』に描かれる沓脱（石）は2か所あり、両方ともに履物が脱がれている。1つ目の「唯善房の屋敷の住房」（【図45・46】参照）では、沓脱（石）の上には一組の草履類が置かれているが、建物内には、稚児2人と若い僧、中年の僧がいるため、履物の主は定かではない。

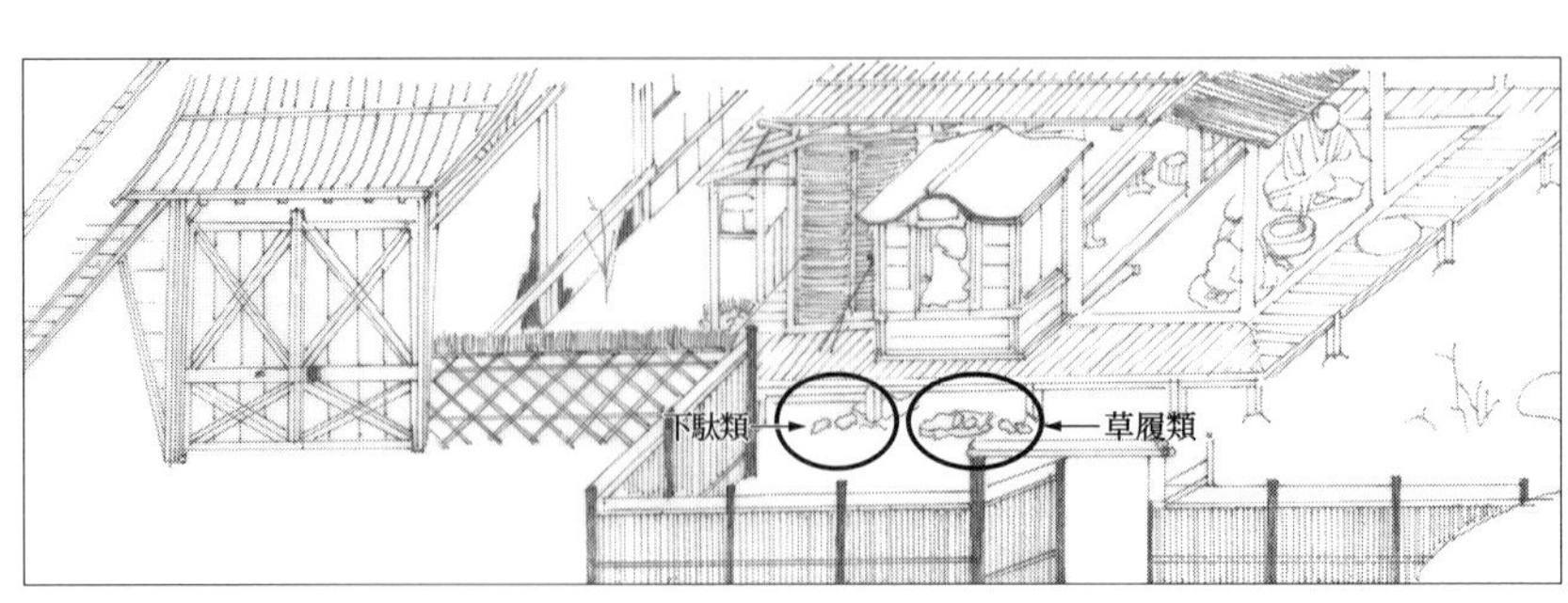

【図101】『慕帰絵詞』「竹杖庵」で沓脱（石）に脱がれる一組の草履類
小松茂美『続日本絵巻大成4 慕帰絵詞』中央公論社、1985年、p.68を転写し加筆

２つ目の【図１０１】に示す宗昭の閑居である「竹杖庵」（巻八）では、付書院前に沓脱（石）が据えられその上に一組の草履類が置かれ、沓脱（石）の脇にもう一組の草履が脱がれている。この他にも簀子縁の下に黒い足駄が描かれている。この場面の人物は付書院に宗昭がおり、広廂には二名の僧が控えている。この二名の僧が来訪者であるかは定かにならないが、一名は袈裟懸けをしており高僧であることが推察される。

第１章でも記した通り、身分によって履物の色を分けていた時代があったことを考慮するならば、沓脱（石）の上に脱がれる履物は宗昭が唯善房の屋敷を訪れた際に履いていたものと同じ形状の草履であり凡そこの高僧の履物であると見られる。一方、石の脇に脱がれている草履は、絵巻物に度々描かれている草色の草履であり、簀子縁の下に置かれる黒い足駄は宗昭のものであると推察される。

次に『芦引絵』における沓脱（石）の上で履物が脱がれたことが分かる描写は【図１０２】の若君の父が比叡山にある「侍従の君の房」を訪ねて来た場面にある。

沓脱（石）は縁先に一石で据えられ一組の草履が脱がれているが、この持ち主は若君の父であると考えて良い。なぜならば『続日本絵巻大成20芦引絵』によると、若君の父は得業と言い、奈良の民部卿の身分とされ、畳を敷き詰めた屋内にて侍従の君と会話をしていることからも、突然訪れた客は、家主である侍従の君と同等かそれ以上の身分者であり、そのため沓脱（石）には、若君の父のものであると考えられる。

【図102】『芦引絵』「君の房」の沓脱（石）で草履を脱ぐ様子
小松茂美『続日本絵巻大成20 芦引絵』中央公論社、1983年、p.101を転写

続けて『法然上人絵伝』に描かれる沓脱（石）の描写は8か所に確認される。この内3か所は「法然の吉水房」にある建物である。縁側のない妻戸前に一石で据えられる。その一つには、一組の草履が脱がれている描写が確認される。

【図103】の場面では、延暦寺の竹林房の静厳法印が供を連れて法然を訪ねてきているが、屋内には畳が部分的に敷かれ、法然と静厳法印の対談が描かれる。静厳法印の御供の者は、縁側に座し待機しており、身分差があるとみられることからも一組しか確認されない草履は静厳法印のものであると考えられる。

【図104】の場面は、「法然の住房」とされ、廊のような造りの建物の端部に沓脱（石）が確認できる。この場面は、法然が弟子に講説をしていると記されるが、石の上には一組の足駄があり、その石の脇にもう一組足駄が脱がれている。住房を訪ねてきている弟子は三名であり、二名は切目長押上の身舎の板敷部に座り、残る一名は切目長押よりも外の縁側に座っていることから、足駄の主が身舎内に座す弟子であることが推察される。

第1章第1節「宮中における履物の種類と儀礼」で触れたように下駄は時代によっては非日常的な履物であったと見られる。『北野社家日記』[33]慶長4年（1599）4月30日条には「一　当番丞仕能タン着到取来、はだしにて来、

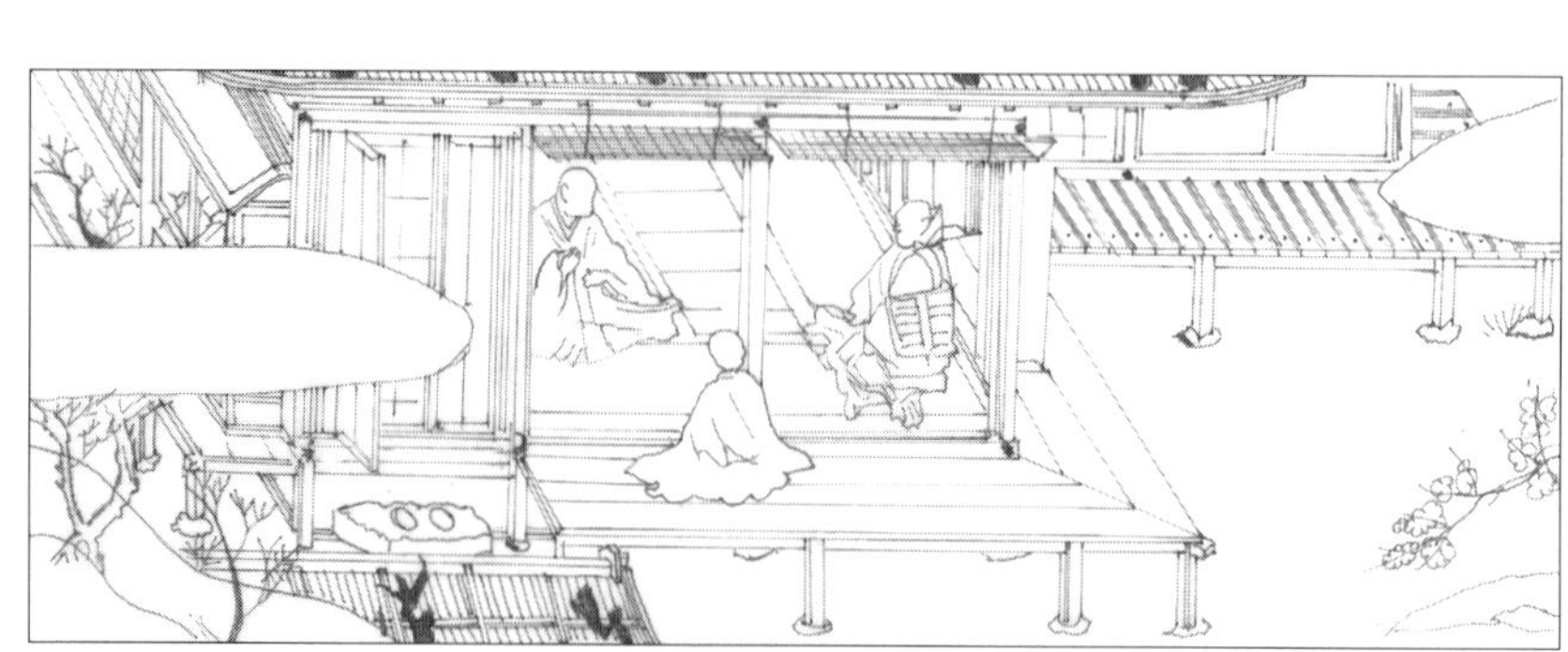

【図103】『法然上人絵伝』「吉水の庵室」の沓脱（石）に脱がれた草履
小松茂美『続日本絵巻大成 法然上人絵伝上』中央公論社、1981年、p.117を転写

前々げたなとはき候て来候者共、げたのはなをきりたゝき申候故、はだしにて来也。」[34]と記され、下駄（足駄）には上位性があったことが読み取れる。「丞仕（しょうじ）」とは「承仕法師」とも言われる下級僧であり、以前に下駄を履いてきたことを咎められたため裸足で来たとある。

このように足駄は、上位僧のみが着用できる履物であった可能性があり、『慕帰絵詞』の「竹杖庵」や「法然の住房」に見られる足駄は、主人である宗昭と切目長押の上に座す上位の弟子のものであると考えられる。

最後に『融通念仏縁起』の沓脱（石）の上で履物を脱ぐ描写を確認する。同絵巻には沓脱（石）の描写が6か所あり、その内4か所に履物が確認される。『融通念仏縁起』は、浄土教の一派である融通念仏宗を開いた良忍（１０７２―１１３２）の伝記事跡を描いたものである。この縁起が最初に作られたのは、正和3年（１３１４）であり、その後、良鎮の勧進によって、南北朝から室町初期にかけて、盛んに作られるようになったとされる。[35]

沓脱（石）の上に履物が描かれるのは「板葺屋根の良忍の住房」、「良忍の大原の庵室①」、「大原の庵室②」、「道経の娘の訪問」の4場面である。

１つ目の「板葺屋根の良忍の住房」【図１０５】の場面では、良忍が一人で広廂の置き畳にて昼寝をしている。縁先には自然

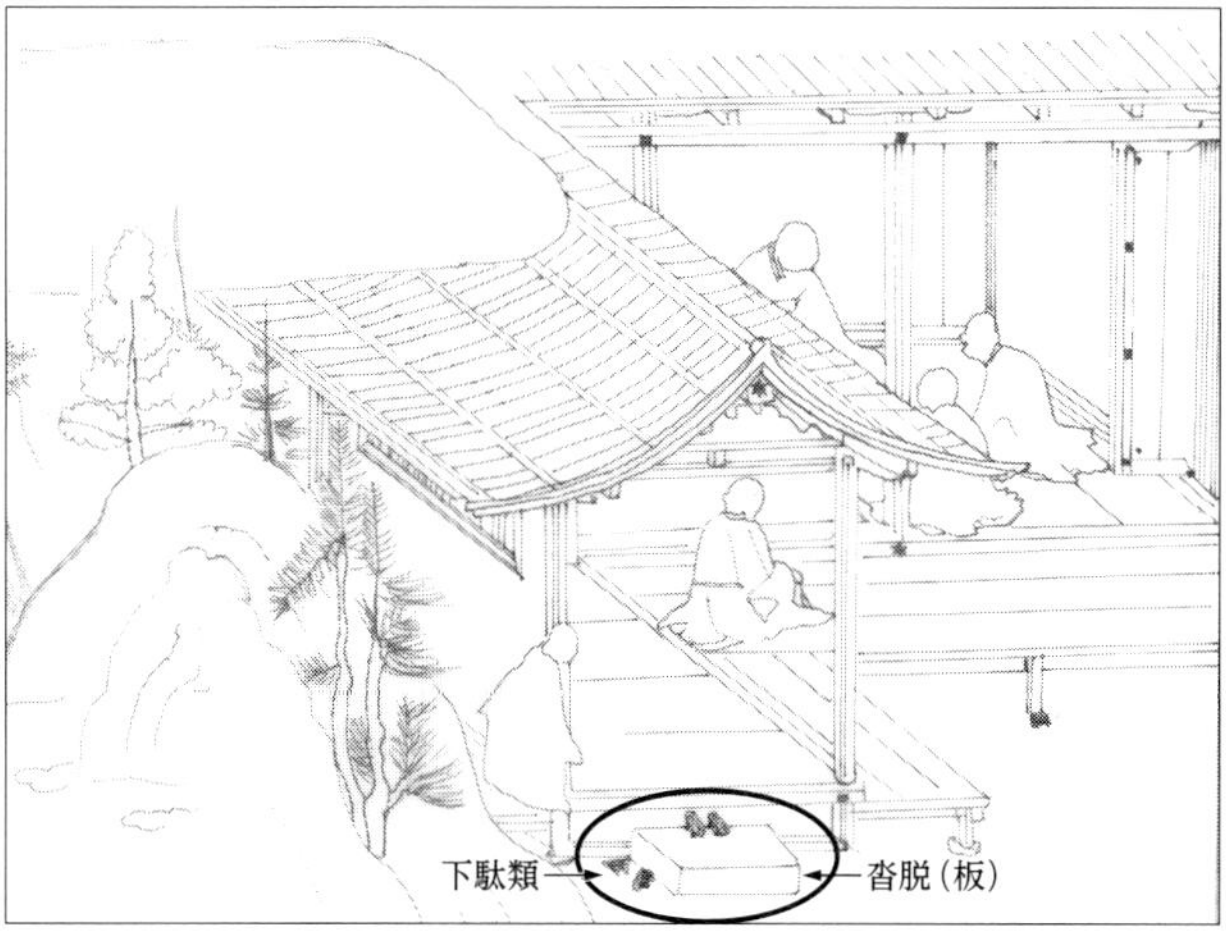

【図104】『法然上人絵伝』
「法然の住房」の沓脱（石）に脱がれた下駄類と脇に脱がれる下駄類
『続日本絵巻大成 法然上人絵伝上』、p.38を転写し加筆

形の沓脱（石）が一石据えられ、その上には草履が置かれているが、この主は必然的に良忍であることが分かる。

２つ目の履物が脱がれる沓脱（石）は「良忍の大原の庵室①」【図１０６】に描かれる。建物は「板葺屋根の良忍の住房」に描かれる建物と大差なく、縁先に一石の自然形の沓脱（石）が据えられている。良忍のもとには、壮年僧が訪ねてきており、僧の履物だと考えられる下駄が石の上に置かれている。壮年僧は身舎に敷かれた畳の上で良忍と対談しており、履物を含む身なりから良忍と同席できるほど身分が高い僧であることが推察される。

３つ目の履物が脱がれる沓脱（石）が描かれている「大原の庵室②」【図１０７】は、前記の「良忍の大原の庵室①」と同じ建物であると考えられるが、その構成が若干異なるようである。縁先に据えられた自然形の沓脱（石）の上に一組の草履が置かれているが、やはり建物内には融通念仏の勧進をしている良忍しかいないことからも、この草履は良忍のものであると言える。

４つ目の「道経の娘の訪問」の場面では【図１０８】に見られるように畳が敷かれ、縁先に一石の自然形の沓脱（石）が据えられ、一組の草履が置かれている。詞書によると道経の娘が突然訪問してきたとさ

右　【図105】『融通念仏縁起絵巻』「良忍の住房」沓脱（石）に脱がれた主人のものと推察される草履類
左　【図106】『融通念仏縁起絵巻』「大原の庵室①」沓脱（石）に脱がれた客のものと推察される下駄類
小松茂美『続日本絵巻大成11　融通念仏縁起絵巻』中央公論社、1983年、p.15を転写し加筆

れている場面であり、屋内には良忍、道経の娘ほか侍女もいるが、確認できる履物はこの一組のみであり、その主は道経の娘であると考えられる。

このように『融通念仏縁起絵巻』において沓脱（石）が描かれる場面の建物はいずれも簡素な造りで、居住と応接を兼ねていたと見られる。従って来客がない時は、沓脱（石）の上に良忍の草履が脱がれ、来客があると来訪者の草履や足駄が脱がれた様子が描かれていると考えられる。すなわち沓脱（石）は、日常では主人の沓脱として利用されるが、来訪者があった場合は、もてなしの配慮から来訪者の履物を脱ぐ場として、また昇降装置として機能していたと見られる。

以上のように、絵巻に描かれる沓脱（石）にて履物が脱がれる場面からは、沓脱（板）に見られたように明確な身分による区別を読み取ることは出来なかった。あくまで『法然上人絵伝』の静厳法印の描写に見られたように、人物が座る位置が切目長押の上下に分けられていることなどから履物の主を推察するに留まった。ただし、『融通念仏縁起絵巻』では、来訪者がいる場合にはその者の履物を脱ぐ場として使用されていた可能性を見出すことができた。

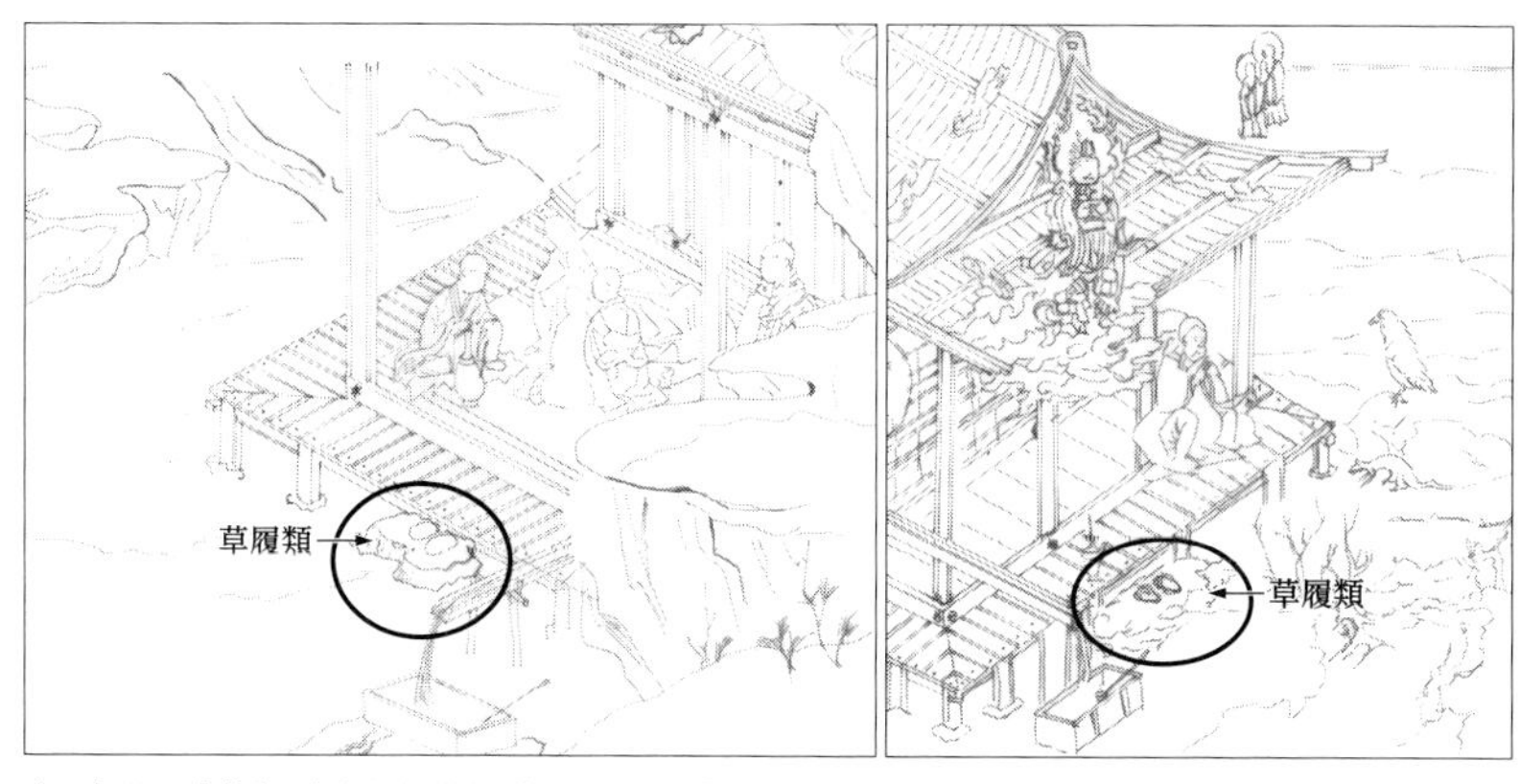

右　【図107】『融通念仏縁起絵巻』「大原の庵室②」沓脱（石）に脱がれた主人のものと推察される草履
左　【図108】『融通念仏縁起絵巻』「大原の庵室」沓脱（石）に置かれる道経の娘の草履類
『続日本絵巻大成11　融通念仏縁起絵巻』、p.52およびp.65を転写し加筆

第2項　近世の沓脱の石における脱着

前項では中世までの絵画史料より沓脱（石）における履物の脱着行為について検証したが、身分によって沓脱（石）の上で履物を脱ぐ者とそうでない者の区別があった可能性が示唆されたに留まり、沓脱（板）の使用に見られたような明確な身分による区別の有無があったか否かは定かにはならなかった。本項では、近世に成立した茶書より沓脱（石）における履物脱着の作法について確認する。

まず、寛文年間に記された『細川茶湯之書』には、茶の湯の作法として履物を沓脱（石）の上にて脱ぐことが以下の通り記されていた。

「一　せきだを石の上に、ろくに（真正の意）ぬぎそろへ、手をくゞりにかけ、そろりとしつかに戸をあけて、内を見いれ、いづれへなをるべきそと見合すへし、不審にて、しらずハ、跡の人にとふへし、先、床の内に目を付へし、」[36]

同書では、単に「石」と記されているのが沓脱（石）であり、その上でせきだ（雪駄）を脱ぎ揃えるとされている。

また、脱いだセキダの扱いについては、慶長年間に記された『古田織部正殿聞書』に以下の通り記されている。

「一　ニシリ上リ之石居様之事。石之根直クニシテ高サ三寸、恰好ニヨリ四・五寸ニモ居也。数寄屋ヲ立ル地形高キ壁之際ニ居故、此石ト壁ト之間ニセキダヲ壁ニ立掛可置其心得有テ壁ヲノケテ可居。是ヘ之飛石蹸上リ之石之外ニ数ハ半ニ居也。」[37]（波線筆者）

このように『古田織部正殿聞書』では脱いだセキダを壁に立て掛けることが記されるが、前述の『細川茶湯之書』でも同様の記述が確認され、さらには脇に寄せて揃えて置く場合があったことを以下のように記していた。

「一　くゞりへ上り、まハりもどり、ぬぎたるせきだを、前のかべに引かけて置、若又わきへよせ、ろくに下にをきたるもよし、とかく、ぬぎたるまゝにて、其儘ハ不置也、」[38]

以上のように茶の湯の作法として、履物を脱いだままにすることはないことが記されており、脱いだせきだ（雪駄）を（数寄屋）前の壁との間に引掛けておく、もしくは下に揃える作法があったことが分かる。

加えて『古田織部正殿聞書』には履物を先に入った者の雪駄に並べて立て掛けるとも記されている。

「一　客坐入之事。〈中略〉上客之次之者ハ右上客床前へ立テ行候ト躙上リ之鋪居ニ両手ヲ掛テ、同石之上ニツクバイ居テ物上客見物之内ニ躙上リヘ前之如ク坐ヘ入テ、せキタヲ取リ次並テ壁ニ立掛置、」[39]

記述から前の者に倣って履物を自身で壁に立て掛けると分かるが、この他に『古田織部正殿聞書』や『細川茶湯之書』では、貴人の場合には履物を扱う作法が異なることが記されていた。まず『古田織部正殿聞書』の記述は以下の通りである。

「一　主人・貴人御入坐之時ハ躙上リ被為入候ト御次ノモノ御雪踏ヲ取テ入口ニ向、我左ノ方踏石ト壁ノ間壁ニ立掛可置。偖床前へ御立候時躙上リヘ入、我せキタハ御せキタト少間ヲ隔テ御せキタ之次ニ壁ニ立掛置也。」[40]

貴人の次に席入りする者は、貴人の履物を入口の方に向け直し、自分の履物は踏石（沓脱〈石〉）と壁（建物）の壁に立て掛けるとしている。『細川茶湯之書』においても、これとほぼ同一の内容と考えられる記述が確認される。

「一　せきだふミそろへ、ぬぎて後になをさずに、其まゝをくへし、貴人のせきた、石の上に、其まゝ能様になをして置へし、」▽41

いずれも貴人の履物は次の者が置き直すとしている。『古田織部正殿聞書』では自身の履物は壁に立て掛けると記されることから、茶の湯においても客の上位、身分の上位者の履物の扱い方に違いのあったことが分かる。貴人の履物について扱いが異なる記述は、『茶譜』や享保9年の近衛家凞『槐記』にても確認される。『茶譜』には、「召履モ壁ニ立テ可置、サシキヲ御出アラバ、相伴ノ者先達出テ、召履ヲナヲシ可進ト云云、尤吾履ト同ユトクニ不可置、」▽42と記され、『槐記』には「御草履ハ、踏石ヨリ外ノ方ニ平ニ直ス、面々ノ草履ハ勝手ノ方へ重ネテ立掛ル、是レ清次、」▽43と貴人の履物のみ扱いが違うことが明記される。

さらに席入時ばかりか退出時においても、身分が上位の者に対しては、他の参加者が履物を直す作法があったことも伺える。承応2年（1653）の『十三冊本宗和流茶湯伝書』や『茶譜』では、極貴人が退出する際には先に一名が茶室を出てセキタを直すことが以下の通り記される。まず、『十三冊本宗和流茶湯伝書』の記述は以下の通りであった。

「一　出やう上座より出る也。人多、にしり上りつまり候時ハ、上座炉前へ廻り申時、二番目の物上座へくり、にしり上りの前をあくる也。貴人ならハくゝりを明て脇へのきて、上座を出す也。極貴人ならハ、一人出てせきたを直し、脇へつくはい居る事も有」之也。」▽44

同じく『茶譜』にも「貴人ノ相伴ノ時ハ、必家来同事ホトノ心安者可有之、縦クグリ際ニ其者不居トモ先へクグリヲ出テ、貴人ノ履ヲ石ノ上ヘナヲシ」▽45とあり、退出に際して貴人の履物を別の者が石の上に用意する旨が記されている。

以上のように茶書を見る限り、茶の湯の作法では茶室前の沓脱（石）にて履物を脱着する際には、脱いだ履物を壁に立て掛けるが、貴人の場合には、席入の際および退出の際における履物の扱いに違いがあることが分かる。

第3章第1節「寝殿造における板の沓脱と動線」にて検証した寝殿造の昇殿に際し使用される沓脱（板）は、位階によって動線が異なり必然的に使用する沓脱（板）が分けられていた。藤田の論考ならびに古記録をもとにすると、東門を入り中門を抜けて南庭から南階を昇る動線が最も上位の賓客の動線。次いで中門廊南側にある沓脱（板）、さらに中門廊妻戸前の沓脱（板）、最も下位の動線は東門より入り北に向かった侍廊前の沓脱（板）であったことが分かる。これは位階によって動線を変えることで使用する沓脱（板）の場所も連動して分けられていたと言える。

また第3章第2節「板の沓脱における履物の脱着」では、履物を脱着する位置が身分によって沓脱（板）下の地面、沓脱（板）の上と異なる例を挙げた。さらに履物の脱着は切目長押の前でも行われることがあり、身分によって履物を脱着する高さが分けていることが確認された。

一方で茶の湯では貴人の場合に履物の扱い方に違いがあるが、貴人口を使用する場合を除いて動線は貴賤の隔たりなく同一である。また、使用する沓脱（石）も同じであり、脱沓は同じ沓脱（石）の上で行われている。つまり、沓脱（板）では、場所や高さによって身分を区別し、露地の沓脱（石）では作法によって身分を区別していると言えよう。

第4節　石の沓脱の動線

本章前節では茶室の躙口に置かれる沓脱（石）では、貴人である場合、履物の取り扱いを区別することで身分が上位であることを示していたことを明らかにした。

こうした沓脱（石）の据えられる空間は、第2章第1節で記した『一遍上人絵伝』に描かれる8例の沓脱（石）を見ると「善光寺外の僧房」の1例を除き建物の縁先に据えられていたが、「吉備津神社子息の邸」ならびに「倉敷教願の庵室」で見られた外部空間は沓脱（石）が据えられる先に橋が架かることから、屋内より沓脱（石）を経て庭に降りていたと見られる。一方、沓脱（板）の多くは『聖徳太子絵伝』「太子21歳」（【図20】参照）の場面のように寝殿造の正面口として使用されている描写や『春日権現験記絵』「俊盛隆盛後の邸」（【図78】参照）で示したように寝殿造の階に代わる昇降装置として使用されている描写が多いが、中には序章で示した『西行物語絵巻』の描写（【図4】参照）のように庭への昇降装置として使用されていたと推察される場面も確認される。

このように沓脱（板）と沓脱（石）が使用される空間は、それぞれ建築の正面昇降装置としての利用か庭への昇降装置としての利用という傾向があるように見えるが、どちらの沓脱も双方の空間での使用があったことが確認される。

それればかりか検証した絵画史料のなかには同室の空間でありながら沓脱（板）と沓脱（石）の両方の昇降装置を持つ描写が確認される。ただし、両方の沓脱を備える空間の描写は、中世の『法然上人絵伝』の「法然の住房」（【図95】参照）と、近世史料の寛政11年（1799）に刊行された『都林泉名勝図会』の「伏水龍徳庵」（【図51】参照）にて確認できるのみであった。

「龍徳庵」の描写には檜皮葺と見られる屋根を持つ建物があり、門から池もしくは枯池の中を飛石で伝い沓脱（板）を昇って座敷に至る動線となっている。一方、沓脱（石）は門からの動線上ではなく、庭側に向けて据えられており、庭へ降りるための昇降装置として使用されていたと見られる。この場面では飛石が沓脱（板）へ誘導しているように見えるが、飛石は沓脱（石）に取り付くこと、反対に沓脱（石）へは飛石から取り付くように考えられていたことが、近世の茶書や造園書により確認される。

まず、第2章第1節第2項「石の沓脱の描写と特徴」より沓脱（石）の据えられる様子を確認すると、沓脱（石）の初見である正安元年（1299）成立の『一遍上人絵伝』をはじめ、中世絵巻に確認される沓脱（石）はすべて一石で独立して用いられていたが、延宝8年（1680）の『余景作り庭の図』で見られたように近世初期には、沓脱（石）が飛石に繋がる様子が確認されるようになる。

第2章第2節「文献史料における沓脱の記録」で記したように、文政10年の造園書『石組園生八重垣伝』では沓脱（石）と飛石を同時に扱う旨が示されるが、既に近世初期の茶書である『古田織部正殿聞書』では躙上りの石には飛石より取り付けることが以下の通り強調されている。

「飛石ヨリ躪上リ之石へ取付ル也。畳石ヨリ躪上之石へ移様ニ居事不可有、飛石三ツ五・七ツモ可居、是ヨリ躪上之上ニ可移、惣飛石道通ハ石旦ト同高サ一寸八分也。」[46]

畳石ではなく、あくまで沓脱（石）へ取付くのは飛石からというのである。さらに寛文年間の成立とされる『石州三百ケ條』では沓脱（石）から飛石への接続がより具体的に以下の通り言及している。

「一にしり上りの石ハ、両足ふミそろへてよるほとの、上の平らか成恰好よき石を可居、尤、大ふり成石よし、にしり上がりはさみ、敷居の上ハより石の面まて一尺二寸斗りに居へし、とかく上り下り自由なるを本意にして、高下の寸尺にかゝわらす、はハき板よりハ石の間六七寸斗あけて、そうり立かけよき程にする也、惣してすきやのゆかと石居より板敷の上ハまて一尺六寸也、くゝりの敷居よりふミ石まて一尺貳寸に居る時ハ、地より石の上まて高さ四寸也、右のくゞりの石を定め、ねり土を打也、柱の居石ミへ候やうに土もうつ也、くゝりの石高さ四寸と心得、其次の石を居る也、是をおとし石といふ、此石ハくゞりの石面より一寸五分斗下る也、此おとし石の次に居る石を、のり石と云、此のり石の高さを惣路次の飛石の高さ二寸五分、のり石の高さ一寸五分に居る也、此高さにて松葉を敷、砂利を敷、恰好よき也、然共、それそれの路次の地行の高下、石の大小により見合す、法にかゝハるへからす。」▽47

『石州三百ケ條』では、「くゞりの石」すなわち「ふミ石」は地面より四寸（12㎝）の高さで据えられるとしている。次の「おとし石」と言う石は、それよりも一寸五分（4・5㎝）下にとあるので地面より7・5㎝の高さに据えられ、さらに次の石を「のり石」と言い、飛石より一寸五分（4・5㎝）高く据えることが記される。このように「くゞりの石」と記す沓脱（石）から「おとし石」、「のり石」と呼ばれる石を介し、飛石へ接続することが記されており、「くゞりの石」は飛石ともに重要な石であると考えられていたと捉えられる。

さらに『古田織部正殿聞書』には、「おとし石」、「のり石」とつながる飛石が露地においてあらゆる動線を担うことが確認される。

「一　右飛石畳石前ニ如記也。少之高下不苦、ク丶リノ前石之外腰掛ヘ行道之踏石之外、雪隠ヘ行道モ、踏石之外手水鉢ヘ行道前石之外、燈籠ヘ行道前石之外、刀掛ヘ行道躙上リヘ行道、其外ニ飛石ヲ半ニ可居也。[48]」

記述の内容から、腰掛、雪隠、手水鉢、燈籠、刀掛、躙上りの石への動線が飛石によって繋げられていることを読み取ることができる。飛石が露地に出現した厳密な時期は定かでないが、天正15年（１５８７）の『神屋宗湛日記』[49]には、以下の通り飛石の記述が確認される。

「一　関白様ニ、〈中略〉御数寄屋三畳敷。エンナシ、二枚障子ニ上ニアケマト、六尺ノヲシ板有。此路地ノ入ハ、外にク丶リハイ入テ、トヒ石アリ。[50]」

千利休が切腹に至ったのが天正19年（１５９１）のことであるので、飛石は利休時代より露地に用いられていたことが推測される。神津朝夫は『茶の湯と日本文化』[51]にて、「茶の湯の露地以前は庭園の中に飛石を置くことはなく、足利義政の時代に千本道提が飛石を置いたのが最初とする逸話があるが、その時代にもまだあったはずがない。」としており、「露地が通路というよりは広さをもつ空間として成立したのは秀吉が大坂城を築いた天正11年以後であり、露地に飛石が置かれるようになったのもそれ以後のことであろう。[52]」と記していることから、飛石の出現により露地の動線はより明確に示されるようになったと見られる。飛石は『古田織部正殿聞書』などの茶書により、躙口に据えられる沓脱（石）につながる様子が確認されるが、躙口は古くは「クグリ」と呼ばれ、「ニジリ」と呼ばれるようになったのは古田織部が用いたからだとされる。[53]『茶譜』でも利休ではなく古田織部時代になってから「ニジリ」と呼ばれるようになったと下記の通り示している。

「一利休流ニ小座敷ヘ入口ヲククリト云、右宗旦曰、ククリト云能名ノ有之ニ、当代之ヲアガリト云、賤言葉ト云云、右ニシリ上ト云コト、古田織部時代ニ大工ノ云初シヲ、其以後之ヲ云触テ歴〔公〕々ノ仁モニシリ上ト云、」[54]

記述から利休流では入口を「ククリ」、「アガリ」と呼んでいたと見られるが、利休の孫である千宗旦も元禄年間に久須美疎安が記した『茶話指月集』によると「宗旦常に数寄屋を小座敷といひ、にじり上りをくゞりといふ、」[55]とあることから、「くゞり」と呼んでいたと見える。つまり「ニシリ上」と呼ばれるようになったのは古田織部時代より以降のことであると考えられ、織部が多用した「中潜り」と混同を避けるために用いるようになったと考えられている。「中潜り」は外露地と内露地との境に設ける中門の一種であり、屋根付きの独立した壁に開口部を付けたものである。40cmほどの敷居をまたいで潜り抜けるため、外露地側には客石があり、内露地側には乗越石と言われる石が高く据えられる。さらに『古田織部正殿聞書』には中潜りに据えられる石についても下記の通り示されていた。

「一　内路次飛石居様之事。〈中略〉ク丶リノ内之前石内外之踏越之石ハ、飛石ヨリ少大成景有吉。石ヲ二ツ之石之根地形直ニシテ此石二ツ共高サ壱寸八・九分、〈中略〉又自然石ニ切石遣交テ居ル事不苦、」[56]

織部の茶の湯では「中潜り」があることが前提となっていたようである。同じく慶長年間の『宗甫公古織へ御尋書』にも、「一　内ク丶リノ石ヘイノ間五寸、同高サモ五寸。」[57]とあり、織部は「中潜り」の前後に置かれる石の据え様を想定していたと見える。

なお『石州三百ケ條』では、「中潜り」前後に据えられる石が「客石」、「亭主石」と呼ぶことや詳細な据え寸法を下記のようにしている。

「のりこへの石に客の石、亭主の石有、すゑよう口傳有　中くゝりの外に有を客石といふ、内に有をのりこへ石といふ、其前にあるを亭主石といふ、乗越と亭主石との脇に有をふミ捨て石といふ、客石・乗越石ハ常の石より高くすへ候、客石は亭主石の間四五寸も廣く明け候へハ、内ののりこへ石ハ間をせまく、三寸斗にも引付申候、外つまれハ内ひろく、同しやうにせぬ物也、又ハのりこへ石・亭主石、右此共同しやうに無之石をすへ申候、客石みかけ(御影)なれば、のりこへ石はそう(雑)石にても、又外四角の石なれハ内ハ丸き石成とも取合申候、刀掛のふミ石、にじり上りの石も同様に無之石を居申候、」[58]

『古田織部正殿聞書』では「踏越之石」とされていた役石について、「中潜り」外にある石が「客石」、内にある石が「のりこへ石」、さらに手前にある石を「亭主石」と呼んでいる。また、「客石」と「のりこへ石」の壁との間は内外で同じようにせず、「のりこえ石」と「亭主石」は「無之石」を据えようとしている。さらに「客石」が御影ならば「のりこえ石」は雑石に、四角い石ならば丸い石にと悉く同じ石を使わない配慮をするように言及している。なお、「刀掛のふミ石」と「にじり上りの石」には「無之石」を使うとあることから「客石」以降の内露地における役石について、全体的に調和するよう配慮がなされていたと考えられる。

　このように「中潜り」の創造は、露地に新たな役石までも出現させた。代表的な「中潜り」は表千家の6代目、覚々斎の考案した【図109】不審菴の中潜りが有名で、これには

【図109】不審菴の中潜り
中村昌生『茶室集成』淡交社、2008年、p.439を模写

引き戸があるが付けない「中潜り」もあるとされる。[59]

加えて藪内紹智が延享2年に記したとされる『源流茶話』には織部が「中くゝり」を創造したことにより二重露地の構成が定着したであろうことが下記の通り記される。

「利休ハ一向珠光之意により、茶湯之風情ハ侘たるに有と覚語し、茶室之しつらひ、露地のかまへもひとへに幽閑を趣とし、中露地の扉も猿戸をつられ候、古織・遠州も利休の風を仰かれ候へども、共にそこばくの領主なれは、古織ハ中くゞり、遠州ハ中門をかまへられたり、又、千ノ宗旦ハ侘なれは、すア或は関竹を置て、只おのおの境界のまゝにふるまハれ候、しかるに不案内之人ハ、織部流ハ中くゝり、遠州流ハ中門、宗旦流ハす戸・猿戸なといひて、流によりかハり有様に心へられ、富る人も宗旦流とて侘の風情し、侘人も遠州のなかれとて、うるハしくあしらハれ候事、皆ナ茶道にくハしからさる故に候、」[60]

『源流茶話』によると、織部流は「中潜り」を構え、小堀遠州流は「中門」を構え、宗旦流は「す戸」や「関竹」などを置いて境界としたとすることから、織部以降の露地に内露地と外露地に分けられる構成が出現したと見える。

『細川茶湯之書』には「一　昔はかならす、外の蘆路口まて亭主迎に出たれ共、近年ハ蘆路の内、中のしきりくゝり迄来り、外のくちひらきて、」[61]と記されている。中潜りが露地に使われるようになって間もないことが分かる。

寛文年間に記された石州流の『茶道三百條』には、二重露地の形成過程に関して下記の通りある。

「外路次といふ事、昔ハ無之也、利休時分ハ少腰掛なとして待合にせしとなり、金森出雲守可重虎の門の向に屋敷有之、台徳院（徳川秀忠）様へ御茶差上候時に、始て待合を作りしと也、是より待合出来始候、外路次ハ随分何の景気も無之様子にするもの也、外もよく作れハ内へ候て同事也、何のせんもなき也、外はさらりとなして、内へ入て気の替るやうにしなす也、」[62]

【図110】に示すのは金森宗和の京都屋敷の図とされるもので、外露地がない利休時代には待ち合わせてから露地入りしており、外露地が出来たことによって、金森宗和の京都屋敷の図に描かれる外腰掛が造られるようになったとされる。また、中門の設置により分けられた内露地と外露地の空間について、さらりとした外露地に対して内露地は気が替わるようにせよとしている。このように「中潜り」の設置により二重露地が形成されたことは露地の動線にも影響を及ぼしたと考えられる。

前節で記したように、茶室前の沓脱（石）では、貴人の場合、履物を扱う作法が異なっており、それにより身分の上下を示しているとした。この貴人に対する作法の違いは「中潜り」においても確認される。『古田織部正殿聞書』には、通常、亭主は「中潜り」の手前まで客を出向くが、上位の客であった場合には「中潜り」を出て出迎えるとある。

「一　客来候時亭主出合候事、同輩又少賞翫之客ニテモク丶リ之中迄出向テ吉。賞翫之客ナラハク丶リノ外へ出テ一礼有テク丶リノ戸ヲ立引入ヘキ也。此時亭主フキン

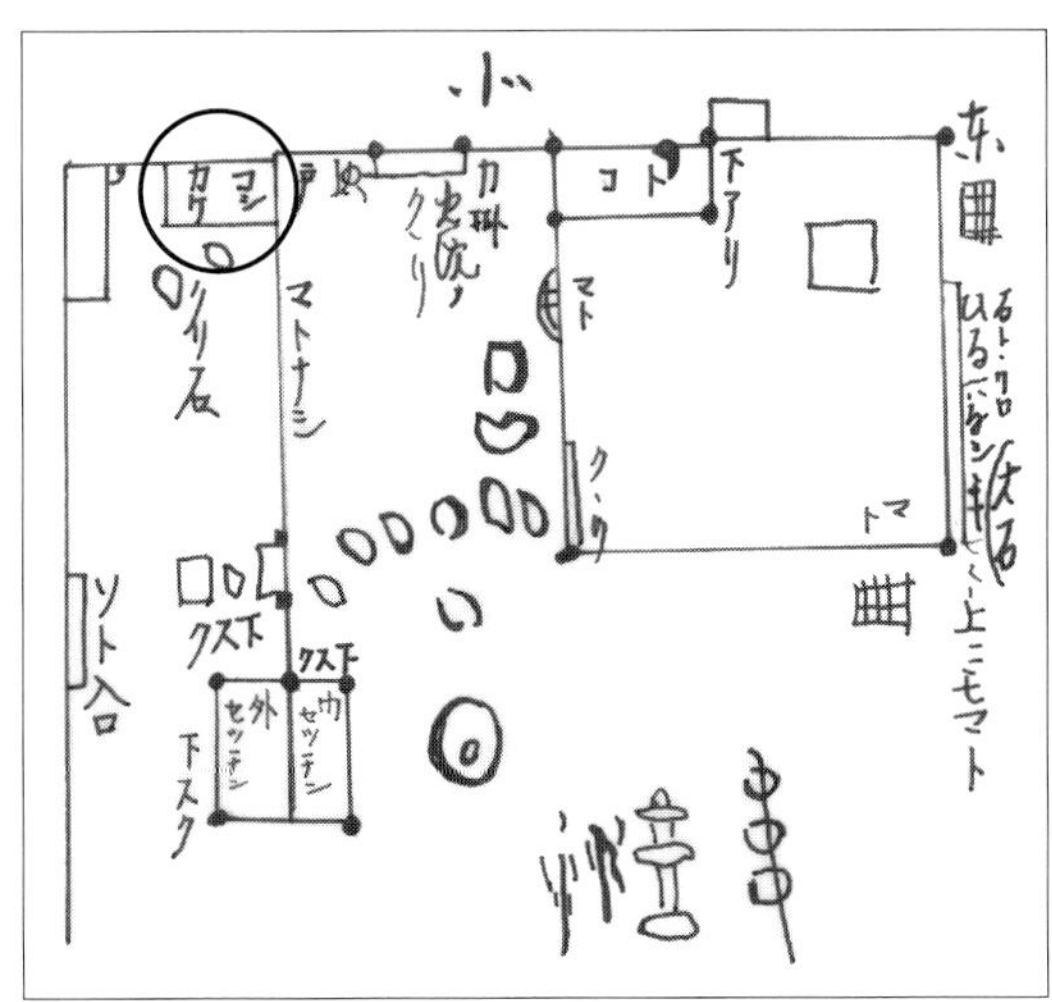

【図110】「金森宗和 京都屋敷の図」に記された外腰掛
中村昌生『茶室を読む』淡交社、2002年、p.118より転載、加筆

手巾ヲ腰ニ狭ミ羽箒ヲ持出テク、リヲ明テ客之位ニヨリ踏越之石迄出ル、又踏越ノ石ヨリ下リテ脇ノ小石ノ上ニテ一礼仕ル事モ有リ、肩衣ヲ御取成サレ候ヘ抔ト時宜ヲ云。[63]」

同じく『十三冊本宗和流茶湯伝書』にも「仰貴人ならハくゝりを越えて出る。」[64]とあり、同じ様に客の身分によって作法を分けるとしている。

また、「中潜り」を含む中門における作法として、中門前、内露地に入る際に履物を履き替えるという作法があったことを強調する記述も確認された。中門において履物を履き替える記述は、『古田織部正殿聞書』、『織部茶会記』、『草人木』、『細川茶湯之書』、『茶譜』、『源流茶話』などに確認される。特に『古田織部正殿聞書』では露地に入る際に履物を履き替える作法について詳しく記されており、確認される記述は以下の通り5か所であった。

1.「一　外路次迄ハ草履取ヲ連レテ、爰ニテ上沓ヲ脱キ新敷雪踏ヲハキ草履取ヲ出ス也。但大方ハ是迄草履取不連候カ能候、仕舞之者外路地之戸ヲ立掛ケ金掛ヘシ。[65]」

2.「一　内路地之外迄古キせキダヲハキ亭主出合一礼ノ後、内ヘ入時ハ雪踏ヲハキ替テ入也。裏付せキタ可然也。[66]」

3.「一　雨降候時路地入之事。内路地くゝりノ外迄傘ヲ差、杉下駄ヲ着キ道悪ク所成ハ客之躰ヲ見計、亭主モ下駄ヲハキテ一礼有、亭主引入テ後、客内路地ヘ入ニハ新キせキダヲハキテ入也。此せキタヲ着替候所ハ内路次入口ニジヤリヲ鋪テ又駒寄有之、此駒寄之内ヨリ新キせキダニハキ替也。ソレヨリ入ヘシ。此置様ハ何方ニモ下ニ並テ置又立掛テ成リ共可置也。[67]」

4.「一　客右之下駄ヲハキ候事。外路地迄ハ古キヲハキ来、内ヘ入時ハキカヘテ可然也。サレトモ（雨降）

内路次石旦露深ク見物之難成ニハ、右腰掛之下ニ亭主置候下駄ヲハキ候テ外ヨリ入候時ハキタル下駄せキタニテモ不濡様ニ自身何方ニモ可置、又出候時ハ初入タル時之下駄せキタハキ替テ亭主之置候下駄ハ本之所ニ本之如ク置出ヘシ。内外之路地ヘ客下駄ヲハク事大方成ハ悪シ、雪踏ヲハキテ吉。雨多降テ不叶時ハ下駄ヲハクヘシ。雪降候時モせキタニテ路地入難成候ハヽ、下駄ヲハクヘシ。」[68]

5．「御立候刻、外くゞり、石ノ上ニテセキダ御ハキカヘ候ナリ。此時古織（部殿）云、茶湯ニ前格の礼ハ好、若（々）失念あれバなり。後の礼ハ法度ニテかみ方ニハ無之（ゾ）。」[69]

1の記述では、「草履取り」を連れて露地入りし、外露地にて上沓から新しい雪駄に履き替えて「草履取り」を露地から退出させるとしている。2の記述では、中潜りの手前までは古い雪駄を履いて進み、亭主に礼を採ったあと、雪駄を履き替えるとある。3の記述は雨天の茶会のことを述べており、雨のため客も主人も下駄を履き挨拶を交わしたあと、砂利の敷かれている駒寄にて新しい雪駄に履き替えるとしている。駒寄は「中潜り」などの中門の横に備わる竹垣のある辺りで、脱がれた下駄は駒寄に立て掛けるか、並べて置くとされる。4の記述も3に同じく雨天の茶会のことであるが、外露地までは古い雪駄を履いて進み、やはり内露地に入る時に履き替えるとある。ただし、内露地の石段に雨が溜まっている場合には、腰掛にある亭主が準備した下駄に履き替えるとしている。脱いだ履物は、濡れない所に置き、帰り際には亭主が用意した下駄を返却するとある。織部は、降雨、降雪に関わらず原則としては雪駄を履いて内露地に入ることを推奨している。5の記述は茶会が終了したのちに内露地からの動線を示している。内露地から中潜りを出た外の石の上で履物を再び履き替えることが記されており、織部の茶の湯の作法では、内露地に入る際には、中潜りの前にて新しい雪駄に履き替えてから入ることが強調されていた。

さらに、『草人木』[70]、『細川茶湯之書』、『茶譜』、『源流茶話』においても下記の通り同様に中門にて雪駄に履き替えることが記されている。まず、『草人木』の記述は以下の通りである。

「一 猿戸二ツある路地ならハ、外へハ其まゝ入、衣服きかへ、ぞうり取もそれ迄つれ候、衣服しかへてよりハ、其次の猿戸の口の石から、せきたハきかへ、戸口をひらき内へ入、せつちん萬に気を付、腰掛にて亭主の出るを待へし、猿戸二ツあるとハ、くゝりの内をハ内路地といひ、くゝりのそとを外路地といふ、其又外に入こミの庭あり、其口を猿戸にする故に、是を猿戸ふたつあるといふ。」[71]

『草人木』の記述からは、「中潜り」であろうが「猿戸」であろうが、二重露地では履物を履き替えてから内露地に入ることが常であったことが分かる。続いて『細川茶湯之書』の記述は以下の通りである。

「一 蘆路口まて上たびをはき、少かたハらにてぬぎ、新敷せきだ手に持て、蘆路口のはしめの石より、手にもちたるせきだはきかへ、蘆路入すへし、」[72]

『細川茶湯之書』では、はじめの石から新しい雪駄を履くこととしている。さらに続き『茶譜』の記述は以下の通りであった。

「路地へ入ニ必履ヲ替テ入ヘシ、不時（予定外の時）ニモ同断、雪踏ニテモ裏付ニテモ吉、又、侘テハ皮草履成トモ不苦、右履ヲ替テ路地へ入コト、飛石ヲ涴（ヨゴス）マシキタメナリ、利休時代二僕ヲモ連サル侘人、新キ草履ヲ布フクロニ入懐中シテ、自身於路地口之ヲ取出、ハキカヘテ古イ履ハ腰掛ノ下ニ立ヨセテ置、路地へ入ト伝、一段心底殊勝ニ有シト伝宗旦へ来ル侘茶湯者モ聞及テ、右ノコトク仕テ路地へ入仁モ有、当代ハ之ヲムサイト云テ笑者モ有、剰履ノウラニ土付タヲ遠慮モ無之シテ、路地へ入ハ誤ナリ、古田織部曰、他所へ不時ニ尋行砌（軒下、庭、ミギリ）、其亭主於数奇屋茶ヲ可振舞ト云、則其客常ニ履シ踏皮ヲ取テ座敷へ可入、并履モ不持ハ勝手へ云テ借ヘシ、道中ハキ来ルムサイハ路地へ不時宣ナリ、衣類モ打払テ、我足モ拭イ清メテ可入ト云云、」[73]

『茶譜』には、履き替える履物を持ってこなかった場合には勝手に伝えて借りるように促している。最後に『源流茶話』の記述は以下の通りである。

「問、惣して露地の作り様、役石、役樹ハいかゝに候や、

答、露地のしつらひ、いにしへハ貳重露地なり、それよりおのおの境界にまかせられ候、貳重露地ハ、客人露地して禮服を着し、足袋・草履に至るまて相あらためて、外露地へ入被申候、外露地こしかけのかざり、貴客ニは衣桁、常も硯箱なと被置候、下雪隠・手水鉢・石灯籠なり、扨、内露地のかまへは中門中くゝり・猿戸、境界と所有の物すきにより候へし、内露地には砂雪隠、内ニ燭杖、箒・手水鉢・石灯籠・湯桶石・水揚石・火揚石・戸下石・にじり上り前石・刀かけよけ石・上座石、役樹ハ額のまつ・袖すりの類ひにて候、惣して露地の景気ハ、幽閑を趣とし、奇石・怪木、前栽めきたるハ嫌ふ事ニ候、有人利休に露地の作り様を伺申されしに、」[74]

『源流茶話』によると二重露地では、履物のみならず禮服を着て、足袋に至るまで着替えるとある。二重露地における動線は【図111】に示す通り「外腰掛」で客が揃うのを待ち、亭主が「中門」まで迎えにきたら中門の外側の「客石」に立ち礼をした後、その横にて新しい雪駄に履き替える。この際、亭主は客に貴人が居れば先述した『古田織部正殿聞書』や『十三冊本宗和流茶湯伝書』にあるように中門の外まで出て出迎える。貴人がいなければ亭主は内露地側にある「亭主石」に立ち客を出迎える。内露地へは正客から順次入り、蹲踞など露地の要所を経て茶室前の躙上りの石にて再び雪駄を脱いで茶室に入ることになる。

露地の意匠構成は『茶道三百條』にあるように外露地は「さらりと」し、内露地は趣が変わるようにせよとしていた。上述の『源流茶話』を見ても、外露地には「外腰掛」、「下雪隠」、「手水鉢」、「石灯籠」があるに留まる。

一方、内露地に入ると「砂雪隠」、「箒」、「手水鉢」、「石灯籠」、「湯桶石」、「水揚石」、「火揚石、「戸下石」「にじり上り前石」、「刀かけよけ石」、「上座石」、「まつ」などがあり、空間が切り替わったことが視覚的に認識される。『源流茶話』では内露地について「幽閑を趣とせよ」と述べている。

『古田織部正殿聞書』では同じく、露地入りに際して内露地の「植木」、「踏石」、「踏コシノ前石」、「雪隠之内マタ石」、「腰掛之内之石」、「手水鉢之前石」、「道通之畳石」、「刀掛之石」、「躙上リ之石」について、「此石トモニハ別テ気ヲ付テ見ル也。其外何ニモ、ラサス心ヲ付テ見物可有之。」[75]とあり、役石をよく見ることを伝えている。露地の作庭においても「能ヲ吟味シテ居ル石之事」として、「ニシリ上リノ石」、「刀掛之石」、「手水鉢之前石」、「雪隠之マタケ石二ツ」、「同ク前石・後石二ツ」、「クヽリノ前同踏越石二ツ」を挙げ、「右之分景有能石ヲ可居」と配慮していた。[76]

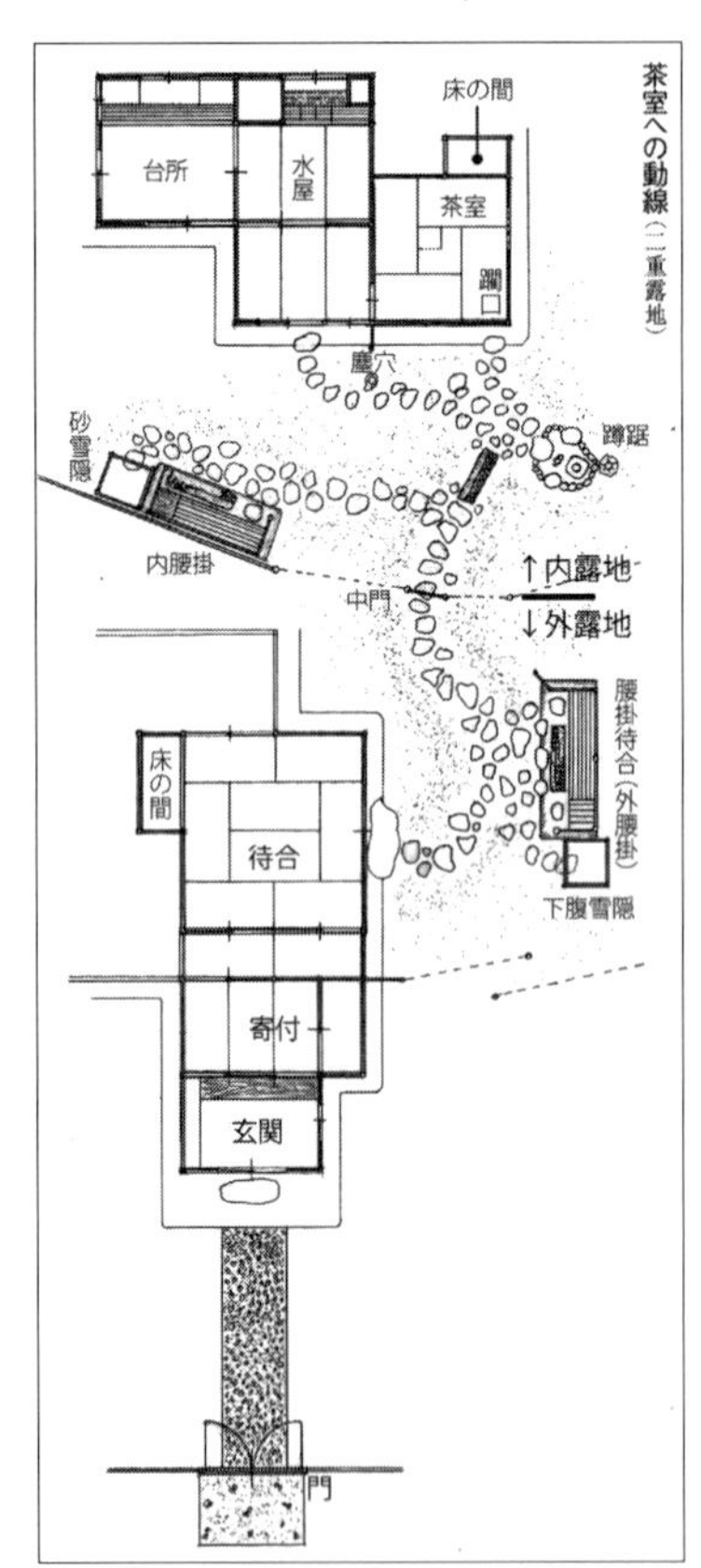

【図111】二重露地の動線概念
飯島照仁『ここから学ぶ茶室と露地』淡交社、2011年、p.213より転載

露地の動線は、【図１１２】に示すように、これらの役石を飛石によって接続することにより構成されている。その動線は寝殿造のように身分によって異なる動線から入場するのではなく、あくまで貴賤の隔てなく同一の動線によって外露地から中門を潜り、内露地を経て茶室に至っている。中門前では新しい雪駄に履き替えることが必要であり、茶の湯では茶室前の沓脱（石）と中門前の2か所にて履物の脱着があった。前節において記したように、茶室前の沓脱（石）では貴人の場合には、履物の扱い方によって身分が上位であることを示していた。しかし、中門における履物の履き替えについては貴人の場合には異なる作法があるなどの記述は確認できなかった。ただし、中門にて客を出迎える際に貴人であれば主人が中門の外（外露地）まで出て礼をするという作法があったことが確認された。

このように茶の湯では、貴人など身分の上位に位置する者に別の動線を設け、別の入口を用意することは原則としてないと見られる。また、上位者が自らの行為で身分が上であることを誇示するものではなく、あくまで亭主や相伴者によって身分が上であることが示されていることから、身分の区別を明示する寝殿造のような空間とは異なる配慮が茶の湯にはあったことが考えられる。

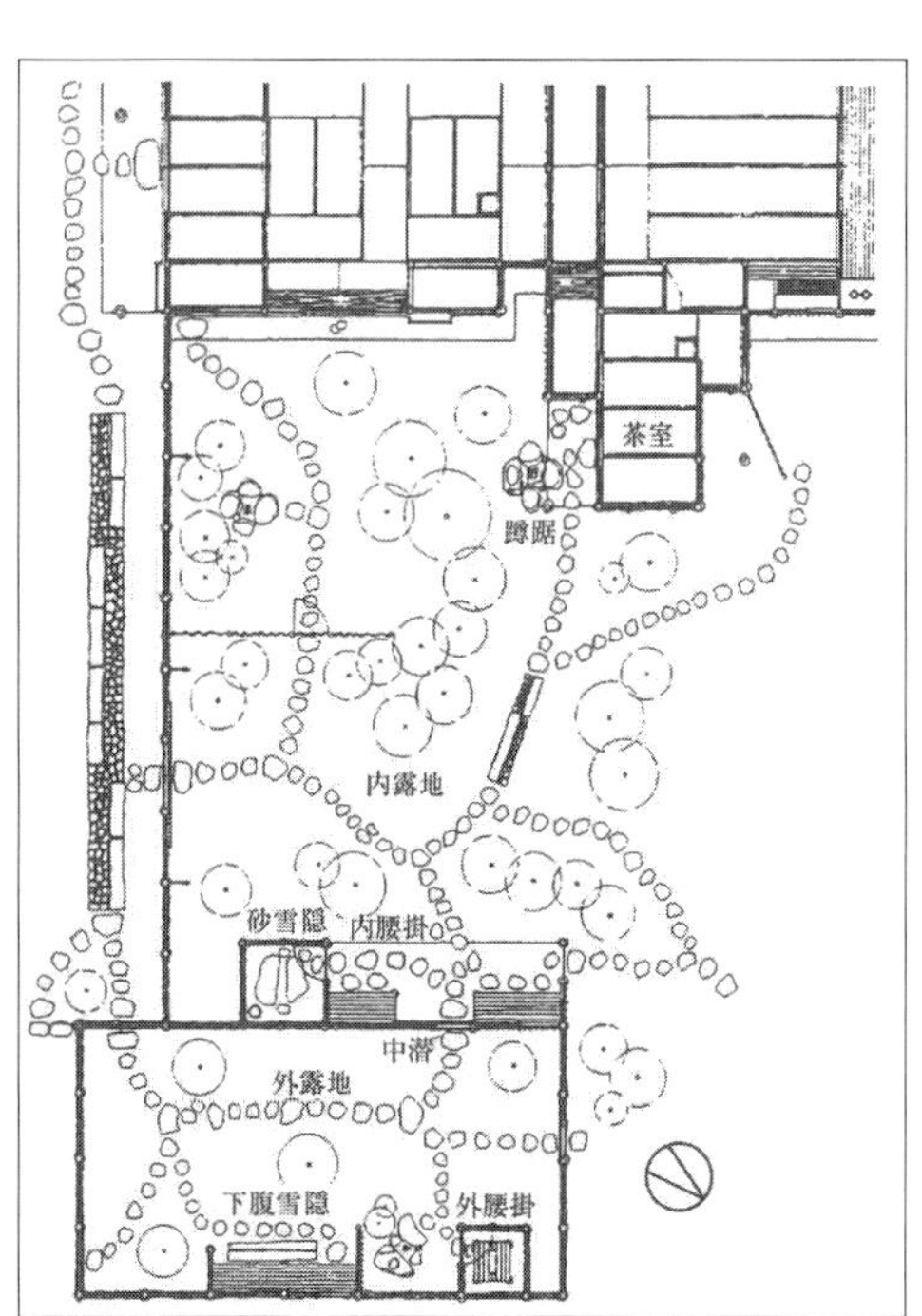

【図112】二重露地の構成概念図
中村昌生『茶室を読む』淡交社、2002年、p.97より転載（「上田宗箇の茶室 露地平面図」）

小結

寝殿造における昇降装置のうち最も格が高いものは南階である。『三内口決』の階に関する記述からは、平安の貴族住宅では、中門から南庭に入り、寝殿や対の南階から昇殿するのが、主人や賓客が用いる最も格の高い入口であったことが分かる。

日本では南階は平生の場合に使用されることはなく、あくまでも儀式における装置であった。そのため昇殿に際する有職故実が東西の階よりも強く付帯しており、身分によって使用の可否が明確にされていた。例えば江戸末期の『鳳闕見聞圖説』▽77には、「庭堂升兩階アリ。所レ謂東階西階也。西階賓客昇。故賓階云。東階主人昇故主階云。又阼階云。王宮ニテ申東階昇玉フハ天子也。西階升ルハ公卿百官也。」とあり、東階は主人、西階は賓客の昇降装置であり、宮中ではそれぞれ天子、公卿が昇る階であることを規定している。

階について藤田盟児は「日本の住宅建築における空間的発展―日本文化の空間原理の研究その1」より、12世紀の寝殿造で身分が最も高い位の者の正式な動線（【図76】参照）は、中門を入り、南庭を経て南寝殿階（御階）から昇殿する動線であり、御階は使用できないが上位の身分にある主人と同じ階層に属する貴族つまり公卿と呼ばれる客人は、中門の内側に入ることは許されたが、南庭から御階を使用して寝殿に直接上がることはできなかったとしている。このように御階は使用できないが上位の身分にある公卿は、中門廊南側に据えられた沓脱(板)から上がり、中門廊を北向きに進み、透渡殿を経て寝殿に入ると述べている。

中門廊は、表門から入った住宅内部をさらに内と外に分けるもので、このような二重の空間構造は寝殿造の空間的特色の１つであるとされる。中門廊に設けられた中門は、その内側の寝殿と南庭が一体となっている住宅内で最も格式が高い場の入口であったとしている。

さらに藤田は「貴族邸の東中門妻戸前」、「貴族邸の侍廊前」の沓脱(板)は、主人よりも下位の身分者の出入口であるとし、「貴族邸の東中門妻戸前」の沓脱(板)を使用するのは、主人よりも一段階下位の身分にある殿上人と呼ばれる階層の客人での経路であり、沓脱(板)から縁側に上り、そこにある扉から中門廊に入り、透渡殿を通って寝殿に行く経路であった。また「貴族邸の侍廊前」の沓脱(板)を使用するのは、使用人の階層に属する侍などであり、中門廊を使うことさえ許されていなかったとする。

加えて藤田は、平安末期から鎌倉期になり寝殿の東西の対を欠く様式が増えると、『春日権現験記』に描かれている唐破風が設けられた中門廊側面の妻戸が最も身分が高い位の者の入口となったとも述べている。『年中行事絵巻』を見ると寝殿造には複数の沓脱(板)が備わっていた。寝殿造は、母屋・廂・孫廂・簀子・階・庭上などの高さや距離によって、参加者の身分秩序を顕在化する構造であり、官位によって昇降動線が異なれば、必然的に履物を脱ぐ場所も異なる。このように複数の動線が設けられる寝殿造では、位階、官位によって使用する沓脱(板)を分けていたことが分かる。

さらに、沓脱(板)に見られる身分の区別は位置によるばかりでなく、沓脱(板)の使用方法を分けることで身分の上下が明示されていた。

通常であれば「沓脱」と呼ばれる建築への昇降装置の設えがある以上、履物は沓脱(板)の上で脱ぐと考えるが、絵巻物を見る限り沓脱(板)の上にて履物を脱ぐ者は限られていたと考えられる。多くの者は、沓脱(板)があってもその地面で履物を脱いでおり、なかには沓脱(板)があるにも関わらず、沓脱(板)は使用せず縁側などから上っている描写が確認される。また、絵巻物から切目長押手前の廂縁上にても履物を脱いでおり、廂縁上も履物を脱ぐ場とされていた。

『民経記』天福元年(1233)1月23日条では、位階によって沓脱(板)の使用ばかりでなく切目長押における所作が異なっていたことが記される。筆者である勘解由小路経光は、正五位下、右少弁であり、沓脱(板)の下で履物を脱いでいる。しかし、彼の亡くなった祖父、権中納言で従三位であった藤原兼光は沓脱(板)の上で履物を脱いでいることから、位階によって履物を脱ぐ場所が異なることが分かる。さらに長押にても従五位下の葉室光俊と、従五位下で左少弁(蔵人)の九条忠高は長押の上で笏を抜いているのに対し、従六位上蔵人の橘兼高は長押の下にて笏を抜いていることから身分を区別していると見られる。

絵巻物の描写で沓脱(板)に身分の上下が確認されるのは、『慕帰絵詞』の「宗昭の房」の沓脱(板)であった。巻五の和歌の会が開かれている場面に描かれる沓脱(板)の上には一組の浅沓が脱がれていたが、屋内には七名が座しているにも関わらず沓脱(板)の上には浅沓が一組だけ描かれる。歌会には宗昭の血縁者である公卿が出席しており、第1章第1節で記したように浅沓は公卿のものであると推察されることから、沓脱(板)の使用には位階による区別があったことが示唆される。

一方、沓脱(石)における履物の脱着について、中世絵巻よりその上で履物が脱がれている様子が確認された。しかし、中世の「文献史料」では沓脱(石)に関する記録がないことから沓脱(板)のように詳細については分からなかった。ただし近世の茶書の記述には、茶事の際、貴人の履物のみを沓脱(石)の上に揃えて置き、その他の者の履物は壁に立て掛けるか沓脱（石）の下に揃えて置くなどの所作が確認される。沓脱（板）と違うのは、沓脱（石）は貴賤の隔たりなく使用されるものであり、履物を脱ぐ場所も同一である。茶の湯ではあくまで亭主もしくは相伴者が貴人の履物のみ扱いを変えることで身分の違いを表していたと言える。また、茶書に記される沓脱（石）の使用方法を鑑みれば、中世絵巻に描かれる沓脱（石）においても同様の傾向があったであろうと見ることが出来る。『一遍上人絵伝』の「吉備津神社子息の邸」では、出家のために一遍が剃髪を行っているが、身舎には一遍と出家を決めた子息の妻、その介助の為に侍女がいるのみであり、一遍のお供や家の者立ちは縁側などに座している。身分によって身舎と広廂や縁側など座る場所を区別していることを考慮すると、賓客である一遍の草履が沓脱（石）に置かれていると見られる。

なお、露地では外露地から内露地に入り飛石を伝い、最終的に茶室前の沓脱（石）に至るのであるが、『古田織部正殿聞書』などでは、沓脱（石）に取付くのは飛石であることが記されている。中世までの沓脱（石）は独立して一石で据えられていることから、近世になり飛石とつながるようになったことで、沓脱（石）は庭の動線を明示し誘導する装置としての役割を得たと考えられる。

二重露地では外露地から中門を潜り内露地に入るが、中門の外側には客石があり、中門の内側には乗越え石が据えられる。茶書の記述から客は中門において亭主に挨拶をした後、そこまで履いてきた履物を脱ぎ、新しい雪駄に履き替えることが記される。第1章第2節「民間習俗の草履とその脱着行為」で述べたように、習俗の中には異なる空間に移る際に越境行為に伴って履物を脱ぐ信仰が確認されたが、中門によって区切られる外露地と内露地はどちらも同じ外部空間であるが空間性は意匠などを見ても異なっており、中門において履物を脱着する行為は、越境に伴って行われる所作であると見られる。

『古田織部正殿聞書』や『源流茶話』などでは外露地に対して内露地が異なる趣になることを喚起しており、『源流茶話』では、「露地の景気ハ、幽閑を趣とし、奇石・怪木、前栽めきたるハ嫌ふ事ニ候、有人利休に露地の作り様を伺申されしに、」とされることから、露地の中門に沓脱(石)はないが、履物を履き替える行為は結界となっている中門から空間が転換されることを心身ともに示していると考えられる。

［注釈］

1　東京大学史料編纂所ＨＰ　https://wwwap.hi.u-tokyo.ac.jp/ships/shipscontroller（２０２１年８月８日閲覧）『薩戒記』応永29年１月２日条。

2　東京大学史料編纂所ＨＰ　https://clioimg.hi.u-tokyo.ac.jp/viewer/view/idata/850/8500/06/1601/0261?m=all&s=0261（２０２１年８月８日閲覧）『民経記』寛喜３年（１２３１）３月６日条。

3　東京大学史料編纂所ＨＰ　https://clioimg.hi.u-tokyo.ac.jp/viewer/view/idata/850/8500/06/1801/0014?m=all&s=0014（２０２０年９月９日閲覧）『岡屋関白記』は藤原兼経（１２１０―１２５９年）によって著された。

4　東京大学史料編纂所ＨＰ前掲書（４）建長３年（１２５１）８月17日条。

5　竹内照夫『礼記　上　新釈漢文大系27』明治書院、１９７１年、11頁。

6　竹内照夫前掲書（５）23―24頁。

7　竹内照夫『礼記　中　新釈漢文大系28』明治書院、１９７７年、４８５―４８６頁。

8　竹内照夫前掲書（５）24頁。

9　小泉和子・玉井哲雄・黒田日出男『絵巻物の建築を読む』東京大学出版会、１９９６年。

10　小泉和子・玉井哲雄・黒田日出男前掲書（９）29―30頁。

11　故実叢書編集部編『故実叢書第二回　鳳闕見聞圖説』明治図書出版、１９５１年。

12　故実叢書編集部編前掲書（11）１頁。

13　故実叢書編集部編『故実叢書第二回　家屋雑考』明治図書出版・吉川弘文館、１９５１年、２４３頁。

14　太田博太郎『新設図設日本史住宅史』彰国社、１９４８年、19頁。

15　末松剛「建築史・庭園史研究との関わり」『平安宮廷の儀礼文化』吉川弘文館、２０１０年、20頁。

16　藤田盟児「日本の住宅建築における空間的発展―日本文化の空間原理の研究その１」『名古屋造形大学・名古屋造形芸術大学短期大学部紀要』同朋学園名古屋造形大学、２０００年。

17　藤田盟児前掲書（16）45―66頁。

18　小松茂美・久保木彰一編『続日本絵巻大成14　春日権現験記上』中央公論社、１９８２年、29―31頁。

19 小松茂美・千葉乗隆・金沢弘・籠谷真智子・神崎充晴・名児耶明編『続日本絵巻大成4慕帰絵詞』中央公論社、1985年、125―134頁。
20 小松茂美・千葉乗隆・金沢弘・籠谷真智子・神崎充晴・名児耶明編前掲書（19）34―35頁。
21 小松茂美・千葉乗隆・金沢弘・籠谷真智子・神崎充晴・名児耶明編前掲書（19）42―43頁。
22 小松茂美・千葉乗隆・金沢弘・籠谷真智子・神崎充晴・名児耶明編前掲書（19）94―95頁。
23 東京大学史料編纂所HP前掲書（2）寛元3年（1245）12月22日条。
24 東京大学史料編纂所HP前掲書（2）仁治3年（1242）3月15日条。
25 東京大学史料編纂所HP　https://wwwap.hi.u-tokyo.ac.jp/ships/shipscontroller（2021年8月8日閲覧）『九条家歴世記録』明応元年（1492）1月7日条。
26 東京大学史料編纂所『大日本古記録　後愚昧記　四』岩波書店、1992年、120頁。
27 東京大学史料編纂所HP前掲書（2）仁治3年（1242）1月2日条。
28 東京大学史料編纂所HP前掲書（1）応永32年（1425）1月1日条。
29 日向進『茶室に学ぶ』淡交社、2002年、31頁。「草庵の茶室は、床（床の間）を備え、畳敷きであることを条件とします。したがって、その床を装置として欠いた同仁斎は、あくまで持仏堂に併設された書院ないしは庵室であるといわねばなりません。けれど、そうした精神生活の場が、風雅な遊興の世界を含む邸宅の中におかれ、聖なる別境を形成し、平等な人間関係のもとで一座が建立されたところに、のちの草庵の世界と深く通底するありようが認められるのです。」と記しており、遊興の場は平等な人間関係のもとで行われていたことを示唆している。
30 東京大学史料編纂所HP　https://clioimg.hi.u-tokyo.ac.jp/viewer/view/idata/850/8500/06/2801/0001?m=all&s=0001（2021年8月8日閲覧『愚昧記』嘉応2年（1170）1月2日。
31 東京大学史料編纂所HP　https://clioimg.hi.u-tokyo.ac.jp/viewer/view/idata/850/8500/06/2001/0001?m=all&s=0001（2021年8月8日閲覧）『実躬卿記』嘉元元年（1303）1月22日条。
32 東京大学史料編纂所HP前掲書（2）天福元年1月23日条。
33 竹内秀雄校訂『史料纂集　北野社家日記　第五』続群書類従完成会、1973年、128頁。

34　竹内秀雄校訂前掲書（33）128頁。
35　小松茂美・神崎充晴編『続日本絵巻大成11　融通念仏縁起絵巻』中央公論社、1983年、1頁。
36　千宗室編『茶道古典全集　第十一巻補遺一』淡交社、1956年、21―125頁、細川茶湯之書。
37　市野千鶴子校訂『古田織部茶書一　古田織部正殿聞書』思文閣、1976年、90頁。
38　千宗室編前掲書（36）111頁。
39　市野千鶴子校訂前掲書（37）141頁。
40　市野千鶴子校訂前掲書（37）144頁。
41　千宗室編前掲書（36）124頁。
42　谷晃・矢ヶ崎善太郎校訂『茶譜』思文閣出版、2010年、269頁。
43　千宗室編『茶道古典全集　第五巻』淡交社、1956年、9頁。
44　谷晃校訂『茶湯古典叢書四　金森宗和茶書』思文閣、1997年、127頁。
45　谷晃・矢ヶ崎善太郎校訂前掲書（42）632頁。
46　市野千鶴子校訂前掲書（37）87頁。
47　千宗室編前掲書（36）237頁。
48　市野千鶴子校訂前掲書（37）90頁。
49　筒井紘一編『茶書古典集成5　神屋宗湛日記』淡交社、2020年。
50　筒井紘一編前掲書（49）118頁。
51　神津朝夫『茶の湯と日本文化』淡交社、2012年。
52　神津朝夫前掲書（51）124―126頁。
53　市野千鶴子校訂前掲書（37）61頁。
54　谷晃・矢ヶ崎善太郎校訂前掲書（42）39頁。
55　千宗室編『茶道古典全集　第十巻』淡交社、1956年、203頁。
56　市野千鶴子校訂前掲書（37）85頁。

57 市野千鶴子校訂前掲書（37）48頁。
58 千宗室編前掲書（36）246頁。
59 小野健吉『岩波日本庭園辞典』岩波書店、2004年、227頁。
60 千宗室編『茶道古典全集　第三巻』淡交社、1956年、401頁。
61 千宗室編前掲書（36）109頁。
62 千宗室編前掲書（36）236頁。
63 市野千鶴子校訂前掲書（37）139頁。
64 谷晃校訂前掲書（44）107頁。
65 市野千鶴子校訂前掲書（37）132頁。
66 市野千鶴子校訂前掲書（37）132頁。
67 市野千鶴子校訂前掲書（37）132頁。
68 市野千鶴子校訂前掲書（37）132頁。
69 市野千鶴子校訂『古田織部茶書二』思文閣、1984年、68頁。
70 千宗室編前掲書（43）145—321頁。
71 千宗室編前掲書（43）151頁。
72 千宗室編前掲書（36）110頁。
73 谷晃・矢ヶ崎善太郎校訂前掲書（42）268頁。
74 千宗室編前掲書（43）432頁。
75 市野千鶴子校訂前掲書（37）133頁。
76 市野千鶴子校訂前掲書（37）132頁。
77 故実叢書編集部編前掲書（11）1頁。

結章
沓脱による空間の結節と結界性

第1章では、沓脱が生まれる前提として、履物の存在とその脱着行為があることから、これらについての検証を行った。その結果、履物の歴史から、屋内に入る際に履物を脱ぐ行為が尊者や神に対する礼儀として行われ、慣習化された可能性を見出した。つまり、履物の脱着行為そのものに礼儀の意味があるといえる。また、民間習俗における儀式や信仰において、越境に際し、履物を脱ぐ場合があることなど、境界において履物の脱着が行われていることが確認された。

第2章では、絵画史料と文献史料における「沓脱」の描写と記述を抽出し、その特徴を明らかにした。「沓脱」の装置には、板で造られたものと、石で造られたものがあり、沓脱（板）は延久元年の『聖徳太子絵伝』にその姿が初めて確認され、沓脱（石）は正安元年の『一遍上人絵伝』に描かれるものが初見であると考えられる。

また、『一遍上人絵伝』を中心に沓脱（板）と沓脱（石）の備わる建物の比較を行った結果、沓脱（板）の備わる建物は中規模から大規模であるのに対し、沓脱（石）の据えられる建物は小規模であることや、建築の仕様に差があることが分かった。さらに、沓脱（板）と沓脱（石）に関する文献史料の記述を確認し、それぞれの沓脱の名称の変遷を整理した。

第3章では沓脱（板）が備わる寝殿造と沓脱（石）の据えられる露地を主として、沓脱における履物の脱着方法と動線について検証を行った。

結章では、沓脱（板）と沓脱（石）の変遷について整理し、昇降装置と履物を脱着する場である沓脱の空間における役割について明らかとする。

第1節　沓脱の変遷と特性

本節では、第2章と第3章で明らかとした史資料における沓脱（板）と沓脱（石）の描写数に注目し、それぞれの中世、近世の史資料から見える変遷について整理する。また、史資料において見られる沓脱（板）と沓脱（石）の特徴的な描写ならびに記述について確認する。

第1項　沓脱の変遷

中世絵巻には建築への昇降装置として階のほかに沓脱（板）、沓脱（石）の姿が確認される。管見の限り沓脱（板）は、11世紀の延久元年（1069）の『聖徳太子絵伝』に、沓脱（石）は13世紀の正安元年（1299）成立の『一遍上人絵伝』に初めて確認された。

絵画史料では沓脱（石）よりも沓脱（板）の方が2世紀ほど早く確認される。文献史料ではどうであろうか。治承3年（1179）の『壬生家古文書』には「沓脱板一枚〈長一丈一尺四寸半〉」とあり、「沓脱板」という名称が確認される唯一の記録であったが、昇降装置の沓脱（板）が存在していることを明らかにしている。『小右記』以降、慶長5年（1600）の『九条家歴世記録』の文献史料には「沓脱」という文字が多数確認できるが、「沓脱」に関する記録のうち、およそ9割が寝殿造の沓脱であったように、居住する寝殿造に付随する「沓脱」が主に文献史料に記されている。寝殿造には沓脱（石）が備わらないことから、寝殿造に関わる文献史料の「沓脱」は沓脱（板）を指すと判断した。

沓脱（板）の描写は、『聖徳太子絵伝』（11世紀）を初見とし、調査した史料において合計で２１１か所であった。しかし、描写数のうち、９割の１９１か所が江戸期以前の史料に集中しており、近世の絵画史料では描写数は僅か20か所に留まった。

一方、沓脱（石）については、先に述べたように『一遍上人絵伝』（正安元年）を初見として中世の絵画史料に確認できるが、中世までの文献史料では確認できなかった。

中世までに成立したとされる絵巻物、風俗画、宗教画などの絵画資料において、寝殿造に沓脱（石）が使用されている描写はなく、昇降装置には沓脱（板）が用いられている。これら中世までの絵画史料では沓脱（石）は33か所に確認されるに過ぎないが、近世になると沓脱（板）が減少するのとは反対に沓脱（石）の描写は２３６か所まで増加する。これは、絵画史料だけではなく文献史料も同様の傾向が確認されたが、これにはさまざまな要因が考えられる。

一つ目は史料の制約がある。史料一覧に示すように、中世の文献史料は公家、貴族などに関するものが多い。また、これらの史料は公家だけでなく、社会階層の上位者を題材とし、また制作者も階層の上位に位置する者が多い。さらに、これらの史料に描かれるのは「ハレ」の場面が多く、日常の「ケ」の場面は記録として残され難いという性質がある。本研究において採用した史料についても同様であり、中世までの史料では、庶民大衆など被支配階層者の生活を記す史料が十分ではないこともあり、必然的に沓脱（板）の記録が多くなっているとも考えられる。

二つ目は、住宅様式の変化が影響していることも考えられる。中世以降、住宅様式が寝殿造から書院造へ移行する中で、公家も書院造を居住とし、寝殿造の建築は減少していくと見られ、主に寝殿造に付随する沓脱（板）も減少したことは想像に難くない。また、安土桃山時代における千利休による侘茶の大成にみるように茶室が多く作られるようになり、茶室に付随する沓脱（石）が増加したことも、中世との大きな相違である。

しかし、現在、昇降装置の沓脱は、沓脱（石）が主流で有り、沓脱（板）を目にすることは少ないことからも、近世初期以降に沓脱は大きく板から石へという変遷があったと考える。

第２項　板の沓脱の特性

絵巻物から読み取れる沓脱（板）の特徴は、幅は最小で一間、最大だと四間の沓脱（板）も確認された。『大匠雛形』には「くつぬぎの高サ。八寸八分ゑんの板あつさ三寸。」と記されているが、沓脱（板）は建物の床や縁の高さに応じて、それぞれに造作されていたと考えられる。

『春日権現験記』巻二にて白河上皇の春日社への御幸を描く場面では、【図１１３】に示すように春日社の客殿に沓脱（板）が確認される。上皇が乗る牛車の進む先には四段の階が描かれ、階の上には畳よりも一回り大きめな板が架けられ、その上には畳が敷かれている。階のある廂縁と板は同じ高さである。この板が『家屋雑考』に「沓脱　こは簀子の内階の上へ、平なる板を敷きおくなり。」[▽1]と記される沓脱（板）と見られる。『家屋雑考』では、寝殿造の廂縁までの高さは五尺であるとされている。これを廂縁高さの目安寸法として考えると、牛車の高さとの関係から合理的なのかも知れない。

白河上皇の春日社への御幸は寛治7年（1093）3月20日に行われたとされ、その様子は『後二条師通記』ならびに『中右記』[2]にも確認できる。『中右記』には「上皇微行入御社内、浅履、源大納言取御衣尻被候、」[3]とあり、上皇の履いてきた浅履を源大納言が受け取ったことが分かる。『続日本絵巻大成14　春日権現験記上』の解説によれば、当時の牛車の昇降は前から乗り、後ろから降りたとされ、上皇は牛車後方よりそのまま階上の板敷きに降りたのではないかと推測される。すなわちこの板敷きは仮設のものであったと見られる。

同じように絵巻物の中には仮設的に据えられたのではないかと考えられる沓脱（板）の描写がある。『法然上人絵伝』の巻三十三にて法然が、聖覚を招いて口述筆記をしている場面（【図96】参照）には沓脱（板）が描かれている。

この建物と同じ建物が巻十三の法

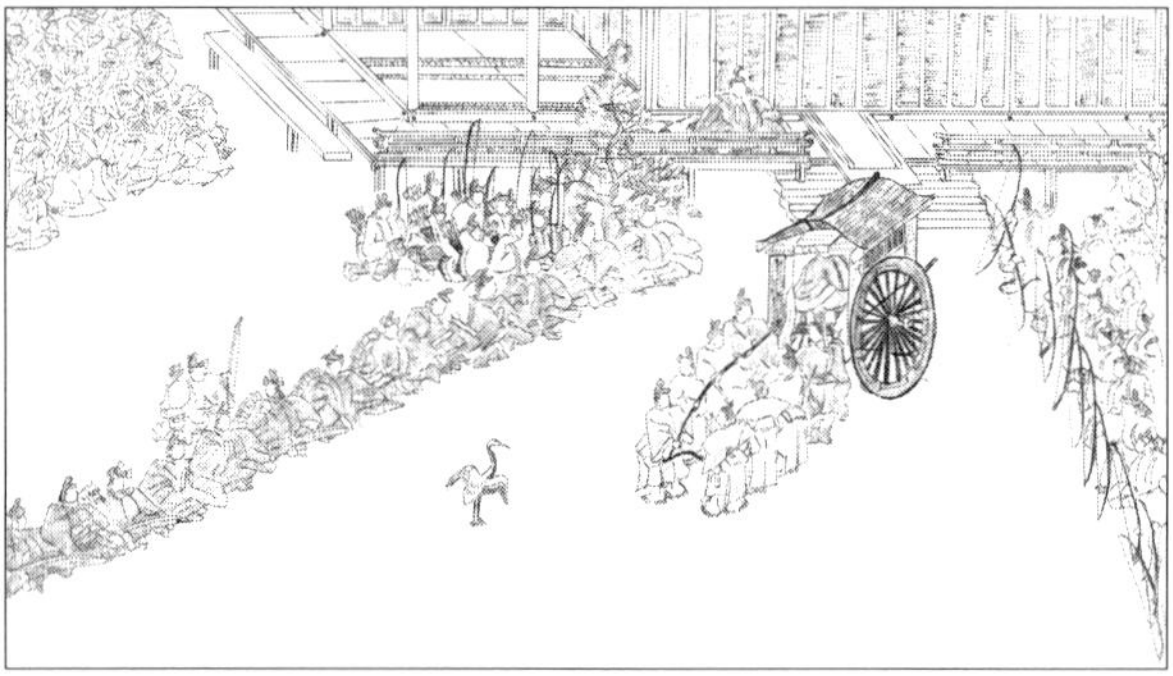

【図113】『春日権現記』階上に設けられた沓脱と沓脱（板）
『続日本絵巻大成14 春日権現験記絵（上）』、p.8-9を転写し加筆

【図114】【図96】と同一の建物において沓脱（板）がない描写
『続日本絵巻大成 法然上人絵伝上』、p.121を転写

然居住の間を描いた【図114】の場面にも確認される。

巻三十三と巻十三に描かれる両方の建物は、規模、屋根、扉や吊り格子、釘隠し、縁側の束柱の本数、破風板など全く同じであると見られるが、巻十三の場面に沓脱（板）は描かれておらず、法然の弟子や弟子入り志願者の草履は縁の下で脱がれている。

両者の来訪者を比較すると、巻三十三の聖覚は法然によって招かれた客であり、巻十三の弟子たちは尋ねて来た客であることから、沓脱（板）は可動式で賓客の訪問時にのみ用意されたのかもしれない。

また、第3章第2節「板の沓脱における履物の脱着」で取り上げた『慕帰絵詞』の「親鸞聖人の閑居」（【図16】参照）に備わる沓脱（板）は、脚部が木の柱ではなく、両端に石を置き、その上に直接板を渡している。訪れた顕智房はこの沓脱（板）の上で草履を脱ぎ、片足を簀の子縁に乗せているので、沓脱（板）であることは間違いないが、その構造は常設していたとは考えにくいほど簡易的であり、来客の予定に合わせ仮設的に設置したとも考えられる。

この他に『法然上人絵伝』と同じように同一の建物において、沓脱（板）の可動性が考えられる描写が『芦引絵』にも確認された。

『芦引絵』の巻四の覚然上座の宿坊には、【図115】の通り四本脚の沓脱（板）が確認される。上土門のあるこの邸では、夜打の応戦のために武装をしており、甲冑姿の者が草履を履いたまま屋内に上がっている。沓脱（板）は、開かれた扉前に一間の幅で描かれている。この場面はそのまま戦に突入する次の描写に続くが、戦の場面になると【図116】のように沓脱（板）が確認されない。

このように沓脱（板）の中には状況によって設置されたり、取り外されたりする可動性のあるものがあったと考えられる。沓脱（板）が仮設として扱われたことについて、『実冬公記』の応永2年（1395）4月9日条には次の件がある。

「東面三个間、南面對座、敷高麗端畳、客南、主人北、中敷差筵・絁席、立廻屏風、東面南方巻簾為客道、縁仮儲沓脱、北妻戸一間巻簾、懸小丸、為主人出座道、東面北蔀二間垂簾、主人可出間、南沓脱際北引幔、主人下時、為隔公卿列也、公卿列後引幔、」▽4（波線筆者）

以上のように沓脱を仮に設けるとあることから、沓脱（板）のなかには、状況や来客の位階などによって仮設的な沓脱（板）があったことが窺い知ることができる。

また、これまで検証してきた沓脱（板）以外にも履物を脱ぐ場所として、清涼殿の南殿上間の沓脱（板）の東側には履物の脱着を行う「小板敷」と呼ばれる空間があったことが確認され、『殿暦』▽5康和4年（1102）12月13日条には、「余殿上イシのもとニ居、左中辨時範朝臣入自無名門居、余目之、辨作法如常、余文見了給

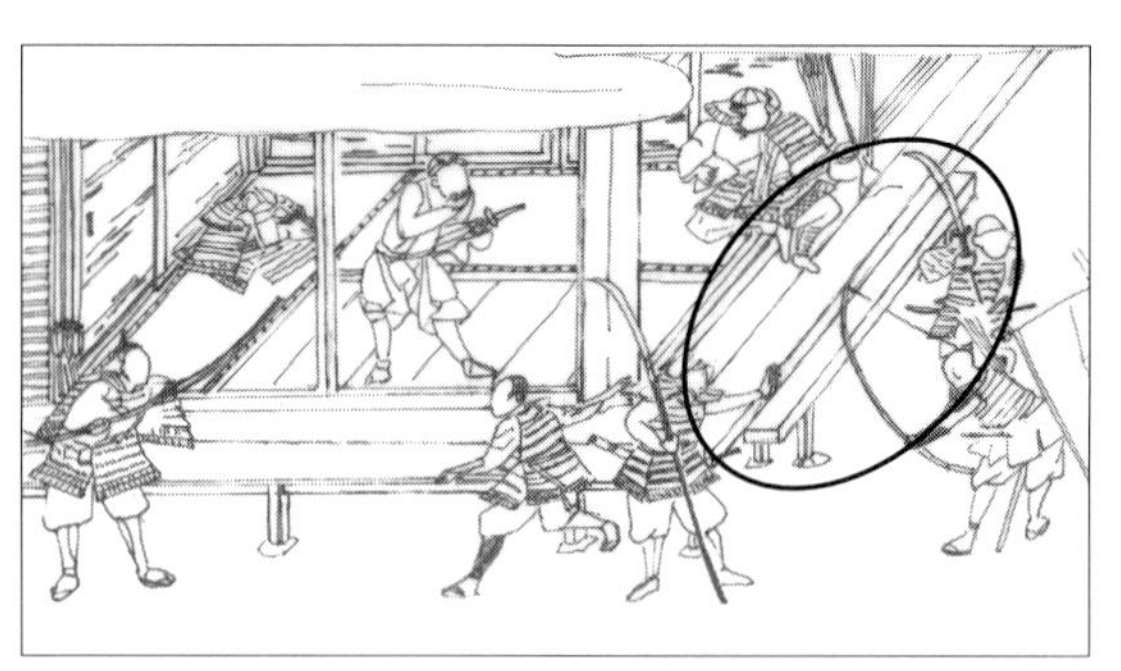

【図115】『芦引絵』戦の準備の描写にて沓脱（板）がある図
『続日本絵巻大成20 芦引絵』、pp.47-48を転写し加筆

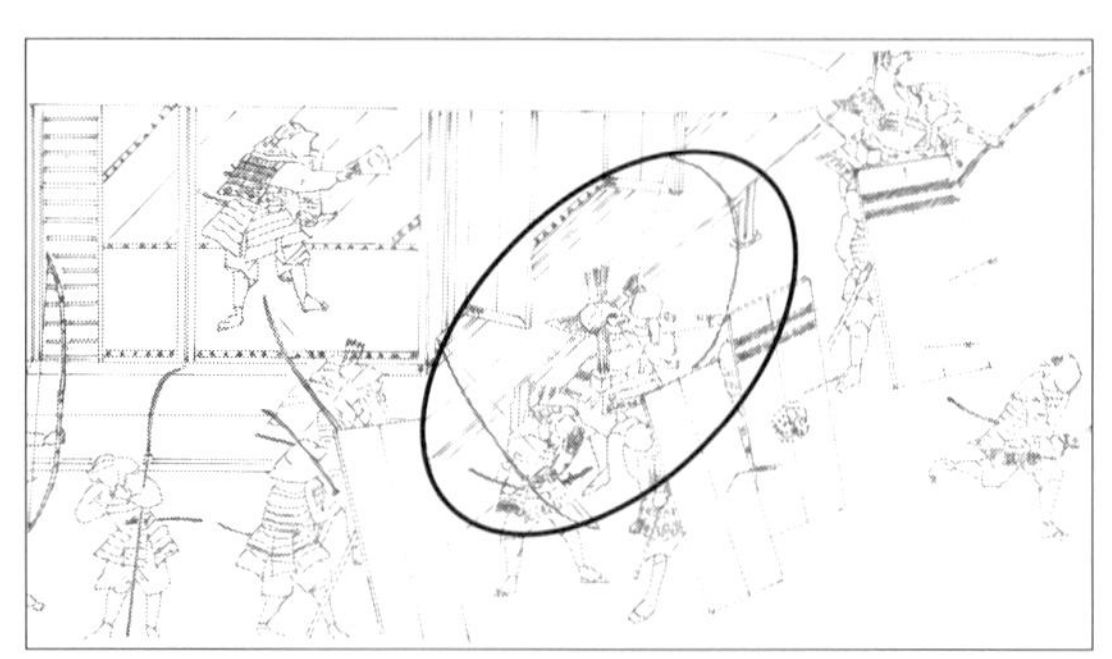

【図116】『芦引絵』開戦後にて沓脱（板）がなくなる図
『続日本絵巻大成20 芦引絵』、pp.51-52を転写し加筆

辨、」ミ結申了退還、件時範下自小板敷、クツヲハく間、跪地クツヲハく、尤可然事也、」[6]とあり、小板敷は「クツヲハく間」であったと明記されている。なお、「小板敷」は、安永5年（1776）の『承安五節之図』（【図48】参照）の「クツヌギ」に隣接する「神仙門」と「無名門」に区切られた「小庭」と呼ばれる場所の北側の縁先に設置している。

「小板敷」は【図117】に示す通り切目長押より一段低く、「クツヌギ」よりは少し高い位置となっており、二名（藤原範光、惟頼）の貴族が座っている。藤原範光は承安2年（1172）に貴族としては下位の身分である従五位下に叙位を受けていることから、一段上の室内に確認される十数名の貴族の方が身分は上位であると考えられる。すなわち小板敷は、切目長押を結界とする下段の間のように使用されていたと見られる。

沓脱（板）でも藤原兼実邸の月輪殿にて、関白の兼実と法然が法談している様子を描く場面（【図97】参照）にて、草履を履いた蓮生入道が沓脱（板）に腰を掛けて屋内の会話を聞いている様子が見られる。『実躬卿記』嘉元3年（1305）1月16日条には、「還御同女院御宮廻」「南一間敷大文高麗一枚、南北行、御座東面、此間

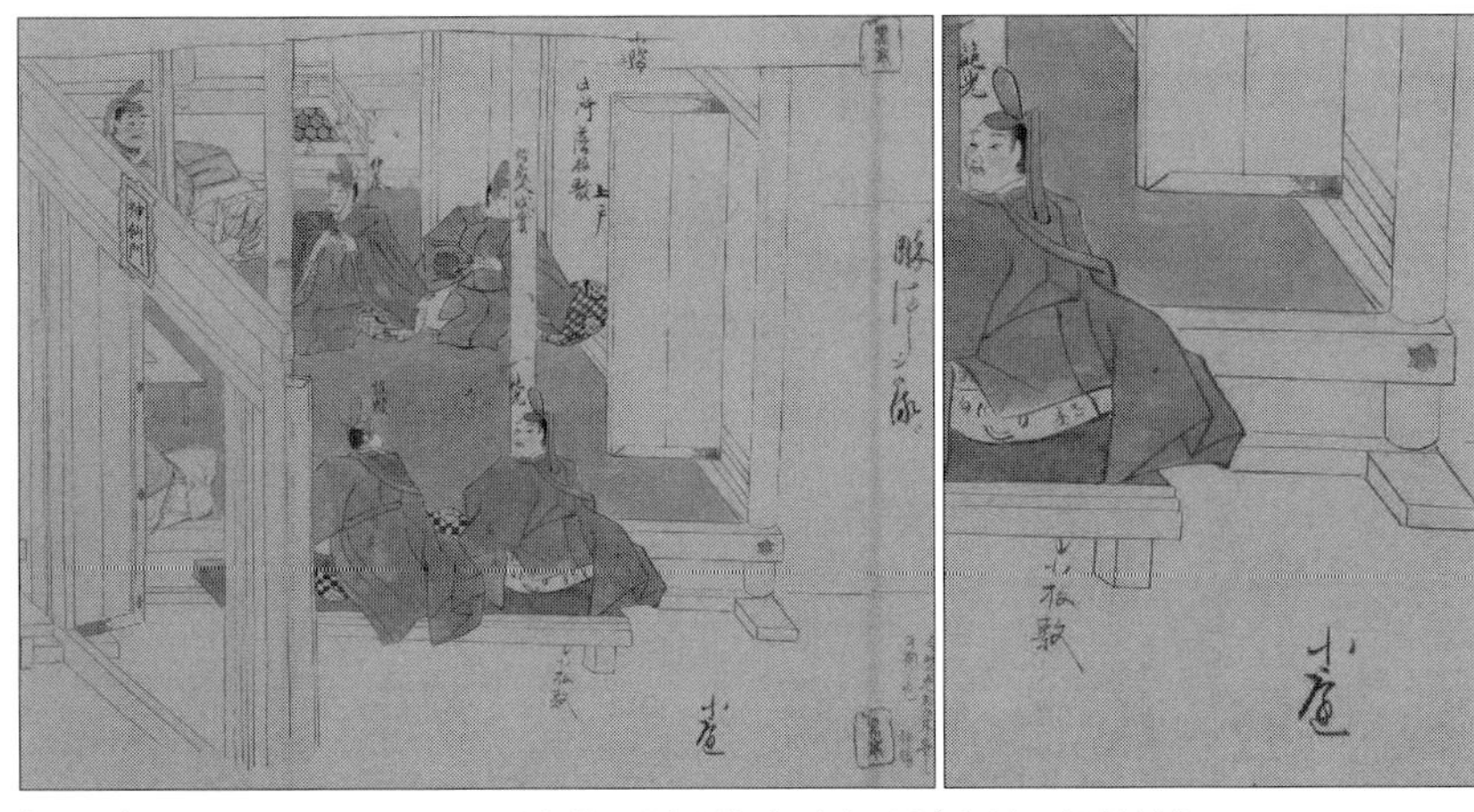

【図117】『承安五節之図』に見られる小板敷と添書き並びに小庭の添書き（右：部分拡大）
『承安五節之図』部分　早稲田大学図書館蔵

盃案列居前庭、為按察於北面取御幣参進、此間公卿等北面、沓脱ニ懸尻、仍委不見及、祝了還御、」[7]とあり、尻を掛けていることが分かることから、沓脱（板）には「小板敷」と同じように、腰掛けとして使用することがあったことが分かる。

第3項　石の沓脱の特性

中世までの文献史料に沓脱（石）に関する文献史料は確認できなかったが、沓脱（石）が確認される絵画史料は正安元年（1299）成立の『一遍上人絵伝』であった。『一遍上人絵伝』にて描かれる沓脱（石）は施設の中心となる本堂や金堂などの建物に据えられてはおらず、不特定多数の者が来訪すると推察される中規模から大規模な沓脱（板）の備わる建物に比べて、来訪者の頻度が少ない非儀礼的な「ケ」の用途の空間に限って据えられているとも考えられる。

沓脱（石）は33か所に確認されるに過ぎないが、『一遍上人絵伝』の沓脱（石）を含み中世の絵画史料に見られる全ての沓脱（石）が一石で独立して据えられていたことが注目される。しかし、近世の絵画史料になると沓脱（石）の描写が増加するとともに、文献史料においても沓脱（石）の名称ならびに記述が確認される。その初見は『古田織部正殿聞書』で茶室前の沓脱（石）を「ニジリ上リノ石」として記述しており、これ以降、茶書を中心に文献史料にも確認されるようになる。これは支配階級の茶の湯という文化に沓脱（石）が取り入れられたことにより、沓脱（石）が史料にて扱われるようになったと考えられる。

このように近世以降、沓脱（石）が扱われる背景に大きな変化があったことが認められるが、その扱い方として飛石と接続するようになったことも大きな変化の特徴として挙げられる。延宝8年の『余景作り庭の図』では沓脱（石）と飛石が繋がり動線を形成するようになったことが確認される。さらに茶の湯では、茶室の躙口に据えられるようになった沓脱（石）に続く二石を「おとし石」、「のり石」、または「二の石」、「三の石」などと呼び、沓脱（石）には飛石が接続することを強調するとともに飛石から沓脱（石）までの高低差に配慮していたことが分かる。第2章第2節第2項の「石の沓脱に関する記録」にて記したように、『数寄屋工法集』には、「にじり上りの石の高さ七寸又ハ七寸五分位。高さ石の景による頃合へし」、「二の石の高さ五寸三分」、「三の石の高さ五分頃ハ、飛石の高さ高く」、「飛石の上端おちぬ下、五寸二分」と記されることから、二の石、三の石によって高さを徐々に上げていることが確認される。

一方、東睦庵主の『築山染指録』によると、沓脱（石）は、「踏壇石」とも「一の石」とも呼ぶとされ、切石であっても自然石であっても縁側より七寸（凡そ21㎝）下に天端が来るように据えると記されている。さらに踏段石より七寸（21㎝）下がる高さの位置に「二の石」が据えられ、続く「三の石」は飛石と同じ高

【図118】『邸内遊楽図屏風』（1624-1644）二石一組の沓脱（石）
サントリー美術館HP：https://www.suntory.co.jp/sma/collection/gallery/detail?id=582を転写

さに据えるとしていることから、沓脱(石)までの段差を「二の石」のみで調整していることが分かる。

また、文政10年(1827)に秋里籬島が著した『石組園生八重垣伝』でも、沓脱(石)は飛石と接続すると記されているが、「真の履脱石　踏段石」にて「心信二石をもって真の沓ぬき踏だん石とす」と二石一組の沓脱(石)が真の形であるとしている。ただし、絵画史料を調査した結果、二石一組であることが分かる描写は、【図118】に示す「邸内遊楽図屏風」のほか、『都林泉名所図会』の「地蔵院」、「高山寺」、「京屋」に確認されるのみであったことから、二石一組の沓脱(石)の使用方法は秋里独自の見解であった可能性が考えられる。

また、中世までの絵画史料に用いられる沓脱(石)は、全て天端が平らな長方形の自然石であったが、近世になると、自然石だけではなく、『余景作り庭の図』などに見るように、石に加工が施されたものが確認されるようになる。さらに『築山染指録』でも、切石である旨が記されていることからも、近世の絵画史料に確認される長方形に加工を施された沓脱(石)が普及したと見られ、この加工された沓脱(石)も近世の沓脱(石)の特徴と言える。

第2節　沓脱の結界性

第2章ならびに第3章で検証した沓脱の備わる状況を見ると、沓脱は建築と庭という2つの性質の異なる空間の中間領域に設えられていると言える。本節では異なる空間が隣接する境における沓脱の役割について検証する。

本研究における「境界」とは空間を分断する線的なものであり必ずしも可視化される場合ばかりではない。一方、「結界」とは境界において接する人々に影響を及ぼす装置であり、境界によって分断された空間をつなぐ役割を有することから人に視認される必要があると考える。「結界」は「結界性」を帯びた「物」であると言え、門のように視認性が高い境界は人の行動に影響を及ぼす「結界性」を備える「結界（装置）」と言える。

赤澤真理は『女房装束打出押出事』において、平安時代から鎌倉時代にかけての上流住宅について、門と中門廊が二重の境界であるとしているが、▽8 門は第三者から見れば敷地を区切る境界であり、門を通過しようとする者にとっては通過するという行動が生じることから「結界性」を有する「結界装置」であるとも言えよう。

つまり、本書の第1章第2節、「民間習俗の草履とその脱着行為」で述べた習俗において越境意識が働く峠などの場所は可視化されない境界であり、そこを越えようとする意思や道祖神に草履を祀るという行為から結界性を持つ結界装置であると考える。また、第2章「沓脱の形態と変遷」で挙げた『一遍上人絵伝』の「善光寺外の僧房」などに見られる敷地を囲う柴木は境界であるが、その開口部に貼られる注連縄は境界を明示する装置であると同時にそこを通過しようという意思のある者にとっては結界装置であると言える。このように境界や結界では習慣や信仰にもとづく履物の脱着行為が確認されたが、これらの行動は「結界性」にもとづくと考えられることから、本節では昇降装置の沓脱の持つ役割としての結界性について整理して検証する。

第1項　沓脱による空間の結節

寝殿造において東門から寝殿までの動線を身分毎に示した【図76】では、「主人と同等以上の賓客」の動線は実線で表している。続く「主人と同等の公卿」の動線は破線、「主人より下位の殿上人」、「使用人や侍など」の動線を波線と点線で示し、沓脱(板)の備わる位置を網掛け枠にて示している。

寝殿造の動線は「主人と同等以上の賓客」、「主人と同等の公卿」、「主人より下位の殿上人」、「使用人や侍など」の身分・位階によって区別されていた。まず、一律に東門から入った場合、最初に広場が広がり、この先から身分によって動線が区別される。「主人と同等以上の賓客」の場合、建築のソトからウチへ入る時に使用する昇降装置は「南階」であり、「中門」を通過し「南庭」に出たあと、「南階」を昇り「寝殿南広廂」を通り「切目長押」の段差を上がって「寝殿」に至る。

「中門」は主人より下位の殿上人は入ることができないとされることから南庭と上述の広場を隔てる境界性を有すと言えるが、一方では身分によって使用が制限され、さらに双方の空間を繋ぐ装置としての役目を成していることから結界装置という見方もできる。また、寝殿への昇降装置である「南階」と寝殿の「広廂」は、ソトとウチを繋ぐ中間領域と言えるが、「南階」は「南庭」と「広廂」を昇降装置として双方を繋ぐ役割を有す結界装置となっている。寝殿母屋に備わる切目長押の段差は第3章第2節「板の沓脱における履物の脱着」で明らかにしたように身分を隔てる役割を持ちながらも、「広廂」と「寝殿」、「身舎」という異なる空間を結節する結界装置となっている。このように「主人と同等以上の賓客」の動線では、「中門」、「南階」、「切目長押」が異なる2つの空間を結節していることから結界性を有する結界装置となっている。

次に「主人と同等の公卿」の動線は、「中門」を入り北側にある「沓脱（板）」を昇り、「中門廊」と「東透渡廊」を経て寝殿南側の「広廂」に至る経路であった。中門の北側にある沓脱（板）を使用する彼らの動線では、中門によって包括される内部の空間と隣り合う空間を隔てると同時に双方を繋ぐ役割を担っている結界装置であると言える。「主人と同等の公卿」は、中門廊のうちにある沓脱（板）を上がると、中門廊を北に進み、「東透渡廊」を渡るが、「東透渡廊」は「東対」と寝殿の「広廂」を繋ぐと同時に2つの空間を隔てる結界装置という見方もできる。そして寝殿へは結界装置である「切目長押」の段差を昇る。このように「主人と同等の公卿」の動線では、「中門」、中門廊南側の「沓脱（板）」、「東透渡廊」、「切目長押」が異なる空間を隔てながら、それぞれを結節している。なかでも中門のなかに「沓脱（板）」は建築のウチとソトを結節する結界装置となっていると言える。

続いて「主人より下位の殿上人」の動線は、「中門廊」前にある「沓脱（板）」を昇り、「中門廊」、「東透渡廊」

を経て「南廂」に至り、寝殿へは結界装置である「切目長押」の段差を昇る経路であった。そこでは中門廊前の沓脱(板)とその前に設えられた縁側が、東門を入ったところ広場(ソト)と中門廊という建築(ウチ)を隔てつつ結節する結界装置としての役割を有している。「使用人や侍など」の動線においても同じように侍廊前の縁側に取付いた沓脱(板)が侍廊というウチの空間と広場というソトの空間を隔てながらも、結節する結界装置となっている。

このように、寝殿造には身分毎に動線上に隣り合う異なる空間を結節する結界装置が存在していることが分かる。特に「南階」は寝殿と南庭という建築と庭を結節する結界性を有す結界装置であると同時に中間領域の装置であると言え、同じく沓脱(板)も中間領域の装置としてソトからウチ、またその反対の空間を結節する結界装置としての役割を担っていると言える。

では沓脱(石)は空間においてどのような役割を担っているであろうか検証していく。二重露地において躙口前にある沓脱(石)は、茶室(ウチ)と露地(ソト)を繋いでいる。第3章第4節で記した『古田織部正殿聞書』にあるように、露地の沓脱(石)は内露地(庭)を構成する役石であるが、茶室の廂(軒)によって建築内部の空間に包括されているという見方もできる。日向進は『茶室に学ぶ』において「土間庇は屋内と屋外の中間領域に属する空間であり、露地の飛石がそのなかに入り込み、躙口を接点として露地(庭)と茶室(建築)が一体となった茶の湯の場が形成されることになった」[▽9]と土間廂が露地と茶室を繋いでいるとしているが、そこに据えられる沓脱(石)は建築側の中間領域である庇(軒)の影響を受けていることから、建築と庭の両方の性質を持つと考えられる。

【図119】は、既に示した上田宗箇の二重露地(【図112】参照)において、外露地門から茶室までの動線と境界線ならびに中潜（中門）と躙上りの石（沓脱（石））の位置を示した図である。動線を破線、中門を一重枠、中間領域を二重枠で示し、沓脱（石）を円で囲っている。

第3章第4節で検証した茶書の記述にもとづけば、露地へ入るためには外露地門を通り外腰掛にて留まった後、飛石を伝い中潜前の「客石」において亭主に挨拶を交わし、新しいセキダに履き替え「中潜」を入る。露地では、貴人であった場合、亭主が「中潜」（中門）の外まで出迎えることとなるが、原則として外露地から茶室までの客人の動線は貴賤の隔たりなく同一である。「中潜」は外露地と内露地を隔てる中門の一種でありながら、外露地と内露地を繋ぐ役割を持つ結界装置であると考えられる。また「中潜」で履物を履き替える行為は、建築内部へ入る際に行われる尊者や神に対して履物を脱ぐものではなく、儀式や信仰に見られた越境に際する行為と同等であると考えられ、中門は異なる空間の境界装置であると言える。

続いて「中潜」を抜け「内露地」に入ると飛石伝いに「内腰掛」に留まったあと、「雪隠」を確認し、改めて飛

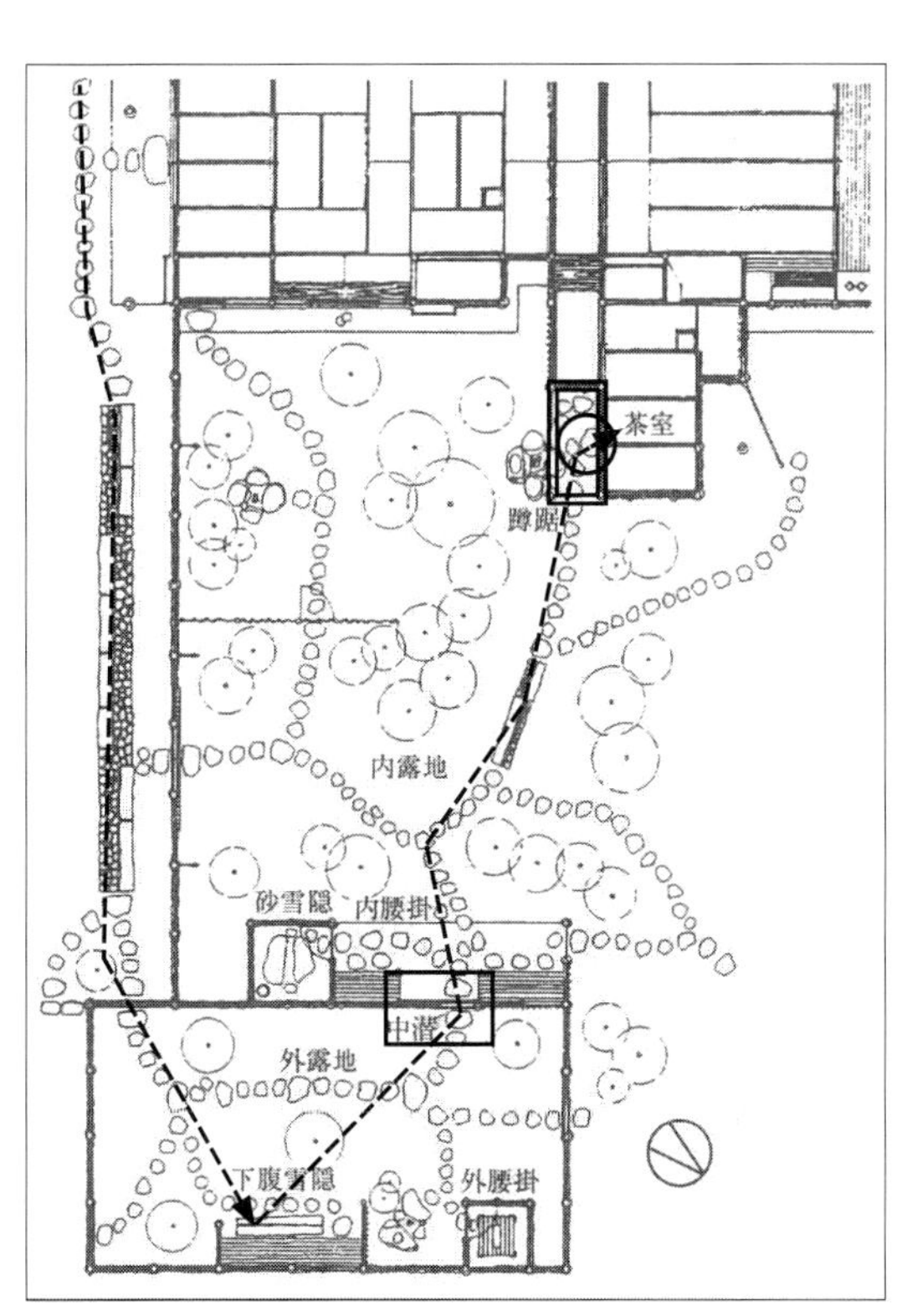

【図119】二重露地の動線と境界の位置
『茶室を読む』、p.97より転載加筆

石や延段を伝い「蹲踞」にて清めの作法を採る。その後、再び飛石を伝い「刀掛」にて刀を外し、飛石伝いに「躙上りの石（沓脱（石））」にて屈み、茶室の扉を開け、履物を脱いで茶室に入るが、その際には「躙上りの石」で脱いだ履物を壁に立て掛けるなどの作法を採る。

このように露地では飛石が沓脱（石）を含むあらゆる構成要素をつなぎ茶室前まで誘導するが、茶室との接続部には沓脱（石）が設えられることから茶室（ウチ）と露地（ソト）をつなぐ役割を持つ結界装置となっていると言える。

中世の絵画史料には『西行物語絵巻』（【図4】参照）で示したように、沓脱（板）が建築と庭を繋ぐ役割を担っている場面もあるが、近世の庭を描いた各地の名所図会の描写では、主として沓脱（石）が庭と建築を繋ぐ昇降装置として用いられている。

『都林泉名勝図会』の「伏水龍徳庵」（【図51】参照）の描写には、沓脱（板）と沓脱（石）が共に描かれていたが、門から池もしくは枯池の中を飛石で伝い座敷に至る動線となっている。沓脱（板）は門から飛石を伝った先の縁先に備わる。沓脱（板）までの飛石は徐々に高くなり沓脱（板）の手前の自然形の飛石は地面よりも随分と高く据えられていることが分かる。一方、沓脱（石）は座敷から門のある方向ではなく橋の架かる中島がある庭の方向に備わる縁先に据えられている。その先は刈り込みの生垣に囲われ、多くの樹木が植えられ、大小の石が立てられる庭が確認される。明確な説明がないため描写から状況を把握するしかないが、沓脱（石）が庭と建築という異なる性質の空間を結節している。

沓脱（石）は庭側の空間における昇降装置であると同時に、建築と庭を繋いでおり、ウチからソトまたその逆の空間へと転換を示し、二つの空間を結節する結界としての役割を持つと考えられる。

つまり、沓脱（板）と沓脱（石）はともにウチとソトという異なる空間を結節する役割を担っており、そこを通過する人々にとっては空間の転換を示す結界装置となっていると言えよう。

第2項　沓脱による身分の区別

前項で述べたように、沓脱（板）と沓脱（石）は空間を結節する結界性を有する結界装置であることが分かった。本項では沓脱（板）と沓脱（石）の持つ役割について検証していく。

沓脱（板）、沓脱（石）が備わる場所は建物と庭（外部）の境界部分であった。境界は隣接する空間を分断するが、反対にそこでは空間を結節するという結界性を有する人の行動に影響を及ぼす可視化された「結界（装置）」が設えられることが多いと考えられる。▽10

沓脱（板）も建築と庭という異なる空間を結節することから結界装置であると言えるが、寝殿造の沓脱（板）は身分によって使用する場所が決定され、尚且つ履物を脱ぐ位置を沓脱（板）の下（地面）、沓脱（板）の上、切目長押前（廂上）の3か所に分けていた。また、対面儀礼で笏を抜くなどの行為も身分によって切目長押の上下で区別されていた。

『慕帰絵詞』「大原の往生極楽院（現三千院）」（【図98】参照）や『春日権現験記』「清涼寺」（【図99】参照）では切目長押前で履物を脱ぐ様子が確認され、『民経記』天福元年（1233）1月23日条では、位階によって切目長押における所作が異なっていたことが記されていた。飯塚ひろみは「長押は身分を隔てる境界であった」としているが、▽11 切目長押は、上段と下段または身舎と廂という空間を分断する境界でありながら、その段差によって身分を隔てるという結界性を有する結界装置であったと考える。

履物の脱着場所と段差との関係性について見ると、寝殿造（【図76】参照）では、寝殿までの動線は身分によって異なっており、中門廊南側、妻戸前、侍廊前にある沓脱（板）のいずれを使用するか決められているとともに、その下で脱ぐ者、上で脱ぐ者の区別がされていたことから、沓脱（板）の段差も、切目長押と同様に身分を隔てる結界性を有す結界装置としての役割があったと言える。

例えば、『民経記』天福元年（1233）1月23日条では、履物を脱いだことが確認できる四名のうち、従五位下で配流の身にあった葉室光俊と勘解由小路経光は沓脱（板）の下の地面で履物を脱ぎ、同じ位階ながらも蔵人身分である九条忠高と権中納言で従三位であった藤原兼光は沓脱（板）の上で履物を脱いだことが次のように記されている。

「北上東面、光俊朝臣揖離列立上、西面、令立東立蔀前、無揖、於沓脱下弁侍取沓直裾、取笏文参進、沓脱下脱沓了、自第二間膝行参進、置笏文退、於長押上抜笏、次蔵人大進、兼高、於沓脱下小舎人取沓、立上取笏文如常、参進儀同前、退時於長押下抜笏、次蔵人弁忠高、取笏文参進、於沓脱上脱沓、尤可然歟、予如此存知了、於長押上抜笏退、予此沓脱下脱沓、著沓、出納親清献之、後自沓脱下立前庭、持笏、西面、立蔀前、次外記持来笏文、予指笏取笏文、次外記退立、予参進昇沓脱、故祖父入道（藤原兼光）殿并納言殿於沓脱上令脱御了、所追其例也、所脱沓、小舎人久直取沓、（草部）次参進昇弘庇長押、斜行致第一間、西柱東方膝行、三歩、縣笏於長押、次取直笏文置之、以笏右肩引直了、笏自北南へ四合所並置也、次逆行、不幾、向東角方抜笏、抜笏、雖聊不伏者作法也」▽12（波線筆者）

このように身分によって履物を脱ぐ位置が沓脱（板）の上か下の地面となるか異なっており、沓脱（板）という段差が身分を隔てる結界性を有していることが分かる。

さらに『法然上人絵伝』「法然吉水の房」（【図90】参照）では、折烏帽子に直垂姿の武士や袈裟を着た僧の姿が見えるが、沓脱（板）の上に履物はなく、縁側の下の地面に草履と下駄が一組ずつ描かれている。同じく、沓脱（板）があっても使用することが出来なかったと推察される描写が『法然上人絵伝』「日光の別当僧正の房」（【図88】参照）や「法然の住房」（【図95】参照）に確認された。

前者では、主人は切目長押により一段上がった身舎に座るが、訪ねてきた僧は切目長押より外の縁側に座っている。後者では、法然、訪ねてきた僧ともに身舎に座しているが、法然のみが一段あがった畳に座しており、身分に隔たりがあったことが推察される。このように段差には身分を隔てる結界性があると見られることから、沓脱（板）も同様の結界性を有し結界装置としての役割を担っていたと考えられる。つまり、沓脱（板）の役割には、前項で述べた空間を結節する結界性のみならず配置場所と段差によって身分を区別する結界性があると言える。

以上のように、沓脱（板）には身分を隔てる結界性の役割があったが、沓脱（石）はどうであろうか。まず、茶室の躙口の手前に備えられる沓脱（石）について見ていく。

茶の湯では貴賤に関わりなく躙口前に据えられた沓脱（石）の上で履物を脱いでいる。利休の茶の湯について記した『南坊録』▽13には、「草庵の作法天下の人如此、休の清風に随ひ貴賤一同露地の本意を行はれしこと寺院の清規に増りて尊かりし也。」とあり▽14、利休の茶の湯は、あくまで禅宗の修行道場の茶事を重んじ、そこでは、貴賤の隔たりが生じないようにと考えられていた。また、商人の利休が、茶の湯においては、時代の支配者たる関白秀吉と同じ空間を共有していることからも、利休の茶の湯において身分による区別は、極めて小さかったと考えられている。このことから利休の茶室の沓脱（石）には、沓脱（板）のような身分を隔てる結界性があるとは考えにくい。しかし、以下に述べるように、武士によって創造された茶室では身分を隔てる仕組みがあったようである。

まず、古田織部は相伴席を付設し、貴人を招くときは相伴席の畳を除いて上下段を構成しようと試みている。『古織伝』[15]の「くさりの間の次第」にて示されている【図１２０】には、上段の間と中敷居によって床高さを三段に隔てている。図の添え書きには、「中しきゐ　すきやの勝手五寸たかし　しょいん上だん」[16]とあり、僅か五寸という段差が身分を隔てる結界装置となっていたと考えられる。

また【図１２１】にあるように、織部と同じ士分の織田有楽の茶室には、広縁と客座の畳が敷かれる部分の境界に無目敷居が設けられていることが『茶譜』に確認される。日向進によれば、無目敷居は段差を生じず襖や障子が組み込まれる余地もない室内の装飾であるが、同席する者に対し空間を明確に隔てる結界（装置）であったとされる。[17]このように饗応の席となる茶室では、同室空間で天井の高さを変えるなど身分に応じた座を分ける仕掛けによって結界性を表示していると見ることができる。つまり、身分の隔たりがないように試みた利休の茶の湯に対し、武士は織部の相伴席や有楽の無目敷居に見られるように茶の湯に「武門の礼」に適する構成を組み入れようとしたとも考えられる。[18]

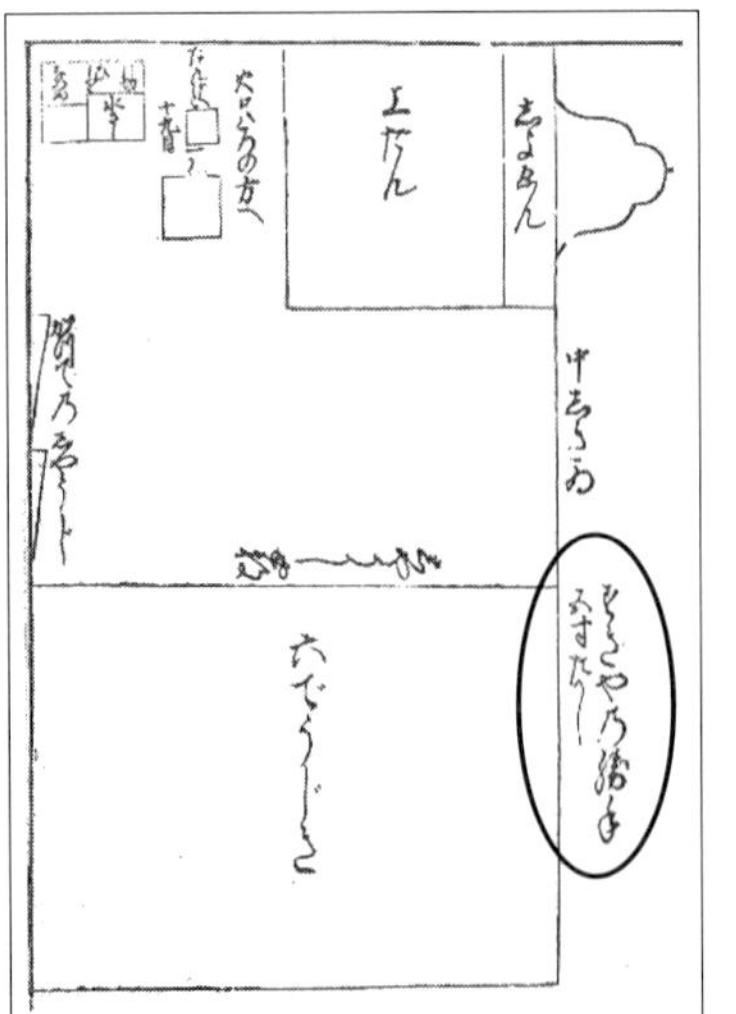

【図120】織部茶室の上段の間と中敷居よる床高さの結界
市野千鶴子『古田織部茶書 二』思文閣、1984年、p.283より転載加筆

織部時代以降の茶の湯には、少なからず利休時代までの茶の湯とは異なる武家儀礼に基づく所作が付加されていると考えてよい。そこでは部屋の仕上げを畳と板敷きに分け、畳の厚みによる段差によって身分を隔てる結界装置としているように、身分を分ける結界性を表示する仕掛けが小さな茶室でも行われていたと見える。つまり、沓脱（石）は常時身分を区別する結界性を示す寝殿造の沓脱（板）と比べると、異なる身分の参加者がいる場合のみ結界性を示す役割があり、同時に前項で示した空間を結節し空間が転換することを表示する結界性と合わせ2つの結界性を示す役割があったと言える。

また、『一遍上人絵伝』を初めとする中世の絵画史料を見る限り、沓脱（石）が設えられている建物は非儀式的な居住のための私的な建物である可能性が高く、来客者が訪れることは原則的に想定していなかったという見方ができる。沓脱（石）は、その住まいの主人や近しい者が使用する昇降装置であったが、来訪があった際には、来訪者が履物を脱ぐ場とされたと考えられる。『融通念仏縁起絵巻』では来客がない場合、沓脱（石）の上には良忍の草履が置かれ、来客があると来訪者の足駄が置かれている様子が描かれている。日常では住まいの主人の履物を脱ぎ置く場でありながら、来訪者があった場合には、来訪者の履物を脱ぎ置く場となっている。

『慕帰絵詞』の「竹杖庵」（【図101】参照）の描写では、付け書院前に沓脱（石）が据えられ一組の草履が脱ぎ置かれていた。沓脱（石）の下にはもう一組の草履が脱がれ、さら

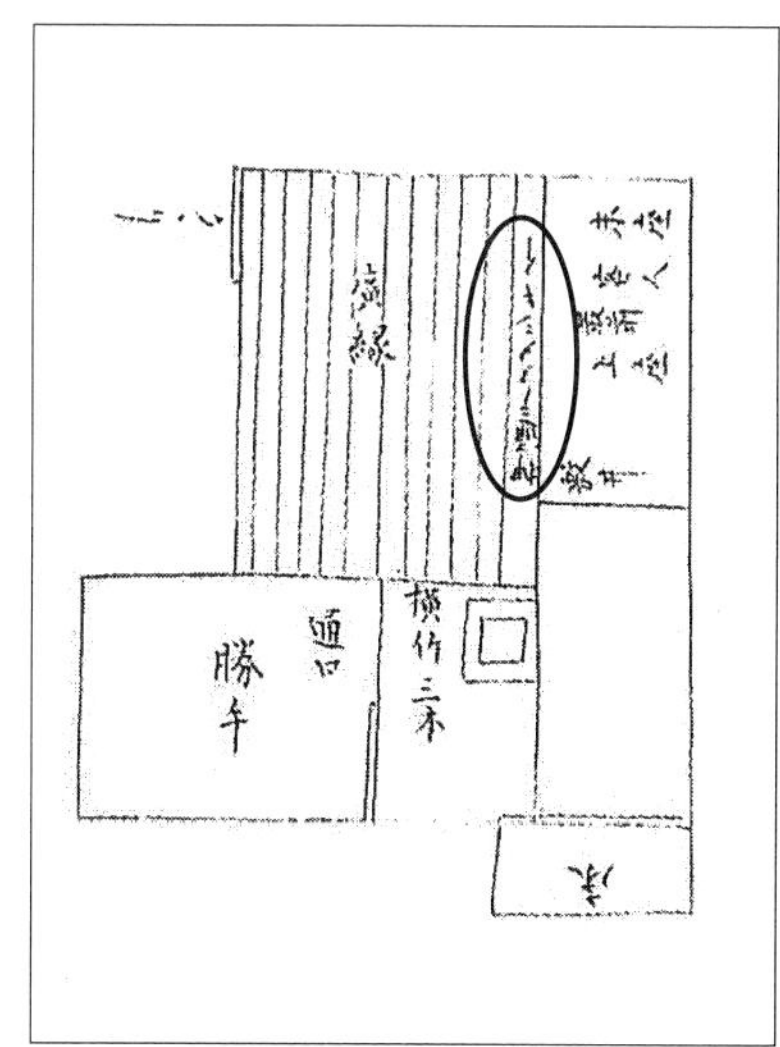

【図121】無目敷居による結界
谷晃・矢ケ崎善太郎『茶湯古典叢書 五 茶譜図版編』思文閣出版、2010年、p.86より転載加筆

に簀子縁の下には黒い足駄が置かれている。下駄（足駄）について『北野社家』には、下位僧は足駄を含む下駄類を着用することができなかったことが記されており、簀子縁の下の足駄は上位僧の履物であると見られることから、この足駄は主人である宗昭の履物ではないかと推測される。また、沓脱（石）の上に脱がれる緑色の草履は、宗昭が唯善房の屋敷を訪れた際に履いていたものと同じ形状であり、高僧のものであると考えられる。

「竹杖庵」の描写では、主人である宗昭が付け書院におり、身舎内の広廂に二名の僧が控えているが、一名の僧は袈裟懸け姿をしており高僧であることが読み取れる。この僧らがどういった経緯の来訪者であるか明確には分からないが、沓脱（石）は来訪者の履物を脱ぎ置く場として使用されていると見られることから、沓脱（石）は沓脱（板）に比べて身分の区別が厳密でない非儀式的な建物の沓脱として用いられたとも言える。

沓脱は『慕帰絵詞』の「唯善房の屋敷」に見られるように、建物が「ハレ」と「ケ」の用途に分けられているならば、「ハレ」の空間には沓脱（板）を設け、住まいとなる「ケ」の空間には、沓脱（石）を使用していた可能性を見出すことができるが、『都林泉名勝図会』の「伏水龍徳庵」（【図51】参照）には沓脱（板）と沓脱（石）の両方が同一の部屋に備えられていた。

さらに桂離宮の古書院の月見台の左側には【図１２２】に示

【図122】桂離宮古書院前 月見台横の沓脱（板）
町田香氏提供写真を模写

す沓脱（板）が造営当初からあったと考えられており、[19]尚且つ【図123】に示す通り、同室の南側からの動線の建築境界沿いには【図124】の沓脱（石）が据えられていた。桂離宮には松琴亭にも沓脱（板）が確認できるほか、近代では慶雲館の茶室に沓脱（板）と沓脱（石）が同じ空間に使用されている。

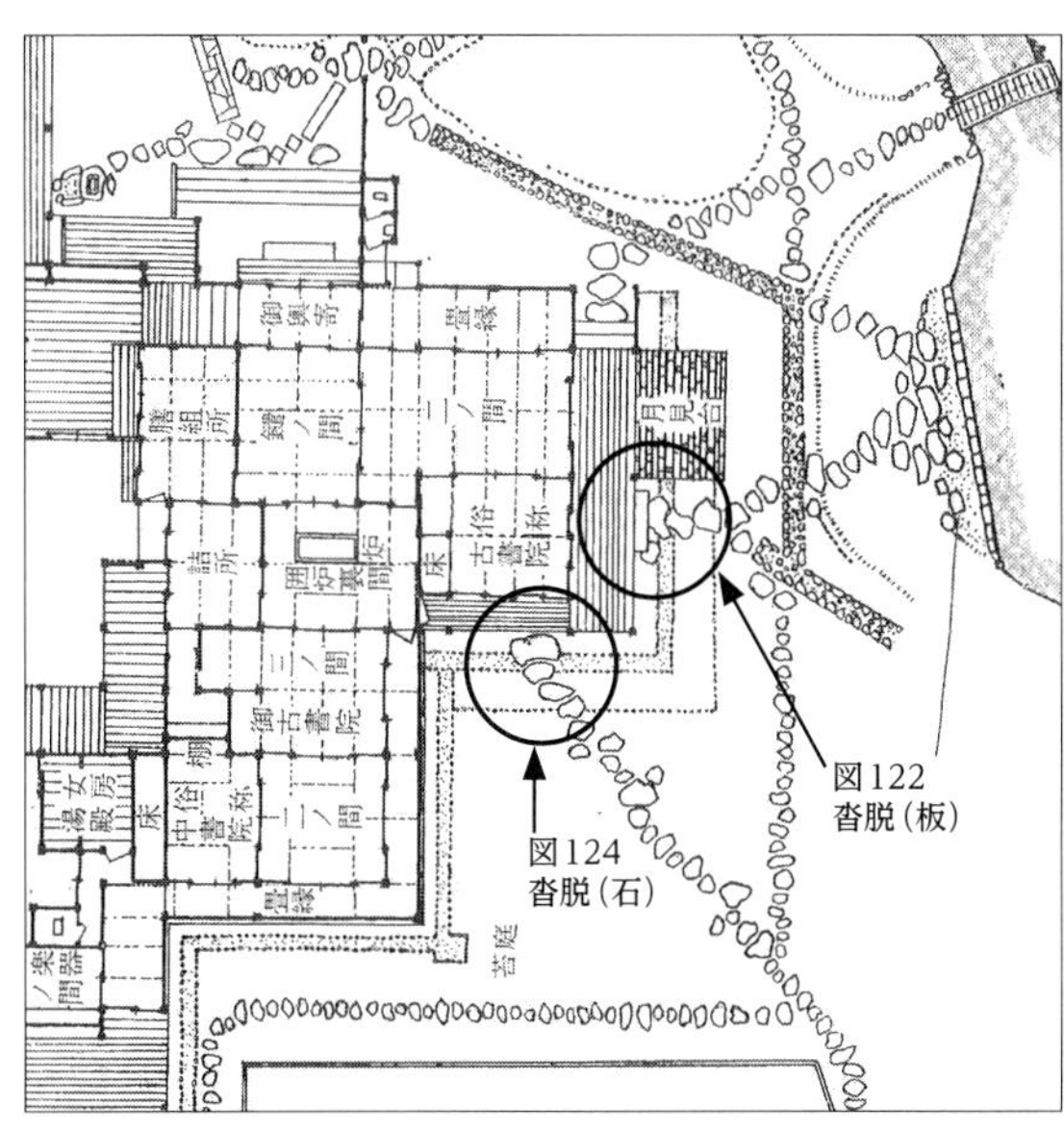

【図123】桂離宮古書院の沓脱（板）と沓脱（石）
森蘊『桂離宮』東都文化出版、1955年、p.30より転載加筆

【図124】桂離宮古書院に据えられる沓脱（石）
町田香氏提供写真を模写

結論

沓脱（板）の描写は、『聖徳太子絵伝』（延久元年〈１０６９〉）に初めて確認され、調査した絵画史料では合計で２１１か所にその姿が描かれていた。また、治承3年（１１７９）の『壬生家古文書』には「沓脱板一枚〈長一丈一尺四寸半〉」とあり、「沓脱板」という名称が確認される唯一の記録であった。

しかし、描写数のうち9割の１９１か所が中世までの史料に集中しており、近世の絵画史料では描写数は僅か20か所に留まった。中世までの絵画資料において、寝殿造に沓脱（石）が使用されている描写はなく、昇降装置には沓脱（板）が用いられていたことが分かる。

一方、沓脱（石）については、『一遍上人絵伝』（正安元年〈１２９９〉）に初めて確認され、この他の中世までの絵画史料にも描かれていたが、その数は33か所に留まった。しかし、近世になると沓脱（石）の描写は２３６か所に増加し、文献史料にも確認されるようになる。慶長年間の『古田織部正殿聞書』では躙口前に据えられる沓脱（石）を「ニジリアガリノ石」などと記している。『古田織部正殿聞書』以降、沓脱（石）に関する描写や記録が増加する一方で、沓脱（板）は減少する。これにはさまざまな要因が考えられる。

一つ目に史料の制約がある。史料一覧に示すように、中世の文献史料は公家、貴族などに関するものが多い。また、これらの史料は公家をはじめとする社会階層の上位者を題材とし、またその対象も階層の上位に位置する者が多い。さらに、これらの史料に描かれるのは「ハレ」の場面が多く、日常の「ケ」の場面は記録として残され難いという性質がある。本研究において採用した史料についても同様であり、中世までの史料では庶民大衆など被支配階層者の生活を記す史料が十分ではないため、必然的に沓脱(板)の記録が多くなっているとも考えられる。

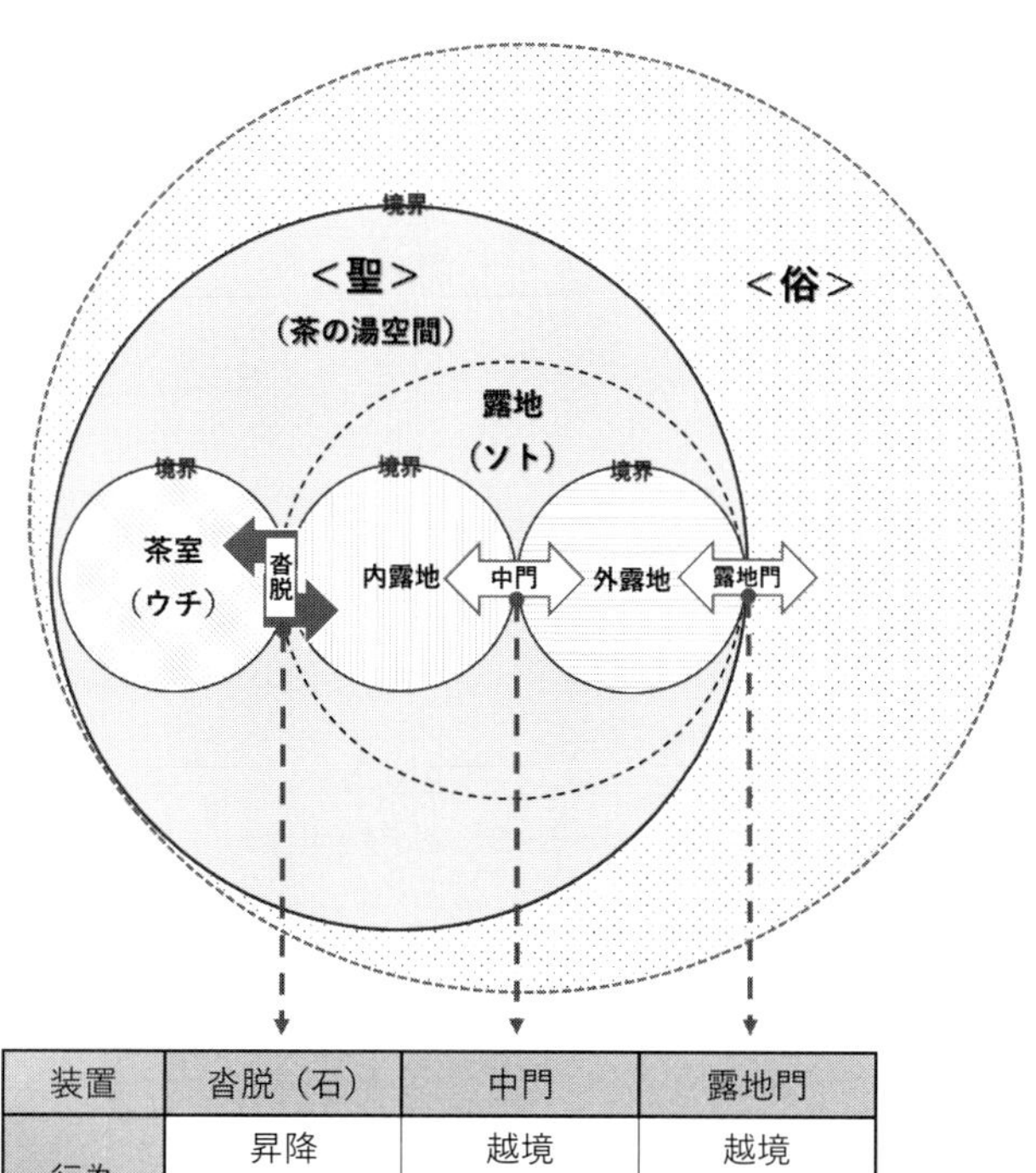

装置		沓脱（石）	中門	露地門
行為		昇降	越境	越境
		履物脱着	履物脱着	—
結界性		空間の結節	空間の結節	空間の結節
		身分の区別	—	—

【図125】茶の湯空間における境界と結界性

二つ目は、住宅様式の変化が挙げられる。中世以降、住宅様式が寝殿造から書院造へ移行する中で、公家も書院造を居住とし、寝殿造の建築は減少していくと見られ、主に寝殿造に付随する沓脱（板）も減少したことは想像に難くない。また、安土桃山時代における千利休による侘茶の大成によって、茶室に付随する沓脱（石）が増加したことも大きいが、いずれにしても沓脱は近世初期以降に板から石へと大きな転換があったと見られる。

さらに本研究において沓脱の持つ役割について検証したところ、寝殿造では身分によって寝殿までの動線が異なるが、それぞれの動線にはウチとソトという異なる空間を結節する昇降のための結界装置が存在していた。それは南階や中門、中門廊、侍廊に備わる沓脱（板）であり、２つの異なる空間を結節する結界性を持ち空間の転換を表示する役割を担っていると言える。

一方、沓脱（石）が設えられる露地では【図１２５】に示すように、まず露地門が境界によって俗社会と隔てられた聖（茶の湯）の空間を結節する役割を持ち、次に中門が内露地と外露地を隔てる境界でありながら、両者を結節する結界性を有する結界装置としての役割を担っている。続いて、躙口に据えられる沓脱（石）が茶室と露地をつなぎ、そこでは履物の脱着が行われ空間を結節する役割を担い、空間的な転換を心身共に示す結界装置となっていると言える。

さらに沓脱の持つ役割は前述したようにウチとソトの空間を結節するという結界性のみならず、寝殿造では、身分・位階によって使用できる沓脱（板）が決められていることから場所によって身分を区別する結界性を示していた。加えて、寝殿造の沓脱（板）では、履物を脱ぐ場所が身分によって沓脱（板）の上と下である場合が確認され、その段差が当事者の身分を表す結界性を有していることから、沓脱（板）はこれらの結界性を示す結界装置としての役割があったと言える。

一方、茶室前の躙口に据えられる沓脱（石）は、沓脱（板）のように場所や高さ（段差）による身分の区別は示されないが、そこでは貴人の履物のみ取り扱いを分けることで身分の上下を表す結界性を示している。すなわち、どちらの沓脱も中間領域の昇降装置としてウチとソトという異なる空間を結節するという結界性と身分を区別するという結界性を有していると言える。

このように性質の異なる空間を結節する中間領域では履物の脱着行為が確認されるが、沓脱のように昇降装置として機能する場合では、【図126】に示す通り身分の結界性を示すための脱着行為が行われ、露地の中門など平面的に空間を移動する場合には、越境に際する脱着行為が行われる。

つまり、日本のように屋内に入る際に履物を脱ぐ文化がある場合では、空間の境界となる中間領域に設えられた沓脱で見られたように履物を脱着する必要性が生じるため、単に中間領域の面積を拡大するなどでは十分ではないことから、結界性に配慮しそれを実行するための用意が庭に求められるのではないだろうか。

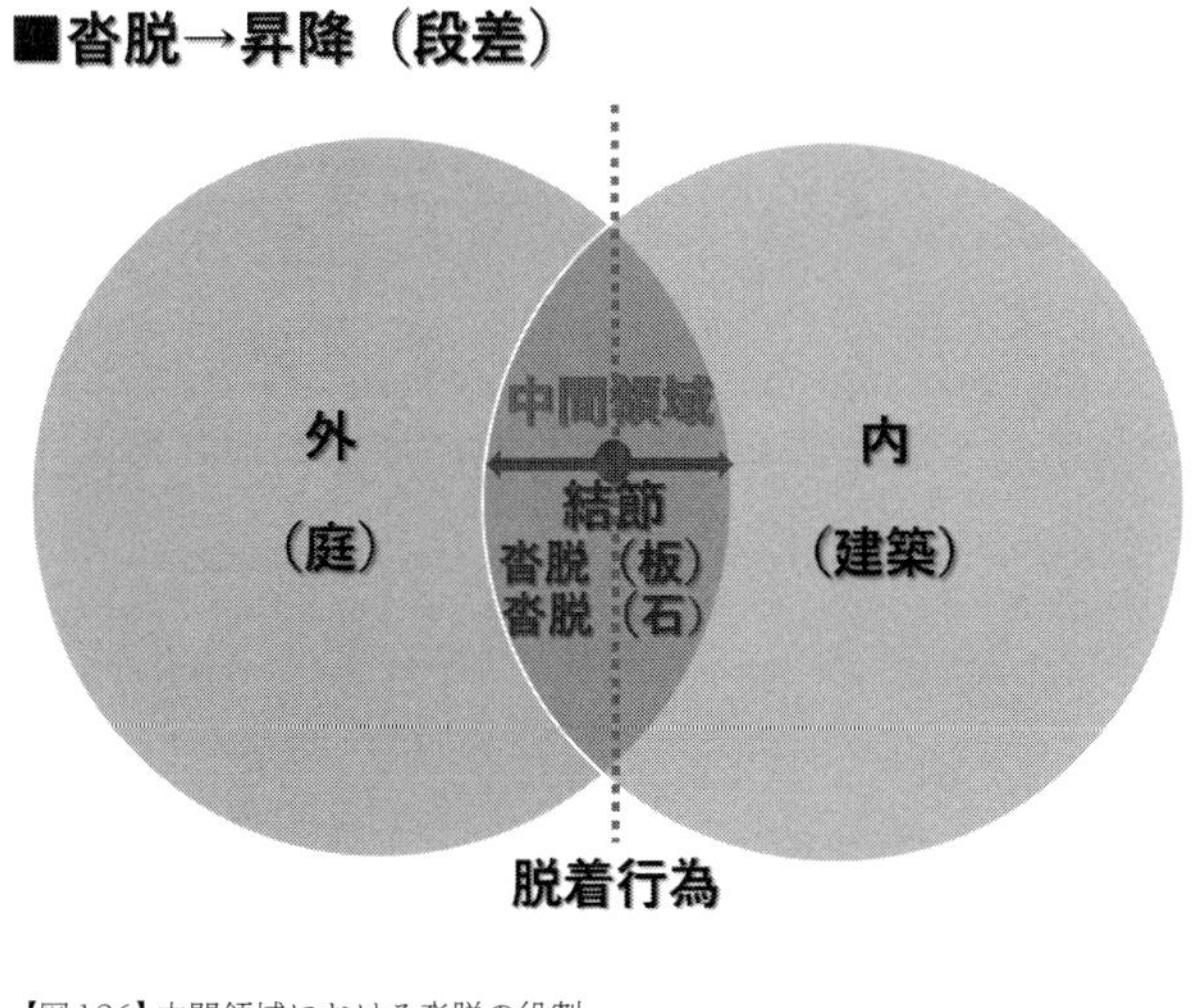

■沓脱→昇降（段差）

【図126】中間領域における沓脱の役割

［注釈］

1　故実叢書編集部編『故実叢書第二回　家屋雑考』明治図書出版・吉川弘文館、１９５１年、２３３―２４４頁。
2　東京大学史料編纂所ＨＰ　https://clioimg.hi.u-tokyo.ac.jp/viewer/view/idata/850/8500/06/2101/0001?m=all&s=0001（２０２１年８月８日閲覧）『中右記』は藤原宗忠（１０８７―１１３８年）によって著された。
3　東京大学史料編纂所ＨＰ前掲書（２）寛治７年（１０９３）３月20日条。
4　東京大学史料編纂所『大日本古記録　後愚昧記　四』岩波書店、１９９２年、応永２年（１３９５）４月９日条。
5　東京大学史料編纂所ＨＰ　https://clioimg.hi.u-tokyo.ac.jp/viewer/view/idata/850/8500/06/0801/0285?m=all&s=0285（２０２１年８月８日閲覧）『殿暦』は藤原忠実（１０８７―１１３８年）によって著された。
6　東京大学史料編纂所ＨＰ前掲書（５）康和４年（１１０２）12月13日条。
7　東京大学史料編纂所ＨＰ　https://clioimg.hi.u-tokyo.ac.jp/viewer/view/idata/850/8500/06/2001/0001?m=all&s=0001（２０２１年８月８日閲覧）『実躬卿記』嘉元３（１３０５）年１月16日条。
8　赤澤真理「建築空間の境界と打出の装束」『女房装束打出押出事』２０１８年３月、国文学研究資料館紀要文学研究篇44号。赤澤真理は『女房装束打出押出事』にて、平安期から鎌倉期にかけての上流住宅について、門と中門廊が二重の境界であるとしている。
9　日向進『茶室に学ぶ』淡交社、２００２年、１３８―１３９頁。
10　赤澤真理前掲書（８）２７７頁。
11　飯塚ひろみ「『源氏物語』のしぐさ小考―「長押におしかかる」「長押に寄りかかる」こと―」『同志社女子大学紀要論文』同志社大学、２０２０年、36―39頁。
12　東京大学史料編纂所ＨＰ　https://clioimg.hi.u-tokyo.ac.jp/viewer/view/idata/850/8500/06/1601/0261?m=all&s=0261（２０２１年８月８日閲覧）『民経記』天福元年１月23日条。
13　上原敬二編『解説南坊録抜粋・露地聴書』加島書店、１９８３年、71頁。
14　上原敬二編前掲書（14）71頁。
15　市野千鶴子校訂『古田織部茶書二』思文閣、１９８４年、２８３頁。

16　市野千鶴子校訂前掲書（15）２８３頁。
17　日向進前掲書（9）１１０頁。
18　中村昌生「茶室」伊藤延男・太田博太郎・関野克『文化財講座日本の建築5近世Ⅱ・近代』１９７６年、53—54頁。
19　内田祥哉『日本の伝統建築の構法（柔軟性と寿命）』２００９年、市ヶ谷出版、26—31頁。筆者である内田は、宮内庁『桂離宮御殿整備工事外報』１９８２年に掲載された沓脱（板）が記される図を引用しており、そこには「古書院造立時の平面図」と記されていることから、この沓脱（板）は、造立時から存在していたと考えられる。

付録　沓脱に関する調査史資料一覧

	和暦	西暦	史料名	文献史料	絵画史料 沓脱（板）	絵画史料 沓脱（石）
1	唐	733—804	茶経			
2	元和8—大和9	813—835	走筆謝孟諫議寄新茶			
3		11C	山水屏風			
4	平安末—鎌倉	11C—12C	病草紙			
5	寛弘8	1011	小右記	上簡・日記辛櫃猶、蔵人触女房申下簡、於履脱日給返置、極無由事也、今案歟、又以射場		
6	宋	1012—1067	茶録			
7	永保2—保延元	1082—1135	大観茶論			
8	長元2	1029	列見并定考部類	杓相従、余取盃昇従西面南間階履脱院下、行酒、依廳申文失禮有		
9	延久元	1069	聖徳太子絵伝		1聖徳太子絵伝5歳⑦（第2面）	
10	延久元	1069	聖徳太子絵伝		2聖徳太子絵伝21歳⑳（第3面）	
11	延久元	1069	聖徳太子絵伝		3聖徳太子絵伝16歳⑰（第3面）	
12	延久元	1069	聖徳太子絵伝		4聖徳太子絵伝10歳⑭（第4面）	
13	延久元	1069	聖徳太子絵伝		5聖徳太子絵伝43歳㉖（第4面）	
14	延久元	1069	聖徳太子絵伝		6聖徳太子絵伝41歳㉟（第5面）	
15	延久元	1069	聖徳太子絵伝		7聖徳太子絵伝28歳㉙（第6面）	

16	延久元	1069	聖徳太子絵伝		8聖徳太子絵伝37歳㉜（第6面）	
17	延久元	1069	平等院来迎九品図			
18	寛治5	1091	後二条師通紀	定了揖、避座又立揖、了相率予公卿等、沓脱下立次人被示之後、予登着御宿所座云々、		
19	寛治5	1091	後二条師通紀	〈と裳、〉仲実朝臣称唯、昇〔自〕〔日〕沓脱、中行事下候、勅許、使等応召之、		
20	寛治7	1093	為房卿記	座、東庇設院司座、予昇自巽角履脱、経院司座前、北行更西折、		
21	平安後期	12C	夜半の寝覚			
22	鎌倉初期	12C	華厳宗祖師絵伝			
23		12C	源氏物語絵巻			
24		12C	寝覚物語絵巻			
25		12C	華厳五十五所絵巻			
26		12C	紫式部日記絵詞			
27		12C	餓鬼草子			
28		12C	地獄草子			
29		12C中	信貴山縁起絵巻		山崎長者の屋敷	
30		12C中	信貴山縁起絵巻		住房	
31		12C後半	粉河寺縁起絵巻		童行者の来訪／奇端を妻に告げる猟師	
32		12C後半	粉河寺縁起絵巻		童行者に会う長者	
33		12C後半	扇面古写経		タイトル不明	
34		12C後半	阿字義			

	和暦	西暦	史料名	文献史料	絵画史料 沓脱（板）	絵画史料 沓脱（石）
35		12C後半	彦火々出見尊絵巻			
36		12C後半—13C	能恵法師絵詞			
37		12C後半—13C	吉備大臣唐絵巻			
38		12C—13C	鳥獣人物戯画			
39	嘉承2	1107	中右記	着座之後初参早衙、先着左衛門陣、〈昇従沓脱、着南面之座揖如常、〉先是左中弁		
40	嘉承2	1107	中右記	日）之後初参早衙、先着左衛門陣、〈昇従沓脱、着南面座揖如常、〉此前左中弁		
41	保安元—保延6頃	1120—1140	源氏物語			
42	永万元	1165	年中行事絵巻		3—5　闘鶏	
43	永万元	1165	年中行事絵巻		3—14　東中門・侍廊	
44	永万元	1165	年中行事絵巻		3—21　西門中門	
45	永万元	1165	年中行事絵巻		6—26　真言院	
46	永万元	1165	年中行事絵巻		10—4　貴族の邸	
47	永万元	1165	年中行事絵巻		別本2—20　外記政始	
48	永万元	1165	年中行事絵巻		別本3—10　女房の住まい	
49	仁安2	1167	平家納経巻口絵		持佛堂	
50	仁安2	1167	愚昧記	第一・二間壁也、仍入自三間、召使褰幌、沓脱席上、〉次左中弁俊経（藤原）朝臣入同間		
51	仁安2	1167	愚昧記	即起座、経奥座出下戸、予・右大弁等下居沓脱、此間人々多参入、頃之殿下入自上戸着給		

番号	年号	年代	史料名	記事	備考	
52	仁安2	1167	愚昧記	之後、不復本列立妻戸前、修理大夫脱沓於沓脱上、帰出之後、手自取下沓、於地着之復本於地着之復本列、		
53	仁安2	1167	愚昧記	如何、左府云、脱沓於沓脱上、是常事也、但有子息之人、昇了後取沓		
54	治承3	1179	壬生家古文書	沓脱板一枚〈長一丈一尺四寸半〉		
55	治承3 伝	伝1179	伴大納言縁起絵巻		左大臣邸	
56	鎌倉時代	13C	山崎架橋図	、申次房官如前経中門西縁下自沓脱、対祠官立、祠官揖、申次答揖		
57	鎌倉時代	13C	二河白道図			
58	鎌倉時代	13C	葉月物語絵巻			
59	鎌倉―南北朝		長谷雄草紙			
60		13C	正法眼蔵			
61		13C	直幹申文絵詞		4紙 直幹の館	
62		13C	阿弥陀二十五菩薩来迎図		門―板―縁―畳	
63		13C	山水抄			
64		13C	沙石集			
65		13C	なよ竹物語			
66		13C	隆房卿艶詞絵巻			
67		13C初	法華経絵巻			
68		13C初（伝1219）	北野天神縁起絵巻		10紙	
69		13C初（伝1219）	北野天神縁起絵巻		14紙 庭に面する	
70		13C初（伝1219）	北野天神縁起絵巻		24紙	

	和暦	西暦	史料名	文献史料	絵画史料 沓脱（板）	絵画史料 沓脱（石）
71		13C初（伝1219）	北野天神縁起絵巻		25紙 朱雀院	
72		13C初（伝1219）	北野天神縁起絵巻		29紙 紅梅殿	
73		13C初（伝1219）	北野天神縁起絵巻		32紙 北の対	
74		13C初（伝1219）	北野天神縁起絵巻		25紙 紀長谷雄邸	
75		13C初（伝1219）	北野天神縁起絵巻		16紙 尊意 僧正の法性房	
76		13C初（伝1219）	北野天神縁起絵巻		26紙 朱塗り	
77		13C初（伝1219）	北野天神縁起絵巻		26紙 落ち縁	
78		13C中	地蔵菩薩霊験記		28紙 福智院（奈良）	
79		13C中	地蔵菩薩霊験記		33紙 地蔵堂	
80		13C中	駒競行幸絵巻		1紙 高陽院殿	
81		13C中	随身庭騎絵巻			
82		13C後半	西行物語絵巻		6紙 義清邸裏門	
83		13C後半	西行物語絵巻		10紙 嵯峨の聖の僧房	
84		13C後半	西行物語絵巻		14紙 藤原為隆邸 中門廊	
85		13C後半	西行物語絵巻		16紙 脚のない板	
86		13C後半	西行物語絵巻		17紙	
87		13C後半	西行物語絵巻		5紙 自邸	

88		13C後半	西行物語絵巻		14紙 旧知邸	
89		13C後半	西行物語絵巻		18紙 娘の家	
90		13C後半	西行物語絵巻		2紙 広沢池畔庵	
91		13C後半	西行物語絵巻		7紙 熊野滝入堂	
92		13C後半	西行物語絵巻		10紙 妻戸前	
93		13C後半	西行物語絵巻		24紙 聖の他界	
94		13C後半	西行物語絵巻		25紙 西行の汎	
95		13C後半	西行物語絵巻		27紙 高野山	
96		13C後半	住吉物語絵巻		10紙 姫君邸の門前	
97		13C後半	住吉物語絵巻		3紙 書院	
98		13C後半	住吉物語絵巻		6紙 姫君対屋東面	
99		13C後半	住吉物語絵巻		2紙 釣殿	
100		13C後半	小野雪見御幸絵巻		22紙 寝殿西廂	
101		13C後半	小野雪見御幸絵巻		27紙 寝殿西側	
102		13C後半	小野雪見御幸絵巻		30紙 廂の間	
103		13C後半	山王霊験記		7紙 関白頼通邸	
104		13C後半	狭衣物語絵巻			
105		13C後半	伊勢物語絵巻			
106		13C後半	前九年合戦絵詞			

	和暦	西暦	史料名	文献史料	絵画史料	
					沓脱（板）	沓脱（石）
107		13C後半	玄奘三蔵絵			
108		13C末	天狗草紙			
109	建仁2	1202	猪隈関白記	面、〉次寄御車於馬場屋東階、下官昇南面沓脱参御車簾、殿下御参遅々、依仰余参也、		
110	建仁2	1202	猪隈関白記	雅座、依簀子狭也、余・内府起座、下自南面沓脱、立南庭〈東面、北上、〉取奏、其儀如一		
111	建仁2	1202	猪隈関白記	板敷、居小臺盤前、大臣作法也、自余昇自沓脱也、〉御殿出居〈右中将成家（藤原）朝臣		
112	建保2	1214	喫茶養生記			
113	慶長年間	1218	公家列影図			
114	建保6	1218	中殿後会図			
115	嘉禄2	1226	明月記	昇沓脱入妻戸申之、自内沓脱、来召、次昇外沓脱、入妻戸自廊柱内北行		
116	嘉禄2	1226	民経記	（ママ）出納、《今代召少舎人常事也、》沓脱下〈ニ〉有〈ツル〉物〈トテコヨ、於殿上		
117	嘉禄2	1226	民経記	至殿上西第一間東畔、《此所端座也、》昇沓脱〈乍著沓、〉《裾下参殿上也、》懸左膝於		
118	嘉禄2	1226	民経記	家光、〉範宗（藤原）三品著母屋座、予昇沓脱著端殿上人座、次兵部権大輔兼綱（藤原）		
119	安貞1	1227	民経記	行、経小庭北頭西行、至殿上西一間東畔昇沓脱、〈乍著沓、〉昇長押、経北戸、暫徘徊渡		
120	安貞1	1227	民経記	道自中門廊【モ】可昇、又殿上人座円東端沓脱又可昇之道也、今度昇殿上人座円、〉以前		
121	安貞1	1227	民経記	朝臣相逢申事由、〈親俊参進之時、脱沓於沓脱、下庭、入車寄戸、経中門廊・透渡殿参入		
122	安貞2	1228	民経記	〈自蔵人所方廻庭来也、〉次二拝、昇中門沓脱、居障子上端座、次以時宗申吉書候由、由、其後舞踏、次予給笏於共者、経柱東昇沓脱著西第一間、《懸左膝膝行著、》〈立敷帖ニ〉加署、〈草名也、〉次返給出納、次於沓脱著沓出神仙・無名門、〈於無名門外取裾、		

123	安貞2	1228	民経記	次予給笏於共者、経柱東昇沓脱著西第一間、《懸左膝膝行著、》〈立敷帖ニ〉加署、〈草名也、〉次返給出納、次於沓脱著沓出神仙・無名門、〈於無名門外取裾、		
124	安貞2	1228	民経記	〈草名也、〉次返給出納、次於沓脱著沓出神仙・無名門、〈於無名門外取裾、		
125	安貞2	1228	民経記	次以時宗申吉書候由、由、其後舞踏、次予給笏於共者、経柱東昇沓脱著西第一間、《懸左膝膝行著、》〈立敷帖ニ〉加署、〈草名也、〉次返給出納、次於沓脱著沓出神仙・無名門、〈於無名門外取裾、		
126	安貞2	1228	民経記	〈草名也、〉次返給出納、次於沓脱著沓出神仙・無名門、〈於無名門外取裾、		
127	安貞2	1228	民経記	〈立敷帖ニ〉加署、〈草名也、〉次返給出納、次於沓脱著沓出神仙・無名門、〈於無名門外取裾、		
128	安貞2	1228	民経記	沓、入神仙門経小庭、【垂裾、雨儀簾内、沓脱前也、】予如此所存知也、〉次親長朝臣奉		
129	寛喜3	1231	民経記	頭中宮亮資頼朝臣出逢向上首気色、帰入昇沓脱参朝餉奏事由、供御装束如常、垂母屋御簾		
130	寛喜3	1231	民経記	車一条面立之、有置路如常、参入昇北侍廊沓脱、似准殿上也、御逗留之間尤可参也、此間		
131	寛喜3	1231	民経記	方進出、此間献兵部省移文、範頼於中門廊沓脱著沓下立庭上、兵部省丞已下列立、献移文		
132	寛喜3	1231	民経記	宣仁門・宜陽西壇上、自内侍所北面妻戸前沓脱所昇参也、見廻之処、南面・西面共以下格		
133	寛喜3	1231	民経記	次撤祓物、次起座、入幔門、府屋昇西面沓脱、入妻戸、著座、職事座、北障子前敷之、		
134	天福1	1233	民経記	令立東立蔀前、無揖、〉取笏文参進、〈沓脱下脱沓了、〉《於沓脱下弁侍取沓直裾、》〉取笏文参進、〈沓脱下脱沓了、〉《於沓脱下弁侍取沓直裾、》自第二間膝行参進、置抜笏、次蔵人大進兼高立上取笏文如常、《沓脱下脱沓、》《於沓脱下小舎人取沓、》参進高立上取笏文如常、《沓脱下脱沓、》《於沓脱下小舎人取沓、》参進儀同前、退時於長押笏、次蔵人弁〈忠高、〉取笏文参進、〈於沓脱上脱沓、尤可然歟、予如此存知了、〉於長、予此後《著沓、〈出納親清献之、〉》自沓脱下立前庭、《持笏、》〈西面、立蔀前、〉文、予指笏取笏文、次外記退立、予参進昇沓脱、於其所脱沓、〈小舎人久直（草部）取沓〉《故祖父入道（藤原兼光）殿并納言殿於沓脱上令脱御了、所追其例也、》次参進昇弘庇		

	和暦	西暦	史料名	文献史料	絵画史料 沓脱（板）	絵画史料 沓脱（石）
135	天福1	1233	民経記	《於沓脱下弁侍取沓直裾、》〉取笏文参進、〈沓脱下脱沓了、〉《於沓脱下弁侍取沓直裾、》自第二間膝行参進、置抜笏、次蔵人大進兼高立上取笏文如常、《沓脱下脱沓、》《於沓脱下小舎人取沓、》参進高立上取笏文如常、《沓脱下脱沓、》《於沓脱下小舎人取沓、》参進儀同前、退時於長押笏、次蔵人弁〈忠高、〉取笏文参進、〈於沓脱上脱沓、尤可然歟、予如此存知了、〉於長、予此後《著沓、〈出納親清献之、〉》自沓脱下立前庭、《持笏、》〈西面、立蔀前、〉文、予指笏取笏文、次外記退立、予参進昇沓脱、於其所脱沓、〈小舎人久直（草部）取沓〉《故祖父入道（藤原兼光）殿并納言殿於沓脱上令脱御了、所追其例也、》次参進昇弘庇		
136	天福1	1233	民経記	取笏文参進、〈沓脱下脱沓了、〉《於沓脱下弁侍取沓直裾、》自第二間膝行参進、置抜笏、次蔵人大進兼高立上取笏文如常、《沓脱下脱沓、》《於沓脱下小舎人取沓、》参進高立上取笏文如常、《沓脱下脱沓、》《於沓脱下小舎人取沓、》参進儀同前、退時於長押笏、次蔵人弁〈忠高、〉取笏文参進、〈於沓脱上脱沓、尤可然歟、予如此存知了、〉於長、予此後《著沓、〈出納親清献之、〉》自沓脱下立前庭、《持笏、》〈西面、立蔀前、〉文、予指笏取笏文、次外記退立、予参進昇沓脱、於其所脱沓、〈小舎人久直（草部）取沓〉《故祖父入道（藤原兼光）殿并納言殿於沓脱上令脱御了、所追其例也、》次参進昇弘庇		
137	天福1	1233	民経記	《於沓脱下弁侍取沓直裾、》自第二間膝行参進、置抜笏、次蔵人大進兼高立上取笏文如常、《沓脱下脱沓、》《於沓脱下小舎人取沓、》参進高立上取笏文如常、《沓脱下脱沓、》《於沓脱下小舎人取沓、》参進儀同前、退時於長押笏、次蔵人弁〈忠高、〉取笏文参進、〈於沓脱上脱沓、尤可然歟、予如此存知了、〉於長、予此後《著沓、〈出納親清献之、〉》自沓脱下立前庭、《持笏、》〈西面、立蔀前、〉文、予指笏取笏文、次外記退立、予参進昇沓脱、於其所脱沓、〈小舎人久直（草部）取沓〉《故祖父入道（藤原兼光）殿并納言殿於沓脱上令脱御了、所追其例也、》次参進昇弘庇		
138	天福1	1233	民経記	《沓脱下脱沓、》《於沓脱下小舎人取沓、》参進高立上取笏文如常、《沓脱下脱沓、》《於沓脱下小舎人取沓、》参進儀同前、退時於長押笏、次蔵人弁〈忠高、〉取笏文参進、〈於沓脱上脱沓、尤可然歟、予如此存知了、〉於長、予此後《著沓、〈出納親清献之、〉》自沓脱下立前庭、《持笏、》〈西面、立蔀前、〉文、予指笏取笏文、次外記退立、予参進昇沓脱、於其所脱沓、〈小舎人久直（草部）取沓〉《故祖父入道（藤原兼光）殿并納言殿於沓脱上令脱御了、所追其例也、》次参進昇弘庇		
139	天福1	1233	民経記	《於沓脱下小舎人取沓、》参進高立上取笏文如常、《沓脱下脱沓、》《於沓脱下小舎人取沓、》参進儀同前、退時於長押笏、次蔵人弁〈忠高、〉取笏文参進、〈於沓脱上脱沓、尤可然歟、予如此存知了、〉於長、予此後《著沓、〈出納親清献之、〉》自沓脱下立前庭、《持笏、》〈西面、立蔀前、〉文、予指笏取笏文、次外記退立、予参進昇沓脱、於其所脱沓、〈小舎人久直（草部）取沓〉《故祖父入道（藤原兼光）殿并納言殿於沓脱上令脱御了、所追其例也、》次参進昇弘庇		

140	天福1	1233	民経記	《於沓脱上脱沓、尤可然歟、予如此存知了、〉於長、予此後《著沓、〈出納親清献之、〉》自沓脱下立前庭、《持笏、》〈西面、立蔀前、〉文、予指笏取笘文、次外記退立、予参進昇沓脱、於其所脱沓、〈小舎人久直(草部)取沓〉《故祖父入道(藤原兼光)殿并納言殿於沓脱上令脱御了、所追其例也、》次参進昇弘庇		
141	天福1	1233	民経記	自沓脱下立前庭、《持笏、》〈西面、立蔀前、〉文、予指笏取笘文、次外記退立、予参進昇沓脱、於其所脱沓、〈小舎人久直(草部)取沓〉《故祖父入道(藤原兼光)殿并納言殿於沓脱上令脱御了、所追其例也、》次参進昇弘庇		
142	天福1	1233	民経記	予参進昇沓脱、於其所脱沓、〈小舎人久直(草部)取沓〉《故祖父入道(藤原兼光)殿并納言殿於沓脱上令脱御了、所追其例也、》次参進昇弘庇		
143	天福1	1233	民経記	殿并納言殿於沓脱上令脱御了、所追其例也、》次参進昇弘庇		
144	天福1	1233	民経記	手水、其後至舎東面北第一間妻戸深揖、昇沓脱脱沓、次入妻戸斜行著座、弁座南面儲之、		
145	天福1	1233	民経記	盛朝臣以下入門、入自南廂坤角柱南、到于沓脱下一揖、登沓脱、〈脱沓、〉著座、即揖、、入自南廂坤角柱南、到于沓脱下一揖、登沓脱、〈脱沓、〉著座、即揖、〈第二間、正下次上卿以下抜笏取笏、予等抜笏揖起座、向沓脱又一揖、自下臈次第退、《権尚書・左司郎		
146	天福1	1233	民経記	到于沓脱下一揖、登沓脱、〈脱沓、〉著座、即揖、〈第二間、正下次上卿以下抜笏取笏、予等抜笏揖起座、向沓脱又一揖、自下臈次第退、《権尚書・左司郎		
147	天福1	1233	民経記	向沓脱又一揖、自下臈次第退、《権尚書・左司郎		
148	嘉禎1	1235	民経記	門、〈四足、門前有橋、〉昇西面南第一間沓脱、入北布障子東行、入自西面□□、〈□□		
149	嘉禎1	1235	民経記	也、僮僕来集之後、予出中戸経西面座、於沓脱著沓参堂、行烈、仕承官人四人〈近代不見		
150	嘉禎3	1237	民経記	補飢、西斜参寺門、入勅使房南門、昇西面沓脱入布障子、入母屋妻戸内了、鋪設装束等、		
151	暦仁1	1238	民経記	殿御方可被申慶、予進出奉気色、次昇中門沓脱申事由、殿下為御見物令立給、予出南切妻給、予出南切妻仰聞食由、次跪地上退、至沓脱下著沓加本列、次殿下御方同被申慶、少将、〉有召之由、顕氏朝臣告申歟、自中門廊沓脱令昇堂上給、御共殿上人等奉相従、且御小		
152	暦仁1	1238	民経記	至沓脱下著沓加本列、次殿下御方同被申慶、少将、〉有召之由、顕氏朝臣告申歟、自中門廊沓脱令昇堂上給、御共殿上人等奉相従、且御小		
153	暦仁1	1238	民経記	有召之由、顕氏朝臣告申歟、自中門廊沓脱令昇堂上給、御共殿上人等奉相従、且御小		

	和暦	西暦	史料名	文献史料	絵画史料 沓脱（板）	沓脱（石）
154	仁治3	1242	民経記	廊沓脱、就寝殿階間啓事由帰出、自中門廊南切妻		
155	仁治3	1242	民経記	左相府令退出給、予等下立庭上致礼、於沓脱下著沓給、可然、		
156	仁治3	1242	民経記	以侍廊為其所、西第一間敷小板敷、撤縁構沓脱、座上妻戸外立中行事障子、〈中門廊巡		
157	仁治3	1242	民経記	妻戸参進、其儀如除目時、抑昇切妻之時、沓脱上脱沓、尤可然歟、右宰相中将立上之時、		
158	仁治3	1242	民経記	屏前、〈西上南面、〉幕下起座、欲下中門沓脱給之処、可為中門廊切妻之由、禅閤〈道家		
159	仁治3	1242	民経記	南門〈雑色追前、〉遥北行、昇新造中門廊沓脱、御所南面儲公卿座、右少弁時継祗候、只		
160	寛元3	1245	民経記	入無名・神仙門、於殿上西第一間一揖、於沓脱上脱沓、著横敷、於殿上重不被奏事由、被		
161	寛元4	1246	平治物語絵詞			
162	建長3	1251	岡屋関白記	廊中戸、〈暫佇立件戸内、〉昇自東面切妻沓脱、開布障子参入、褰御簾、頭中将顕方朝臣		
163	建長3	1251	岡屋関白記	切燈台、時継朝臣持文杖、昇自子午廊南面沓脱、経簀子東行、於弘庇長押下伺気色、称唯		
164	建長3	1251	岡屋関白記	昇自東面切妻沓脱、開布障子参入、御簾、頭中将		
165	建長7	1255	深心院関白記	廂西第一間壁下着浅沓、入同戸昇同第二間沓脱、〈於沓脱下先揖、〉次参議等着座、次少壁下着浅沓、入同戸昇同第二間沓脱、〈於沓脱下先揖、〉次参議等着座、次少納言召大舎		
166	建長7	1255	深心院関白記	次少壁下着浅沓、入同戸昇同第二間沓脱、〈於沓脱下先揖、〉次参議等着座、次少納言召大舎		
167	弘長2	1262	九条家歴世記録	両度無拝儀、〉拝舞、入屏戸着殿上、〈於沓脱下揖、昇沓脱脱沓、懸膝着座揖、〉経上戸〉拝舞、入屏戸着殿上、〈於沓脱下揖、昇沓脱脱沓、懸膝着座揖、〉経上戸参台盤所、〈		
168	弘長2	1262	九条家歴世記録	〈於沓脱下揖、昇沓脱脱沓、懸膝着座揖、〉経上戸参台盤所、〈		
169	弘長2	1262	九条家歴世記録	長・兼頼・行氏・兼遠・兼清、〉於中門外沓脱着靴、帯弓箭、〈老懸自本懸之、〉即公卿		

170	南宋	1269	茶具図賛			
171	文永6—観応元	1269—1350	喫茶往来			
172	建治2	1276	経俊卿記	召之〉各入自中門、経前庭昇北第一間簀子沓脱着円座、次侍臣亮隆良朝臣・頭右大弁経長		
173	弘安元	1278	松崎天神縁起		1—4　菅原是善邸	
174	弘安元	1278	松崎天神縁起		2—17　紀長谷雄邸	
175	弘安元	1278	松崎天神縁起		5—6　北野社　社僧房	
176	正応2	1289	作庭記			
177		1291—1360	石山寺縁起絵巻		関白九条邸	
178	正応6	1293	蒙古襲来絵詞			
179	永仁3	1295	伊勢新名所絵歌合		祭主館	
180	永仁6	1298	東征伝絵巻		唐招提寺僧房「鑑真の死告」	
181	正安元	1299	一遍上人聖絵伝		肥前国　華台上人邸	
182	正安元	1299	一遍上人聖絵伝		大宰府　聖達上人邸	
183	正安元	1299	一遍上人聖絵伝		京都　因幡堂道挟んだ邸	
184	正安元	1299	一遍上人聖絵伝		信濃（佐久）小田切の里武士の館	
185	正安元	1299	一遍上人聖絵伝		佐久群　武士大井太郎邸	
186	正安元	1299	一遍上人聖絵伝		尾張甚目寺	
187	正安元	1299	一遍上人聖絵伝		関寺の門前	

	和暦	西暦	史料名	文献史料	絵画史料 沓脱（板）	沓脱（石）
188	正安元	1299	一遍上人聖絵伝		奈良 当麻寺曼陀羅堂	
189	正安元	1299	一遍上人聖絵伝		兵庫 加古川市野口 教信寺	
190	正安元	1299	一遍上人聖絵伝		馬場の柵	
191	正安元	1299	一遍上人聖絵伝			善光寺入った僧房
192	正安元	1299	一遍上人聖絵伝			善光寺僧房
193	正安元	1299	一遍上人聖絵伝			善光寺外の僧房
194	正安元	1299	一遍上人聖絵伝			鹿児島正八幡宮拝殿前
195	正安元	1299	一遍上人聖絵伝			備前国 藤井政所邸 庭側縁
196	正安元	1299	一遍上人聖絵伝			下野国 小野寺境内
197	正安元	1299	一遍上人聖絵伝			伊豆三島大社前僧房
198	正安元	1299	一遍上人聖絵伝			倉敷軽部の里教願住房
199		14C	蜆子和尚図			
200		14C	白衣観音図			
201		14C	布袋図 月江正印賛			
202		14C	布袋図 了菴清欲賛			
203		14C	大江山絵詞		2紙 内裏 朱塗の板	
204		14C	絵師草紙		16紙	

No.	年号	西暦	史料名	記事	備考	
205		14C初	稚児観音縁起絵巻		10紙　住房	
206		14C初	土蜘蛛草紙		3紙　神楽岡の廃屋	
207		14C初	土蜘蛛草紙		3紙　上に同じ	
208	足利時代	14C	鎧師		鎧師	
209		14C中	天子摂関御影			
210	乾元1	1302	実躬卿記	臣、此後置螺盃・銅盞・挿頭台等於中門内沓脱上、〈三献之時二献以後置之歟、但又有例		
211	嘉元1	1303	実躬卿記	揖次人、〈有答揖、〉左廻入北廂東戸、至沓脱下揖、更昇沓脱、懸右膝於長押脱沓著座、揖、〉左廻入北廂東戸、至沓脱下揖、更昇沓脱、懸右膝於長押脱沓著座、揖居刷裾、次左		
212	嘉元元	1303	御産部類記	詞了〈此間令解縄給歟〉、雅俊朝臣降南面沓脱〈当妻戸間儲之〉、跪在秀傍取大麻、帰昇		
213	嘉元2	1304	実躬卿記	召使進来著軾、〈諸司軾敷沓脱、此事不審、諸社祭召使立庭中奉仰也、〉		
214	嘉元3	1305	実躬卿記	察於北面取御幣参進、〈此間公卿等北面、沓脱【二】懸尻、仍委不見及、〉祝了還御、則		
215	嘉元3	1305	実躬卿記	板祇候、次幸若宮、安御輿於幣殿、公卿候沓脱也、還御之後退出、則又参社頭、私奉幣		
216	嘉元3	1305	実躬卿記	宣房朝臣帰出、召勅使、以隆朝臣参上、自沓脱昇著円座、此後西園寺中納言(藤原兼季)		
217	嘉元3	1305	実躬卿記	上之、上臈取之授助範、助範取之昇自中門沓脱、頭中将在公卿座、取之帰出、被御覧了由		
218	徳治1	1306	実躬卿記	挿頭台等、蔵人二人役之、〈置中門切妻、沓脱西端歟、〉次三献、土御門中納言、瓶子兼		
219	徳治1	1306	実躬卿記	次第歴本路退出、〈楽止、〉此間予昇自西沓脱、入道場西簾中聴聞、僧侶著座、〈堪音声		
220	徳治2	1307	法然上人絵伝		3—11　肥後　阿闍梨皇円　功徳院	
221	徳治2	1307	法然上人絵伝		3—14　肥後　阿闍梨皇円　功徳院	
222	徳治2	1307	法然上人絵伝		4—9　奈良　法相宗の大家　蔵俊僧都邸	

	和暦	西暦	史料名	文献史料	絵画史料 沓脱（板）	沓脱（石）
223	徳治2	1307	法然上人絵伝		4―13 醍醐寺 権律師寛雅の住房	
224	徳治2	1307	法然上人絵伝		4―24 仁和寺 御室御所 法親王対面	
225	徳治2	1307	法然上人絵伝		5―12 中川寺 阿闍梨実範の僧房	
226	徳治2	1307	法然上人絵伝		5―16 法然の僧房	
227	徳治2	1307	法然上人絵伝		6―18 法然の住房	
228	徳治2	1307	法然上人絵伝		8―8 法然前菩薩	
229	徳治2	1307	法然上人絵伝		8―21 烏帽子姿の身分邸	
230	徳治2	1307	法然上人絵伝		8―26 法然の住房	
231	徳治2	1307	法然上人絵伝		9―14 中門入り北側廊に備わる	
232	徳治2	1307	法然上人絵伝		10―11 御所法皇の臨終	
233	徳治2	1307	法然上人絵伝		11―4 藤原基房 関白月輪殿	
234	徳治2	1307	法然上人絵伝		12―4 経宗邸	
235	徳治2	1307	法然上人絵伝		12―14 藤原範光邸	
236	徳治2	1307	法然上人絵伝		12―19・20 大宮の内府邸 実宗公	
237	徳治2	1307	法然上人絵伝		13―3・4 聖護院	
238	徳治2	1307	法然上人絵伝		13―5 法然の吉水の房	
239	徳治2	1307	法然上人絵伝		14―19 大原 勝林院	

240	徳治2	1307	法然上人絵伝		15—3　慈鎮和尚の住房	
241	徳治2	1307	法然上人絵伝		15—17　慈鎮の住房	
242	徳治2	1307	法然上人絵伝		16—13　天王寺の境内	
243	徳治2	1307	法然上人絵伝		17—9　但馬宮	
244	徳治2	1307	法然上人絵伝		17—17　聖覚邸（文暦2年）	
245	徳治2	1307	法然上人絵伝		17—22　日光の別当僧正の房	
246	徳治2	1307	法然上人絵伝		18—18　吉水の房	
247	徳治2	1307	法然上人絵伝		19—20　仁和寺　尼の房	
248	徳治2	1307	法然上人絵伝		20—22　作仏房の住まい	
249	徳治2	1307	法然上人絵伝		21—11　法然吉水の房	
250	徳治2	1307	法然上人絵伝		21—15　法然閑居の自房	
251	徳治2	1307	法然上人絵伝		22—15　法然の庵室	
252	徳治2	1307	法然上人絵伝		23—18　法然の庵室	
253	徳治2	1307	法然上人絵伝		23—20　法然の庵室	
254	徳治2	1307	法然上人絵伝		24—6　法然の住房	
255	徳治2	1307	法然上人絵伝		24—19　伊豆　走湯場尼妙庵	
256	徳治2	1307	法然上人絵伝		25—6　法然の住房	
257	徳治2	1307	法然上人絵伝		27—4　月輪殿　関白兼実	

	和暦	西暦	史料名	文献史料	絵画史料 沓脱（板）	絵画史料 沓脱（石）
258	徳治2	1307	法然上人絵伝		29—9 兵部卿三位平基親邸	
259	徳治2	1307	法然上人絵伝		31—11 法然の房	
260	徳治2	1307	法然上人絵伝		32—26 法然と聖覚対面	
261	徳治2	1307	法然上人絵伝		33—9 左少弁藤原某郎	
262	徳治2	1307	法然上人絵伝		33—14 法然の住房	
263	徳治2	1307	法然上人絵伝		35—7 子松庄 生福寺	
264	徳治2	1307	法然上人絵伝		36—6 摂津国民家	
265	徳治2	1307	法然上人絵伝		38—4 藤原兼隆邸（夢） 牌蛙置	
266	徳治2	1307	法然上人絵伝		40—8 禅林寺近く公胤僧正の住房	
267	徳治2	1307	法然上人絵伝		41—14 西林寺の僧正承円の住房	
268	徳治2	1307	法然上人絵伝		42—24 二尊院（2つ並び） ※	
269	徳治2	1307	法然上人絵伝		44—11 来迎堂	
270	徳治2	1307	法然上人絵伝		45—20 法然が夢枕に	
271	徳治2	1307	法然上人絵伝		46—7 肥後国 住生院	
272	徳治2	1307	法然上人絵伝		46—23 東山赤築地の僧房	
273	徳治2	1307	法然上人絵伝		47—4 法然の庵室	
274	徳治2	1307	法然上人絵伝		48—4 法性寺	
275	徳治2	1307	法然上人絵伝		48—8 法然の住房	
276	徳治2	1307	法然上人絵伝		48—10 法然の住房	

277	徳治2	1307	法然上人絵伝			5—3 法然の住房 変形中門廊南
278	徳治2	1307	法然上人絵伝			6—15 法然の家
279	徳治2	1307	法然上人絵伝			13—9 法然 吉水の庵室
280	徳治2	1307	法然上人絵伝			27—20 吉水の庵室
281	徳治2	1307	法然上人絵伝			27—25 熊谷入道蓮生の屋形
282	徳治2	1307	法然上人絵伝			29—4 法然の住房
283	徳治2	1307	法然上人絵伝			29—12 法然の住房
284	徳治2	1307	法然上人絵伝			41—17 明禅の住居
285	徳治2	1307	法然上人絵伝			48—10 建春門院御所
286	延慶2	1309	春日権現験記絵		2—2 春日社	
287	延慶2	1309	春日権現験記絵		3—6 一乗寺	
288	延慶2	1309	春日権現験記絵		5—4 春日大社	
289	延慶2	1309	春日権現験記絵		6—5 親宗の邸	
290	延慶2	1309	春日権現験記絵		7—10 藤原隆李の邸	
291	延慶2	1309	春日権現験記絵		13—6 興福寺 南院	
292	延慶2	1309	春日権現験記絵		18—8 春日社	
293	延慶3	1310	御産部類記	仁也〉参進、着円座、秡詞了、雅任朝臣降沓脱、取大麻参上、進簾中、御撫了、相具人形		
294	正和元	1312—1317	男衾三郎絵詞			
295	正和3	1314	融通念仏縁起絵巻		下—36 p81 武蔵国与野郷の名主の屋敷	

	和暦	西暦	史料名	文献史料	絵画史料	
					沓脱（板）	沓脱（石）
296	正和3	1314	融通念仏縁起絵巻		下―38　p83 同上の娘の家	
297	正和3	1314	融通念仏縁起絵巻			上―5　p9 大原の庵室
298	正和3	1314	融通念仏縁起絵巻			上―9　p15 阿弥陀如来の至現
299	正和3	1314	融通念仏縁起絵巻			上―12　p20 市井における勧化
300	正和3	1314	融通念仏縁起絵巻			上―14　p23 庵室に訪れた壮年僧
301	正和3	1314	融通念仏縁起絵巻			下―6　p52 念仏に加入を告げる鶏と鼠
302	正和3	1314	融通念仏縁起絵巻			下―10　p54 阿弥陀如来の来迎
303	正和3	1314	融通念仏縁起絵巻			下―19　p65 剃髪する道経の娘
304	正和3	1314	融通念仏縁起絵巻			下―23　青木の尼公の庵室
305	文保元	1317	志度寺縁起絵巻		白杖童子縁起絵・当願暮当之縁起絵　下段	
306	文保元	1317	志度寺縁起絵巻		松竹童子縁起絵　上段	
307	文保元	1317	志度寺縁起絵巻		阿一蘇生之縁起絵　上段	
308	文保元	1317	志度寺縁起絵巻		阿一蘇生之縁起絵　中段	
309	文保元	1317	志度寺縁起絵巻			阿一蘇生之縁起絵　下段
310	元応3	1321	醍醐寺	袈裟、経中門ノ外ノ縁ヲ、下自履脱、鼻広大童子儲之、著鼻広二足ク丶ル、経中門ノ外ノ縁ヲ、於履脱ノ縁ノ上ニ、請取唐櫃ヲ、舁之		
311	元応3	1321	醍醐寺	経中門ノ外ノ縁ヲ、於履脱ノ縁ノ上ニ、請取唐櫃ヲ、舁之		

312	嘉暦4	1329	信濃諏訪上社文書	仁天、造申也、不開妻戸、御坐沓脱、下長押何毛祢津之造宮、七		
313	暦応元	1338	中院一品記	ク、ル、経中門ノ外ノ縁ヲ、於履脱ノ縁ノ上ニ、請取唐櫃ヲ、舁之		
314	暦応4	1341	中院一品記	東方立、西面、》相公於西方改着浅履、於沓脱下揖、着座揖、綾小路宰相同着、以朝所為		
315	至正2	1342	輞川図巻			
316	康永2	1343	勅脩百丈清規			
317	貞和3	1347	後三年合戦絵詞			
318	観応2	1351	慕帰絵詞		1―19　澄海の房	
319	観応2	1351	慕帰絵詞		2―6　右府僧　浄珍の居室邸	
320	観応2	1351	慕帰絵詞		2―21　僧房	
321	観応2	1351	慕帰絵詞		4―9　親鸞の閑居	
322	観応2	1351	慕帰絵詞		5―8　広壮な屋敷	
323	観応2	1351	慕帰絵詞		8―2　切妻屋根の門	
324	観応2	1351	慕帰絵詞		8―14　竹杖庵　主宗昭の閑居	
325	観応2	1351	慕帰絵詞		9―33　某の僧都「七十有余」の高徳	
326	観応2	1351	慕帰絵詞		10―23　宗昭の病室	
327	観応2	1351	慕帰絵詞			5―4　鎌倉唯善房の屋敷
328	観応2	1351	慕帰絵詞			8―9　竹杖庵
329	延文元	1356	後深心院関白記	〈屈行浅深如初、〉自青璅門代下、〈先跪沓脱上、以杖下直沓着之、〉出無名門代、〈出		
330	応安3	1370	後愚昧記	、侍所司臨期持沓候中門外、主人下中門内沓脱之時、役殿上人取所司所持		
331	応安7―慶応元	1374―1389	弘法大使行状絵詞		1―6　佐泊家　正面	
332	応安7―慶応元	1374―1389	弘法大使行状絵詞		1―6　佐泊家　側面	
333	応安7―慶応元	1374―1389	弘法大使行状絵詞		1―7　馬屋裏	

	和暦	西暦	史料名	文献史料	絵画史料 沓脱（板）	絵画史料 沓脱（石）
334	応安7—慶応元	1374—1389	弘法大使行状絵詞		1—7 母と眠る大師	
335	応安7—慶応元	1374—1389	弘法大使行状絵詞		1—21 京 大師 修学	
336	応安7—慶応元	1374—1389	弘法大使行状絵詞		1—26 石淵の勤操僧正の屋敷	
337	応安7—慶応元	1374—1389	弘法大使行状絵詞		2—4 槙尾の山寺（施福寺）大師得度式	
338	応安7—慶応元	1374—1389	弘法大使行状絵詞		4—3 中国東塔院（〈現〉青龍寺跡）	
339	応安7—慶応元	1374—1389	弘法大使行状絵詞			2—26 修繕寺（束石なし）
340	永和2	1376	勧修寺家旧蔵記録	入無名門・神仙門、於殿上東間沓脱下一揖、乍著沓上沓脱、懸膝上		
341	永和2	1376	三宝院文書	同色布三ハタハリ縫分之、切妻沓脱際ヨリ堂前階際マテ引満之、〕衆各立座、下臈前、自中門切妻沓脱下立莚道、〔敷天歩之故ニ不経中門西縁入従南端妻戸下、切妻沓脱左右砌際立儲畢、「□／□」裏書之時、扈従ハ早々ニ経東縁下立沓脱東端、大阿闍梨下御沓脱之時、縁下立沓脱東端、大阿闍梨下御沓脱之時、参進奉助御威儀〔扈従カ		
342	永和2	1376	三宝院文書	自中門切妻沓脱下立莚道、〔敷天歩之故ニ不経中門西縁入従南端妻戸下、切妻沓脱左右砌際立儲畢、「□／□」裏書之時、扈従ハ早々ニ経東縁下立沓脱東端、大阿闍梨下御沓脱之時、縁下立沓脱東端、大阿闍梨下御沓脱之時、参進奉助御威儀〔扈従カ		
343	永和2	1376	三宝院文書	切妻沓脱左右砌際立儲畢、「□／□」裏書之時、扈従ハ早々ニ経東縁下立沓脱東端、大阿闍梨下御沓脱之時、縁下立沓脱東端、大阿闍梨下御沓脱之時、参進奉助御威儀〔扈従カ		
344	永和2	1376	三宝院文書	扈従ハ早々ニ経東縁下立沓脱東端、大阿闍梨下御沓脱之時、縁下立沓脱東端、大阿闍梨下御沓脱之時、参進奉助御威儀〔扈従カ		
345	永和2	1376	三宝院文書	大阿闍梨下御沓脱之時、縁下立沓脱東端、大阿闍梨下御沓脱之時、参進奉助御威儀〔扈従カ		
346	永和2	1376	三宝院文書	縁下立沓脱東端、大阿闍梨下御沓脱之時、参進奉助御威儀〔扈従カ		
347	永和2	1376	三宝院文書	大阿闍梨下御沓脱之時、参進奉助御威儀〔扈従カ		

No.	和暦	西暦	出典	本文	備考	備考
348	天授3	1377	華頂要略	申次経公卿座西縁、自南妻戸前沓脱下庭上、対執当立、執当揖之、執当揖之、中次答揖、然後登自沓脱入中門南妻戸、経東縁参御前蹲、中次房官如前経中門西縁下自沓脱、対祠官立、祠官揖、中次答揖祠官、祠官答揖、畢申次登自西沓脱、経本路帰入、祠官又退出、次		
349	天授3	1377	華頂要略	然後登自沓脱入中門南妻戸、経東縁参御前蹲、申次房官如前経中門西縁下自沓脱、対祠官立、祠官揖、申次答揖祠官、祠官答揖、畢申次登自西沓脱、経本路帰入、祠官又退出、次		
350	天授3	1377	華頂要略	申次房官如前経中門西縁下自沓脱、対祠官立、祠官揖、申次答揖祠官、祠官答揖、畢申次登自西沓脱、経本路帰入、祠官又退出、次		
351	天授3	1377	華頂要略	畢申次登自西沓脱、経本路帰入、祠官又退出、次		
352	応永2	1395	嵯峨流庭古法秘伝之書			真の庭図：対面・履脱
353	応永2	1395	実冬公記	立廻屏風、東面南方巻簾為客道、縁仮儲沓脱、北妻戸一間巻簾、〈懸小丸、〉為主人出座道、東面北蔀二間垂簾、主人可出間、南沓脱際北引幔、〈主人下時、為隔公卿列也、〉昨夜任納言、自公俊卿上首也、予起座、降沓脱、前駈献沓、〈役沓次第注右了、今度殿上、番長一人相従、発前、於下臈者不入、昇沓脱揖、著座揖、帰出間、随身発前、無御前召		
354	応永2	1395	実冬公記	執当揖之、申次答揖、然後登自沓脱入中門南妻戸、経東縁参御前蹲		
355	応永2	1395	実冬公記	祠官、祠官答揖、畢申次登自西沓脱、経本路帰入、祠官又退出、次		
356	応永2	1395	実冬公記	主人可出間、南沓脱際北引幔、〈主人下時、為隔公卿列也、〉昨夜任納言、自公俊卿上首也、予起座、降沓脱、前駈献沓、〈役沓次第注右了、今度殿上、番長一人相従、発前、於下臈者不入、昇沓脱揖、著座揖、帰出間、随身発前、無御前召		
357	応永2	1395	実冬公記	予起座、降沓脱、前駈献沓、〈役沓次第注右了、今度殿上、番長一人相従、発前、於下臈者不入、昇沓脱揖、著座揖、帰出間、随身発前、無御前召		
358	応永2	1395	実冬公記	昇沓脱揖、著座揖、帰出間、随身発前、無御前召		
359		15C	渓陰小築図			
360		15C	水色巒光図			
361		15C	蜀山図			
362		15C	瀟湘八景図襖二十面の内			
363		15C	地蔵堂草紙絵巻 15C		第一段	
364		15C	法師物語絵巻 15C		15紙	

番号	和暦	西暦	史料名	文献史料	絵画史料 沓脱（板）	絵画史料 沓脱（石）
365		15C	芦引絵		1—22 白河知人の家	
366		15C	芦引絵		1—26 白河知人の家	
367		15C	芦引絵		1—33 白河知人の家	
368		15C	芦引絵		1—41 白河知人の家	
369		15C	芦引絵		2—10 東大寺　東南院の僧都の房	
370		15C	芦引絵		2—27　1—22と同じ邸	
371		15C	芦引絵		3—48　京　父朝臣の家	
372		15C	芦引絵		4—23　覚然上座の宿房	
373		15C	芦引絵			3—8　君の房自然石
374		15C	瓢鮎図　如拙			
375		15C	山水図　李在			
376		15C	祭礼草紙			
377		15C初	福富草紙		沓脱の石と重なる板／履物	
378		15C初	福富草紙			沓脱板と重なる石
379		15C初	浦島明神縁起絵巻			
380		15C中	四睡図			
381		15C後半	結城合戦絵詞			
382	応永12	1405	柴門新月図			
383	応永17	1410	醍醐寺	中継又小揖、立帰自中門東向沓脱登立、鼻広脱沓脱下、大童子取帰自中門東向沓脱登立、鼻広脱沓脱下、大童子取之、入自脇戸、経縁、参客亭申事由、即立帰自向沓脱降向、韈ハタシ小揖、綱所又小小揖、中継経本路帰入、綱所自沓脱下着草鞋登立、自車寄妻戸入廊中継帰登経本路入造合、綱所登沓脱、於砌下着草鞋、入車寄妻戸、		

384	応永17	1410	醍醐寺	大童子取帰自中門東向沓脱登立、鼻広脱沓脱下、大童子取之、入自脇戸、経縁、参客亭申事由、即立帰自向沓脱降向、韈ハタシ小揖、綱所又小小揖、申継経本路帰入、綱所自沓脱下着草鞋登立、自車寄妻戸入廊申継帰登経本路入造合、綱所登沓脱、於砌下着草鞋、入車寄妻戸、		
385	応永17	1410	醍醐寺	鼻広脱沓脱下、大童子取之、入自脇戸、経縁、参客亭申事由、即立帰自向沓脱降向、韈ハタシ小揖、綱所又小小揖、申継経本路帰入、綱所自沓脱下着草鞋登立、自車寄妻戸入廊申継帰登経本路入造合、綱所登沓脱、於砌下着草鞋、入車寄妻戸、		
386	応永17	1410	醍醐寺	即立帰自向沓脱降向、韈ハタシ小揖、綱所又小小揖、申継経本路帰入、綱所自沓脱下着草鞋登立、自車寄妻戸入廊申継帰登経本路入造合、綱所登沓脱、於砌下着草鞋、入車寄妻戸、		
387	応永17	1410	醍醐寺	申継経本路帰入、綱所自沓脱下着草鞋登立、自車寄妻戸入廊申継帰登経本路入造合、綱所登沓脱、於砌下着草鞋、入車寄妻戸、		
388	応永17	1410	醍醐寺	綱所登沓脱、於砌下着草鞋、入車寄妻戸、		
389	応永19—文明3	1412—	山科家禮記			
390	応永25	1418	三益斎図			
391	応永27	1420	薩戒記	此間亜相出上戸下高遣戸退出、納言起座下沓脱着沓、入神仙門代経小庭、出無名門代向陣		
392	応永28	1421	薩戒記	公光）出上戸、大納言殿揖起座被退出、下沓脱〈兼令置沓、〉着沓、揖降地、入神仙門出		
393	応永29	1422	薩戒記	沙汰云々、〈如何、〉揖離列、直到中門廊外沓脱下、脱沓昇入南妻戸、下切妻出中門、進立家礼之人也、〉又帰入中門、昇切妻戸、下沓脱着沓、〈前駈置之、如何、拝礼申次之時、		
394	応永29	1422	薩戒記	又帰入中門、昇切妻戸、下沓脱着沓、〈前駈置之、如何、拝礼申次之時、		
395	応永29	1422	薩戒記	予舞踏了後、揖入無名門、出神仙門、立沓脱前、揖昇沓脱脱沓、着殿上端座揖、経三息、揖入無名門、出神仙門、立沓脱前、揖昇沓脱脱沓、着殿上端座揖、経三息又退足、揖起		
396	応永29	1422	薩戒記	出神仙門、立沓脱前、揖昇沓脱脱沓、着殿上端座揖、経三息又退足、揖起		
397	応永29	1422	薩戒記	廊北行、経孔雀間代東北壇上、昇高遣戸代沓脱也者、両卿諾之、子刻許両職事内覧申文、		
398	応永32	1425	薩戒記	関白被小揖、大納言答揖、昇中門廊〈於沓脱下地上脱沓、〉外入車寄妻戸、経廊東簀子跣践、出中門向関白小揖、関白答揖、□□沓脱□□□前南面立、〈可復本列也、依有煩		
399	応永32	1425	薩戒記	関白答揖、□□沓脱□□□前南面立、〈可復本列也、依有煩		

	和暦	西暦	史料名	文献史料	絵画史料 沓脱（板）	絵画史料 沓脱（石）
400	応永32	1425	薩戒記	歟者、一、下﨟頭入無名門、於神仙門可昇沓脱之由有其説、或又猶如上﨟頭昇小板敷云々、此事古賢所為様々也、下﨟頭於神仙門昇沓脱事連綿例也、但此儀尤不審、為貫首之人何入無名門昇小板敷、〈或下﨟頭於神仙門昇沓脱也、此事被示合、予答猶可昇小板敷歟之由		
401	応永32	1425	薩戒記	下﨟頭於神仙門昇沓脱事連綿例也、但此儀尤不審、為貫首之人何入無名門昇小板敷、〈或下﨟頭於神仙門昇沓脱也、此事被示合、予答猶可昇小板敷歟之由		
402	応永32	1425	薩戒記	〈或下﨟頭於神仙門昇沓脱也、此事被示合、予答猶可昇小板敷歟之由		
403	応永32	1425	平治物語絵巻常葉巻		7紙　中宮御所　正面	
404	応永32	1425	平治物語絵巻常葉巻			6紙　中宮御所　勝手口
405	応永33	1426	薩戒記	行、入無名門出神仙門、〈此所引裾、〉於沓脱下揖、昇沓脱脱沓、着殿上〈西間、向台盤出神仙門、〈此所引裾、〉於沓脱下揖、昇沓脱脱沓、着殿上〈西間、向台盤〉揖、即又大将揖出上戸退出、次納言取副簿於笏、下沓脱着沓、出神仙・無名等門向陣、直被着端座		
406	応永33	1426	薩戒記	〈此所引裾、〉於沓脱下揖、昇沓脱脱沓、着殿上〈西間、向台盤〉揖、即又大将揖出上戸退出、次納言取副簿於笏、下沓脱着沓、出神仙・無名等門向陣、直被着端座		
407	応永33	1426	薩戒記	次納言取副簿於笏、下沓脱着沓、出神仙・無名等門向陣、直被着端座		
408	応永33	1426	薩戒記	内則取裾、不可然歟、越軛之後可取歟、昇沓脱之時、先向予気色、於地上脱沓、昇沓脱、昇沓脱之時、先向予気色、於地上脱沓、昇沓脱、此儀尤可然、已次人在地上之時、上﨟昇之時、上﨟昇殿之時、乍着脱〔沓〕不可昇沓脱之由、見御記（山槐記）也、予乍着沓昇沓脱之由、見御記（山槐記）也、予乍着沓昇沓脱、依無下﨟也、退出之時予先下地、乗車之		
409	応永33	1426	薩戒記	於地上脱沓、昇沓脱、昇沓脱之時、先向予気色、於地上脱沓、昇沓脱、此儀尤可然、已次人在地上之時、上﨟昇之時、上﨟昇殿之時、乍着脱〔沓〕不可昇沓脱之由、見御記（山槐記）也、予乍着沓昇沓脱之由、見御記（山槐記）也、予乍着沓昇沓脱、依無下﨟也、退出之時予先下地、乗車之		
410	応永33	1426	薩戒記	於地上脱沓、昇沓脱、此儀尤可然、已次人在地上之時、上﨟昇之時、上﨟昇殿之時、乍着脱〔沓〕不可昇沓脱之由、見御記（山槐記）也、予乍着沓昇沓脱之由、見御記（山槐記）也、予乍着沓昇沓脱、依無下﨟也、退出之時予先下地、乗車之		

411	応永33	1426	薩戒記	乍着脱〔沓〕不可昇沓脱之由、見御記（山槐記）也、予乍着沓昇沓脱之由、見御記（山槐記）也、予乍着沓昇沓脱、依無下臈也、退出之時予先下地、乗車之		
412	応永33	1426	薩戒記	予乍着沓昇沓脱之由、見御記（山槐記）也、予乍着沓昇沓脱、依無下臈也、退出之時予先下地、乗車之		
413	応永33	1426	薩戒記	予乍着沓昇沓脱、依無下臈也、退出之時予先下地、乗車之		
414	応永33	1426	薩戒記	越之由、有口〔御〕賢口伝云々、又納言昇沓脱之儀、異一昨日儀、今日予雖在地、昇沓脱沓脱之儀、異一昨日儀、今日予雖在地、昇沓脱今〔々〕沓□□若失念歟、将一昨日儀、只		
415	応永33	1426	薩戒記	今日予雖在地、昇沓脱沓脱之儀、異一昨日儀、今日予雖在地、昇沓脱今〔々〕沓□□若失念歟、将一昨日儀、只		
416	応永33	1426	薩戒記	今日予雖在地、昇沓脱今〔々〕沓□□若失念歟、将一昨日儀、只		
417	応永33	1426	薩戒記	後、顧左取裾気色於中相公、相伴参入、昇沓脱之時、予気色於中相公、於地上脱沓昇之、又故実也、退出之時、両卿先下地、仍予於沓脱上不着履、乗車之時又准之、此儀雖非指礼		
418	応永33	1426	薩戒記	又故実也、退出之時、両卿先下地、仍予於沓脱上不着履、乗車之時又准之、此儀雖非指礼		
419	応永33	1426	薩戒記	直裾、件座板敷等地之故也、本儀件座高有沓脱之由─見旧記、当時之儀、只如神今食南舎沓突左膝揖着座、〈此所又板敷付地、仍無沓脱、只平敷座也、〉上卿・参議一列、西上北		
420	応永33	1426	薩戒記	〈此所又板敷付地、仍無沓脱、只平敷座也、〉上卿・参議一列、西上北		
421	正長1	1428	建内記	浄□□示之、次持来秡乍立解除了、帰家於沓脱上向北以水洗足、以足自洗足、〈□□□足		
422	正長1	1428	薩戒記	如例拝舞、了入無名門代、出神仙門代、於沓脱下揖、昇沓脱、脱沓昇殿上、〈不懸膝昇、入無名門代、出神仙門代、於沓脱下揖、昇沓脱、脱沓昇殿上、〈不懸膝昇、立揚、更突膝		
423	正長1	1428	薩戒記	座、内侍二人相分御座前、摂政昇中門廊外沓脱、入車寄戸、被着御座東間簀子円座、〈兼、経台盤上被着奥座、藤大納言以下昇東方沓脱、着奥之人経台盤末方、〉兼居饗、依座狭此後可起座之由万亜相気色、仍予起座、下沓脱着沓、退出殿上口戸、次第起座如予、摂政		
424	正長1	1428	薩戒記	〈兼、経台盤上被着奥座、藤大納言以下昇東方沓脱、着奥之人経台盤末方、〉兼居饗、依座狭此後可起座之由万亜相気色、仍予起座、下沓脱着沓、退出殿上口戸、次第起座如予、摂政		
425	正長1	1428	薩戒記	仍予起座、下沓脱着沓、退出殿上口戸、次第起座如予、摂政		
426	永享1	1429	薩戒記	筥文、資親取也〔之〕、揖昇直廬南面東方沓脱西第二間、〈除簾中間定、〉置執筆円座前		

	和暦	西暦	史料名	文献史料	絵画史料	
					沓脱（板）	沓脱（石）
427	永享1	1429	建内記	御学問所了、仍今日不昇殿上、自東面艮角沓脱内々昇之、依予目許也、候東面簀子奉授孝令復読給、次奉授新所了、束帯〈持笏、昇沓脱之時有揖、〉持笏、突字奉教之、玉座敷御		
428	永享1	1429	建内記	束帯〈持笏、昇沓脱之時有揖、〉持笏、突字奉教之、玉座敷御		
429	永享1	1429	薩戒記	可有叙位歟、〉等入南土戸、自立蔀東方昇沓脱、〈於此所不揖、去春叙位・除目之時、人日不及沙汰云々、如何、〉経立蔀東方、昇沓脱着座、〈大納言着端、藤納言経端座末畳上		
430	永享1	1429	薩戒記	経立蔀東方、昇沓脱着座、〈大納言着端、藤納言経端座末畳上		
431	永享2	1430	建内記	門廊壁之間直進之、御祓返給兼冨了、退下沓脱之下、乗御之時別而無御輿寄之人体、新中		
432	永享2	1430	建内記	〈番長一人相従、〉経神仙門代、一揖昇沓脱、懸膝着座、〈有揖、〉引直裾、次蔵人頭起座、〈有揖、〉経本路御退出、着沓、向沓脱一揖、出神仙并無名門退出、次御参仙洞、朝臣》出逢、於同所御拝如初、次昇中門外沓脱、入妻戸、経中門廊并公卿座前寝殿簀子東		
433	永享2	1430	建内記	着沓、向沓脱一揖、出神仙并無名門退出、次御参仙洞、朝臣》出逢、於同所御拝如初、次昇中門外沓脱、入妻戸、経中門廊并公卿座前寝殿簀子東		
434	永享2	1430	建内記	〈有揖、〉経本路御退出、着沓、向沓脱一揖、出神仙并無名門退出、次御参仙洞、朝臣》出逢、於同所御拝如初、次昇中門外沓脱、入妻戸、経中門廊并公卿座前寝殿簀子東		
435	永享2	1430	建内記	出逢、於同所御拝如初、次昇中門外沓脱、入妻戸、経中門廊并公卿座前寝殿簀子東		
436	永享2	1430	看聞日記	門外蹲居、門内入御、公卿・殿上人列立、沓脱登給之時、予椽〔縁〕〈ニ〉出合、〈廂間々賜之、則起座、予椽〈ニ〉出申礼、客人沓脱下之時予庭上〈ニ〉下、客人立留深礼節、		
437	永享2	1430	看聞日記	〈ニ〉出合、〈廂間々賜之、則起座、予椽〈ニ〉出申礼、客人沓脱下之時予庭上〈ニ〉下、客人立留深礼節、		
438	永享3	1431	看聞日記	沓役〈三位、〉庭上武家輩済々候、自中門沓脱昇、公卿座着座、勧修寺参之由申入、御宮		
439	永享4	1432	九条家歴世記録	意哉事、不過十献云々、一、立砂事、階下沓脱両方ニ二所ツツと申之、（○ウラ白紙）広		
440	永享7	1435	看聞日記	以状参、可構見参之由申之間、対面、〈昇沓脱候、〉召次幸藤同参、御剣進之、北面康郷		

441	永享8	1436	看聞日記	峯秋（豊原）参、幸末左参、構見参、〈候沓脱、〉城竹検校参、夜内裏伊予参、聊給盃		
442	嘉吉1	1441	建内記	退出了、内侍所辺面々済々、予候台盤所前沓脱辺了、		
443	嘉吉3	1443	建内記	蓋也、〉授小使、〈御倉小舎人、着朝衣立沓脱之下、〉小使令持衛士、向陰陽師等許、七		
444	嘉吉3	1443	建内記	軒僧也、寮舎在其岩下、然而猶令避席、於沓脱申承了、就草津札奥書事御使喜入候、肝要		
445	文安1	1444	建内記	着浅履入無名門、〈引裾、〉出神仙門、於沓脱下一揖、昇沓脱脱沓、懸□昇長押、即着殿、〈引裾、〉出神仙門、於沓脱下一揖、昇沓脱脱沓、懸□昇長押、即着殿上端座薄畳上、		
446	文安1	1444	建内記	〈引裾、〉出神仙門、於沓脱下一揖、昇沓脱脱沓、懸□昇長押、即着殿上端座薄畳上、		
447	文安1	1444	建内記	代〈当時未作、仍以一宇日来擬之、〉外・沓脱前・大門前等敷砂、各三々九立之、昇進毎		
448	文安1	1444	建内記	木也、〉取笏入門、参着門東腋廻廊、先於沓脱下一揖、昇沓脱脱沓、〈今日於下脱了、脚門、参着門東腋廻廊、先於沓脱下一揖、昇沓脱脱沓、〈今日於下脱了、脚気不思様之故也		
449	文安1	1444	建内記	〈今日於下脱了、脚門、参着門東腋廻廊、先於沓脱下一揖、昇沓脱脱沓、〈今日於下脱了、脚気不思様之故也		
450	文安1	1444	建内記	人帰入、次弁舞踏了、賜笏於弁侍、昇殿上沓脱脱沓、弁侍取之、昇長押〈用東第二間、〉		
451	文安1	1444	建内記	一、徳之降自殿上沓脱入神□□□□□無名門、於同門代□□□□		
452	文安1	1444	建内記	裾并沓役之、入東面門・壁中門等昇中門廊沓脱、入公卿座候之、〈公卿座前関白已下被候		
453	文安1	1444	建内記	〈不及申次、又還昇事被仰之由也、〉次自沓脱昇殿上、〈自西第二間【除下侍妻戸、】之		
454	宝徳2	1450	建内記	々、又従所役人、宰相自四足門昇、中門外沓脱、入北面腋戸、停〔佇カ〕立作合辺、右府		
455	永享7—明応2	1435—1493	蔭涼軒日録			
456	永享10	1438	枕草子絵詞			
457	長禄3—永正5	1459—1508	珠光古市播磨法師宛一紙			
458	文正元	1466	山水並び野形図			

No.	和暦	西暦	史料名	文献史料	絵画史料 沓脱（板）	絵画史料 沓脱（石）
459	文明6	1474	仿高彦敬山水図巻　部分　紙本墨画			
460	文明8	1476	鎮田瀑図　紙本墨画			
461	文明8	1476	君臺観左右帳記			
462	文明12	1480	観瀑図　藝阿弥			
463	文明15	1483	四季花鳥図屏風			
464	文明18	1486	山水長巻　部分　紙本墨画淡彩			
465	文明18	1486	四季山水図　夏景図			
466	文明18	1486	秋冬山水図			
467	文明18	1486	四季山水図　六曲一双　雪村			
468	明応元	1492	九条家歴世記録	門）也、〉次入無名・神仙等門代、於殿上沓脱上揖、登〈テ〉沓〈ヲ〉脱〈テ〉□□下膝		
469	明応元	1492	九条家歴世記録	門）登〈テ〉沓〈ヲ〉脱〈テ〉□□下膝		
470	明応4	1495	山水図　一幅			
471	明応4	1495	破墨山水図　紙本墨画			
472	明応5	1496	秘本作庭伝			
473	明応9	1500	九条家歴世記録	次第二公卿着奥座、〈関白次、〉次第三進沓脱辺一揖、退語予云、依狭少不着座、第四		
474		16C	日吉山王祇園祭礼図屏風			
475		16C	山水図襖　三十二面の内　等伯			
476		16C	楼閣山水図　元襖八面の内　海北			

No.		年代	資料名		備考	
477		16C	唐獅子図屏風			
478		16C	長谷寺縁起絵巻 16C		巻3	
479		16C	金谷園・桃李園図			
480		16C	天橋立・富士三保松原図屏風		廻縁—板（囲い有り）	
481		16C	江戸名所図屏風			
482		16C	洛中洛外図（歴博甲本）		洛中洛外図屏風 左隻第2扇中上 七野社宝鏡院	
483		16C	洛中洛外図（歴博甲本）		洛中洛外図屏風 左隻第1扇上 上賀茂社今宮	
484		16C	紹鷗遺文			
485		16C	利休百會記			
486		16C	今井宗久茶湯日記抜書			
487		16C	茶道教諭百首和歌			
488		16C	浜松図屏風			
489		16C	百鬼夜行絵巻			
490		16C	天橋立図			
491		16C	臨盧鴻草堂十志図			
492		16C後	松に叭々鳥・柳に白鷺図屏風 六曲一双			
493		16C後	花鳥図襖 梅図			
494		16C後	琴棋書画図襖			
495		16C後	許由巣父図 二幅			

	和暦	西暦	史料名	文献史料	絵画史料 沓脱（板）	絵画史料 沓脱（石）
496		16C—17C	九成宮図巻			
497		16C—17C	梅花書屋図 杜垣			
498	永正14	1517	清水寺縁起絵巻		中巻 本文3	
499	永正14	1517	清水寺縁起絵巻		中巻 本文5	
500	永正14	1517	清水寺縁起絵巻		中巻 本文12	
501	永正14	1517	清水寺縁起絵巻		中巻 本文14	
502	永正14	1517	清水寺縁起絵巻		下巻 本文11	
503	永正14	1517	清水寺縁起絵巻		下巻 本文15	
504	永正17	1520	誉田宗廟縁起絵巻			
505	大永3	1523	勧修寺聖教	呂苔請取之条、有其恐歟、仍俄沓脱用意、自其之請取畢、先力者香大童子、々々々渡従僧之時、於沓脱請取之、高座前机置之、如元令		
506	大永3	1523	勧修寺聖教	於沓脱請取之、高座前机置之、如元令		
507	大永3	1523	菅別記	着殿上、経小庭、出神仙門、昇沓脱、各着、次帥大納言招奉行職事		
508	大永4	1524	禁中御八講見聞記	次第列参、各持香呂、陣座ヨリ沓脱ノ下マテ鼻高用之、沓脱ノ下ニ座ヨリ沓脱ノ下マテ鼻高用之、沓脱ノ下ニテ草鞋用之、登御橳、列		
509	大永4	1524	禁中御八講見聞記	沓脱ノ下ニ座ヨリ沓脱ノ下マテ鼻高用之、沓脱ノ下ニテ草鞋用之、登御橳、列		
510	大永4	1524	禁中御八講見聞記	沓脱ノ下ニテ草鞋用之、登御橳、列		
511	大永4	1524	禁中御八講私記	マテ鼻広、又陣座ヨリタテ蔀ノ沓脱マテ鼻広、ソレヨリ草鞋也、		
512	文永5	1525	長歌茶湯物語			
513	天文元	1532	桑実寺縁起			
514	天文17—永禄9	1548—	天王寺屋會記 宗達茶湯日記			
515	天文23—永禄11	1554—1568	烏鼠集			

No.	年号	西暦	史料名			
516		前1564以	洛外名所遊楽図屏風　四曲一双			
517	永禄8—天正13	1565—	天王寺屋會記 宗及茶湯日記			
518	永禄8	1565	上杉本 洛中洛外図屏風　六曲一双			
519	永禄9	1566	古傳書　習見聴諺集			
520	元禄10	1568	分類草人木			
521	元亀3	1572	習見聴諺集			
522	天正元	1573	道成寺縁起			
523	天正3	1575	永禄一品御記	青五六人召具之、自高遣戸沓脱、堂上伯少将出逢、依申次也		
524	天正4	1576	酒茶論			
525	天正9	1581	四季花鳥図屏風 右隻部分			
526	天正10	1582	無上立次第			
527	天正10	1582	桟敷へ入次第之事			
528	天正14—元和7	1586—1621	宗湛日記見聞書			
529	天正14—寛永3	1586—1626	神屋宗湛日記献立			
530	天正14	1586	山上宗二記			
531	天正15	1587	北野大茶湯之記			
532	天正18—元和元	1590—	天王寺屋會記 宗凡茶湯日記			
中世まで合計			532	186	191	33

No.	和暦	西暦	史料名	文献史料	絵画史料 沓脱（板）	絵画史料 沓脱（石）
533	慶長年間	1596―1615	『古田織部正殿聞書』	一　能ヲ吟味シテ居ル石之事。ニシリ上リノ石、刀掛之石、手水鉢之前石、雪隠之マタケ石二ツ、同ク前石・後石二ツ、クヽリノ前同踏越石二ツ、右之分景有能石ヲ可居、客路次入之時モ此石共ニ弥気ヲ付見物可仕也。		
534	慶長年間	1596―1615	『古田織部正殿聞書』	一　飛石ヨリ躙上リ之石ヘ取付ル也。畳石ヨリ躙上之石ヘ移様ニ居事不可有、飛石三ツ五・七ツモ可居、是ヨリ躙上之上ニ可移、惣飛石道通ハ石旦ト同高サ一寸八分也。		
535	慶長年間	1596―1615	『古田織部正殿聞書』	一　ニシリ上リ之石居様之事。石之根直クニシテ高サ三寸、恰好ニヨリ四・五寸ニモ居也。数寄屋ヲ立ル地形高キ壁之際ニ居故、此石ト壁ト之間ニセキダヲ壁ニ立掛可置其心得有テ壁ヲノケテ可居。是ヘ之飛石躙上リ之石之外ニ数ハ半ニ居也。		
536	慶長年間	1596―1615	『古田織部正殿聞書』	一　内外ノ石燈籠ヘ行道之飛石水ヲ打也。〈中略〉内路次クヽリノ戸シメシテ吉、雪隠ノ内、腰掛ノ踏石、刀掛ノ下、躙上リノ石何モ乾候所ハ水打事如常也。		
537	慶長年間	1596―1615	『古田織部正殿聞書』	一　寒天朝数寄ニ水打石旦・踏石ヘ打候ハ腰掛・刀掛・躙上ノ石何モヘ水スクナク打心得吉。		
538	慶長年間	1596―1615	『古田織部正殿聞書』	一　雪降候時内路次水打様。松葉ノ蒔留ヨリ土旦・石旦・踏石ノ上計雪ヲケシ水ヲ打也。雪隠ノ内・同戸・腰掛ノ内・踏石・刀掛ノ下・ニジリ上リノ石廻何モ如常ノ水サンド可打〈以下略〉		
539	慶長年間	1596―1615	『古田織部正殿聞書』	一　夜会ニ雪降候時水打事道通雪隠之内クヽリノ戸ハシメシテ吉、刀掛・躙上リ之石内外ノ路次々々入リ中立右之所々ニ雪降掛リテモ立水モ可打也。		
540	慶長年間	1596―1615	『古田織部正殿聞書』	一　路地入様之事。〈中略〉内外之植木同踏石、踏コシノ前石、雪隠之内マタ石、腰掛之内之石、手水鉢之前石、道通之畳石、刀掛之石、躙上リ之石此石トモニハ別テ気ヲ付テ見ル也。其外何ニモヽラサス心ヲ付テ見物可有之。此時内ヨリ亭主見由ニテ客路地入ヲ見ル事也。〈以下略〉		
541	慶長年間	1596―1615	『古田織部正殿聞書』	一　客坐入之事。〈中略〉上客之次之者ハ右上客床前ヘ立テ行候ト躙上リ之鋪居ニ両手ヲ掛テ、同石之上ニツクバイ居テ物上客見物之内ニ躙上リヘ前之如ク坐ヘ入テ、せキタヲ取リ次並テ壁ニ立掛置、〈以下略〉		
542	慶長年間	1596―1615	『古田織部正殿聞書』	一　主人・貴人御入坐之時ハ躙上リ被為入候ト御次ノモノ御雪踏ヲ取テ入口ニ向、我左ノ方踏石ト壁ノ間壁ニ立掛可置。偖床前ヘ御立候時躙上リヘ入、我せキタハ御せキタト少間ヲ隔テ御せキタ之次ニ壁ニ立掛置也。		
543	慶長年間		古織部相傳書			
544	慶長年間		小堀遠州書捨文			

545	慶長年間		織部茶会記	外くゞりにて履物を履き替える記述　御立候刻、外くゞり、石ノ上ニテセキダ御ハキカヘ候ナリ。此時古織（部殿）云、茶湯ニ前格の礼ハ好、若（々）失念あれバなり。後の礼ハ法度ニテかみ方ニハ無之（ゾ）。		
546	文禄2	1594	南坊録（抜粋）			
547	慶長5	1600	九条家歴世記録	上人烈（ママ）立、次出公卿座妻戸、降自沓脱、殿上人献沓、随身伝之、随身発前声、公）二拝、又一揖、拝舞畢入無明門、乍沓於沓脱昇小板敷令着殿上奥座、番長取沓出、則揖		
548	慶長5	1600	九条家歴世記録	乍沓於沓脱昇小板敷令着殿上奥座、番長取沓出、則揖		
549		17C	遊興図			○
550		17C	十二ヶ月絵草子			
551		17C	月次風俗図屏風			
552		17C	賀茂競馬図屏風			
553		17C	十二ヶ月風俗図屏風			
554		17C	桐鳳凰図屏風			
555		17C	四季耕作図屏風			
556		17C	山水図屏風　六曲一双の内右隻部分　興以			
557		17C	山水図屏風　六曲一双の内左隻部分　探幽			
558		17C	瀟湘八景図襖　六曲一双の内左隻部分　尚信			
559		17C	南蛮屏風			
560		17C	秋の稲田図色紙			
561		17C	四季花鳥下絵和歌短冊「波に垂柳図」			
562		17C	四季花鳥下絵和歌短冊「夕顔図」			

	和暦	西暦	史料名	文献史料	絵画史料 沓脱（板）	沓脱（石）
563		17C	四季花鳥下絵和歌短冊「千羽鶴図」			
564		17C	鶴下絵三十六歌仙和歌巻			
565		17C	四季草花下絵和歌巻			
566		17C	鹿下絵新古今集和歌巻 断簡			
567		17C	蓮下絵百人一首和歌巻			
568		17C	扇面散貼付屏風「牛追図」「犬図」「田家早春図」			
569		17C	蓮池水禽図			
570		17C	芦鴨図衝立			
571		17C	伊勢物語図色紙「不二山」「芥川」			
572		17C	花下遊楽図屏風			
573		17C	東山・吉野花見図屏風			
574		17C	渓山帰驢図			
575		17C	松島図屏風			
576		17C	和歌浦・厳島図屏風			
577		17C	天橋立・住吉社図屏風			
578		17C	杜甫草堂図			
579		17C	正月風俗図屏風			
580		17C	厳島・天橋立屏風			石（木箱の可能性あり）

581	582	583	584	585	586	587	588	589	590	591	592	593	594	595	596	597	598	599
						元禄―天正	元禄前後											
17C	17C	17C	17C	17C	17C	17C	17C	17C	17C	17C	17C	17C	17C	17C	17C	17C	17C	17C後半
松屋會記	隋流齋延紙ノ書	杉木普齋傳書	石州三百ヶ條	僊林	松屋名物集	遠州御蔵元帳	中興名物記	茶道四祖伝書(抄)	座敷と庭の起絵図	築山山水伝(相阿弥築山山水伝)	山中常盤物語絵巻	豊国祭礼図屏風	春秋遊楽図屏風	塩竃・松島図屏風	厳島・三保松原図屏風	名所図屏風	帝鑑図・咸陽宮図屏風	蘭亭曲水図屏風
										行山水立石の図								

	和暦	西暦	史料名	文献史料	絵画史料 沓脱（板）	絵画史料 沓脱（石）
600		17C頃	露地聴書	にじり上がりの石は両足ふみ揃えて上がる程の上平らかに恰好よき石を居べし、尤、大振りなる石よし、にじり上がり敷居の上端より石の面まで一尺二寸斗にすべし、兎に角上り下り自由なるを本位として高下の寸尺にかかわるべからず、はばき板よりは石の間六寸ばかり明て草履立てを能程に居る也、惣じて数寄家の床は石居より板敷きの上端迄一尺六寸也、躙りの敷居よりふみ石まで一尺二寸に居る時は地より石の上迄高さ四寸也、右のくぐりの石を定め、ねり土を打ちなり、柱の居石見へ候様に土もうつ也、くぐりの石高さ四寸と心得、其次の位置を居る也、是をおとし石と云、此石はくぐりの石面より一尺五分斗下る也、此おとし石の次に居る石をのり石と云、此石おとしの上より一尺下て居る、尤、石の大小によって高下見合次第、寸にかかわるべからず、此のり石の高を惣路次の飛石の高に積り居る也、くぐりの踏み高、ねり土の上より四寸、おとし石の高二寸五分、のり石の高一尺五分に居る也、此高にて松葉を敷、砂理を敷恰ぬ能也、然れども夫々の路次の地形の高下、石の大小により見合、寸法にかかわるべからず、強いて此寸法を守る時は法にしばられて却て見苦し、猶にじり上がりの石の高重々口伝あり。		
601	慶長6—18	1601—1613	宗湛慶長元和日記幷献立			
602	慶長7	1602	平家納経 願文見返し「鹿図」			
603	慶長7	1602	平家納経 嘱累品見返し「槇図」			
604	慶長7	1602	平家納経 化城喩品見返し「槇と島図」			
605	慶長10	1605	四季草花木版下絵隆達節小歌巻			
606	慶長11	1606	渡海船図（角倉船）絵馬			
607	慶長11	1606	月に秋草図色紙			
608	慶長19—寛永3	1614—1626	神屋宗湛日記			
609	慶長19	1614	洛中洛外図屏風 舟木本			
610	元和元	1615	遊楽図 三幅対			

No.	和暦	西暦	資料名	記述		
611	元和2	1616	東山北野遊楽図屏風			
612	元和6—安永2	1620—1673	茶譜	一利休流ニ小座敷ヘ入口ヲククリト云、右宗旦曰、ククリト云能名ノ有之ニ、当代之ヲアガリト云、賤言葉ト云云、右ニシリ上ト云コト、古田織部時代ニ大工ノ云初シヲ、其以後之ヲ云触テ歴〔公〕々ノ仁モニシリ上ト云、誤也、		
613	元和7	1621	杉戸絵「唐獅子図」「白象図」			
614	元和7	1621	襖絵「松図」			
615	元和8	1622	草人木	一　猿戸二ツある路地ならハ、外へハ其まゝ入、衣服きかへ、ぞうり取もそれ迄つれ候、衣服しかへてよりハ、其次の猿戸の口の石から、せきたハきかへ、戸口をひらき内へ入、せつちん萬に気を付、腰掛にて亭主の出るを待へし、猿戸二ツあるとハ、くゝりの内をハ内路地といひ、くゝりのそとを外路地といふ、其又外に入こミの庭あり、其口を猿戸にする故に、是を猿戸ふたつあるといふ、		
616	元和8	1622	扇面貼交屏風			
617	寛永元—正保元	1624—1644	邸内遊楽図屏風			
618	寛永元—正保元	1624—1644	祇園祭礼図屏風			
619	寛永期	1624—1645	江戸図屏風			
620	寛永2	1625	桂離宮　桂亭記			
621	寛永14	1637	長闇堂記			
622	寛永15	1638	松屋會記			○
623	寛永16	1639	藤原惺窩閑居図			
624	寛永17	1640	南坊録（伝）			
625	寛永19	1642	杉木普齊傳書	一　飛石ナト、色々ノ海・河・山ノ石ヲ集テ、トリツクラフモヨシナキコトナルヘシ、モノサヒタルテイニイタシタキモノナリ、廣キロチニハ飛石、間近ク置ナスコヽロアルヘシ、セハキロチニハ少大ナルトヒイシナト、トリマセ、間トヲキヤウニスヘシ、トカク足ノハコヒノヨキヤウ専タルヘシ、飛石ノ高キハミコトニテサヒス、カヤウノ事、筆ニハツクシカタシ、其人々ノ住ゐヲヲシハカルヘキモノ也、トヒイシナクトモクルシカルマシキ蘆地モアランカシ、雪隠ノウチノ石ノヲキヤウ、クヽリノ前石、手水鉢ノ前石、ソレソレニ心ヲツクスヘキモノ也、サヒシキテイニ、ロチハキレイニアリタキ事也、石灯籠・手水ハチ、ヲノツカラ苔厚シテワサト苔ナト石灯籠ナトヘツケ、フルメカシテイニモテナスサマ、		

	和暦	西暦	史料名	文献史料	絵画史料 省脱（板）	省脱（石）
626	正保3	1646	山水可致抄	山水ノ両端ニ必ニ嶋アリ端近クアル嶋ヲ客人嶋ト云是ニ客拝石対面石履脱ノ石アリ又鷗宿石水鳥岩アリ同奥ニアルハ主人嶋ト云是ニ安居石腰息石遊居石ナト云アリ		
627	正保3	1646	長恨歌絵巻			
628	承応2	1653	十三冊本宗和流茶湯伝書	一　第一石のつよくすハり申事、肝要也。		
629	承応2	1653	十三冊本宗和流茶湯伝書	一　飛石の居様、第一石のつよミ、よわみを、能々見計、成程つよく地よりはへ出たる様に可レ居也。尻のほそき石を居心得、かたかり無レ之やうに、可レ成程ろくに居候へハ、石つよく見ゆる也。盃を置心持也。あつく、ろくなる石にても、かたかりふみかへるやうに見へ候へハ、よわきにて候也。		
630	承応2	1653	十三冊本宗和流茶湯伝書	一　片地形高く、先上リの所、又ハおりくち、ふミ段の石なと、次第上りの様に居候事、嫌候也。一つ二つ程ハ、次第上りの様にても、又、其間石ひきくむらの有レ之様に居ものなり。		
631	承応3	1654	数寄道次第	一　路次闇灯ハ天井あり〈中略〉、くゝりを明、ふミたしの石の上に置、礼を仕候、扨、もとり候時、内へ取、くゝりのふミ分の石に置、帰り申候、客くゝりを明はいり候て、片手に闇灯を持はいり、にしり上りのふミわけに置候て、数寄やへ申候、手水つかい候時ハ手水はちのき石にも置也。		
632	万治3	1660	御飾書			
633	万治3	1660	玩貨名物記			
634	寛文年間	1661—	金森宗和茶書			
635	寛文年間	1661—1673	細川茶湯之書	一　蘆路口まて上たびをはき、少かたハらにてぬぎ、新敷せきだ手に持て、蘆路口のはしめの石より、手にもちたるせきだはきかへ、蘆路入すへし		
636	寛文年間	1661—1673	細川茶湯之書	一　せきだを石の上に、ろくに（真正の意）ぬぎそろへ、手をくゞりにかけ、そろりとしつかに戸をあけて、内を見いれ、いづれへなをるべきそと見合すへし、不審にて、しらずハ、跡の人にとふへし、先、床の内に目を付へし、		
637	寛文年間	1661—1673	細川茶湯之書	一　くゞりへ上り、まハりもどり、ぬぎたるせきだを、前のかべに引かけて置、若又わきへよせ、ろくに下にをきたるもよし、とかく、ぬぎたるまゝにて、其儘ハ不置也、		
638	寛文年間	1661—1673	細川茶湯之書	一　せきだふミそろへ、ぬぎて後になをさずに、其まゝをくへし、貴人のせきた、石の上に、其まゝ能様になをして置へし、		

639	寛文年間	1661—1673	石州三百ケ條	茶湯ハ根本わひのていにて、数寄屋も草庵なり、然れ共、その本意をうしなはす、路次の木石に至るまて侘たる草木取ませ、ふみ石迄も野石のよからぬとりませ、料理もわひたる野菜を用ひたる、新古善悪とりませてわひの本意をうしなはぬをさひたるといふ也、草庵の内に錦をなんきんよき道具をそろへ、會席結構をつくし、庭にハよき木能石をうへすへて、わひの本意にそむくをさハしたるといふなり、さひたるは自然の道理也、さハしたるハ拵へものなり、ことたらぬをさひたると云こゝろに、万事七八分にする事肝要也、		
640	寛文年間	1661—1673	石州三百ケ條	一　にしり上りの石ハ、両足ふミそろへてよるほとの、上の平らか成恰好よき石を可居、尤、大ふり成石よし、にしり上がりはさみ、敷居の上ハより石の面まて一尺二寸斗りに居へし、とかく上り下り自由なるを本意にして、高下の寸尺にかゝわらす、はハき板よりハ石の間六七寸斗あけて、そうり立かけよき程にする也、惣してすきやのゆかと石居より板敷の上ハまて一尺六寸也、くゝりの敷居よりふミ石まて一尺貳寸に居る時ハ、地より石の上まて高さ四寸也、右のくゞりの石を定め、ねり土を打也、柱の居石ミへ候やうに土もうつ也、くゝりの石高さ四寸と心得、其次の石を居る也、是をおとし石といふ、此石ハくゞりの石面より一寸五分斗下る也、此おとし石の次に居る石を、のり石と云、此のり石の高さを惣路次の飛石の高さ二寸五分、のり石の高さ一寸五分に居る也、此高さにて松葉を敷、砂利を敷、恰好よき也、然共、それそれの路次の地行の高下、石の大小により見合す、法にかゝハるへからす、		
641	寛文年間	1661—1673	石州三百ケ條	のりこへの石に客の石、」亭主の石有、すえよう口傳有中くゝりの外に有を客石といふ、内に有をのりこへ石といふ、其前にあるを亭主石といふ、乗越と亭主石との脇に有をふミ捨て石といふ、客石・乗越石ハ常の石より高くすへ候、客石は亭主石の間四五寸も廣く明け候へハ、内ののりこへ石ハ間をせまく、三寸斗にも引付申候、外つまれハ内ひろく、同しやうにせぬ物也、又ハのりこへ石・亭主石、右此共同しやうに無之石をすへ申候、客石みかけ（御影）なれば、のりこへ石はそう（雑）石にても、又外四角の石なれハ内ハ丸き石成とも取合申候、刀掛のふミ石、にじり上りの石も同様に無之石を居申候、		
642	寛文年間	1661—	源氏物語六条院庭園図巻			
643	寛文元	1661	太田備牧駒籠別荘八景十境画巻			
644	寛文3	1663	江岑夏書			
645	寛文10	1670	座敷庭石山水伝			「対面石　履脱ノ石」
646	延宝6	1678	吉原戀の道引			庭側縁—自然（履物）
647	延宝8	1680	庭石立様伝			

	和暦	西暦	史料名	文献史料	絵画史料 沓脱（板）	沓脱（石）
648	延宝8	1680	余景造りの庭の図		隅田川を模した庭	
649	延宝8	1680	余景造りの庭の図			塀中門の内に
650	延宝8	1680	余景造りの庭の図			唐様の庭
651	延宝8	1680	余景造りの庭の図			公卿蹴鞠の図
652	延宝8	1680	余景造りの庭の図			藤棚の庭
653	延宝8	1680	余景造りの庭の図			来迎の庭
654	延宝8	1680	余景造りの庭の図			岩屋の滝
655	延宝8	1680	余景造りの庭の図			相生の庭
656	延宝8	1680	余景造りの庭の図			真の真体
657	貞享3	1686	数寄屋工法集	にじり上りの石の高さ七寸又ハ七寸五分位。高さ石の景による頃合へし、二の石の高さ五寸三分、三の石の高さ五分頃ハ、飛石の高さ高く、飛石の上端おちぬ下、五寸二分		
658	元禄元	1688	若衆		玄関—縁—板	
659	元禄6	1693	上野花見歌舞伎図屏風			
660	元禄7	1694	古今茶道全書			駿州義元公露地庭之図
661		18C	秋冬山水図屏風六曲一双 応挙			
662		18C	月夜山水図屏風六曲一双 曽我蕭白			

663		18C	厳島八景図画帖 一帖八面の内 長谷川蘆雪			
664		18C	瀟湘勝概図屏風 六曲一隻 池大雅			
665		18C	児島湾真景図 池大雅			
666		18C	夜色楼台図 与謝蕪村			
667		18C	山水図屏風 六曲一双 谷文晁			
668		18C	牢中縮図 一巻の内部分 渡辺崋山			
669		18C	巣鴨御屋敷生景			
670		18C	池田之宿図屏風		正面縁―板※2つ隣合わせ	
671		18C	当麻曼荼羅縁起			
672		18C	築山山水伝（相阿弥築山山水伝）	客人島（対面石、或いは履脱		
673		18C後半	十友窩図			
674		18C初	絵本江戸土産			竜岩寺庭―縁―方形単独
675		18C初	絵本江戸土産			十篠の里 縁―方形単独
676		18C初	絵本江戸土産			染井植木屋 縁―方形
677		18C初	絵本江戸土産			団子坂 縁―方形単独
678		18C初	絵本江戸土産			青山梅之 縁―方形―飛石
679		18C末	十便十宜図			

	和暦	西暦	史料名	文献史料	絵画史料 沓脱（板）	絵画史料 沓脱（石）
680		18C—19C	桑山屋敷図			
681			築山山水伝（相阿弥築山山水伝）	客人島（対面石、或いは履脱		
682	元禄14	1701	諸国茶庭名跡図会			p16 駿州義元公路地庭
683	元禄14	1701	諸国茶庭名跡図会			p20 聚楽法印路地数寄屋
684	元禄14	1701	諸国茶庭名跡図会			p24 斉藤道三入道路地数寄屋
685	元禄14	1701	諸国茶庭名跡図会			p28 数寄屋上段住居
686	元禄14	1701	諸国茶庭名跡図会			p34 南都与惣路地
687	元禄14	1701	諸国茶庭名跡図会			p38 紹鷗路地数寄屋図
688	元禄14	1701	諸国茶庭名跡図会			p40 京極安智路地数寄屋
689	元禄14	1701	諸国茶庭名跡図会			p44 加藤肥後守殿相生路地
690	元禄14	1701	諸国茶庭名跡図会			p48 古田織部路地
691	元禄14	1701	諸国茶庭名跡図会			p50 古田氏書院の庭
692	元禄14	1701	諸国茶庭名跡図会			p52 小堀遠州路地庭書院庭
693	元禄14	1701	諸国茶庭名跡図会			p54 小堀氏作書院庭
694	元禄14	1701	諸国茶庭名跡図会			p56 利休路地庭

No.	和暦	西暦	史料名	記述		備考
695	元禄14	1701	諸国茶庭名跡図会			p62 酒井日向守殿路地庭
696	元禄14	1701	諸国茶庭名跡図会			p66 越前太守路地庭
697	元禄14	1701	諸国茶庭名跡図会			p68 一柳氏路地数寄屋
698	元禄14	1701	諸国茶庭名跡図会			p72 堺町市住居路地数寄屋
699	元禄14	1701	諸国茶庭名跡図会			p76 北目氏路地庭
700	元禄14	1701	諸国茶庭名跡図会			p80 鹿庵作路地庭
701	元禄14	1701	茶話指月集			
702	宝永元	1704	築山根元書			
703	宝永元	1704	六義園図			
704	雍正元	1723	菊潭図巻			
705	宝永9	1724	槐記	御草履ハ、踏石ヨリ外ノ方ニ平ニ直ス、面々ノ草履ハ勝手ノ方ヘ重ネテ立掛ル、是レ清次〈以下略〉		
706	享保10	1725	町方書上	享保十巳年十月平右衛門町後へ松平千次郎屋敷上げ地に相成り候節、千次郎殿より下され候由に申し伝える御影石大手水鉢ならびに伊豆磯などの石の踏段石所持仕り候。		
707	享保18	1733	秘書庭之石ふみ			
708	享保年間	1733以前	源流茶話			
709	享保20	1735	築山庭造伝（前編）	山水の両の端に必二島あり、端近くある島を客人島といふなり。此島に客拝石、対面石、履脱石（りだつ／くつぬぎ）、鷗宿石、水鳥岩などあり		p59 西芳寺
710	享保20	1735	築山庭造伝（前編）			p65 北野松林寺 函養幽情体 金森宗和
711	享保20	1735	築山庭造伝（前編）			p66 静想無碍体
712	享保20	1735	築山庭造伝（前編）			p92 清細閑雅体

No.	和暦	西暦	史料名	文献史料	絵画史料 沓脱（板）	沓脱（石）
713	享保20	1735	築山庭造伝（前編）			p93　丸山貞阿弥庭
714	享保20	1735	築山庭造伝（前編）			p103　平易風雅体
715	元文2	1737	庭坪築形伝			
716	寛保2	1742	童子口伝書			
717	延享2	1745	源流茶話	問　有ル人之露地に、上座石・よけ石、惣して、役石・役樹のかまひなくしつらハれ候、くるしからす候や　答　露地のこしかけに上座石をすこしよけてこしをかけ申事ニ候、よけ石も常ハ無用ニ候得とも、貴人御成の節ニ相伴役、露地すきやまハりの様子を見分し、扨、御手水をまいらせ、にじり上りの戸を開き、内に刀掛かさられ候へば、其御案内申入、かたハらへよけ居申石にて、手水はち、内露地にしり上りの邊にするゟ候、役石にて常跡（踏）石より少シ高ク、よけ石ハ少ひきくすゆる法にて候、其外の役石・役樹、ともに其役有之候故、露地の大小にかきらす、是非するゟ可申事ニ候、		
718	延享2	1745	源流茶話	問、惣して露地の作り様、役石、役樹ハいかゝに候や、答、露地のしつらひ、いにしへハ貳重露地なり、それよりおのおの境界にまかせられ候、貳重露地ハ、客人露地して禮服を着し、足袋・草履に至るまて相あらためて、外露地へ入被申候、外露地こしかけのかざり、貴客ニは衣桁、常も硯箱なと被置候、下雪隠・手水鉢・石灯籠なり、扨、内露地のかまへは中門中くゝり・猿戸、境界と所有の物すきにより候へし、内露地には砂雪隠、内ニ燭杖、箒・手水鉢・石灯籠・湯桶石・水揚石・火揚石・戸下石・にじり上り前石・刀かけよけ石・上座石、役樹ハ額のまつ・袖すりの類ひにて候、惣して露地の景気ハ、幽閑を趣とし、奇石・怪木、前栽めきたるハ嫌ふ事ニ候、有人利休に露地の作り様を伺申されしに、		
719	延享3	1746	桂離宮　桂御別業之記	前に名高き遠州好みの真の飛石なり、御椽の昇り口は大なる石あり、六人の沓を並ぶへし故の遠州好みの真の飛石六つの沓脱という		
720			桂離宮　御庭向			
721	延享5	1748	山中訪隠図屏風			
722	寛延3	1750	富士訪隠図屏風			
723	乾隆28	1763	小倉山房図巻			
724	宝暦13	1763	青緑山水図帖			
725	明和6	1769	庭石置様伝			

726	安永3—4安永	1774—1775	色道取組十二番			
727	安永4	1775	梅花書屋図 桑山玉洲			
728	安永5	1776	承安五節会 1830		早稲田本	
729	安永8	1779	築山之秘書			
730	安永9	1780	都名所図会		欣浄寺 本堂前	
731	安永9	1780	都名所図会			本願寺花畑横建物前
732	安永9	1780	都名所図会			西大谷東所脇玄関
733	安永9	1780	都名所図会			金玉山雙林寺下建物
734	安永9	1780	都名所図会			安養寺二階建て入口
735	安永9	1780	都名所図会			知恩寺（百万遍）本堂横建物前
736	安永9	1780	都名所図会			銀閣寺①心空殿脇
737	安永9	1780	都名所図会			銀閣寺②東○堂前庭に向けて
738	安永9	1780	都名所図会			銀閣寺③客殿庭に向けて
739	安永9	1780	都名所図会			銀閣寺④客殿庭に向けて
740	安永9	1780	都名所図会			赤山社本社前にある建物前
741	安永9	1780	都名所図会			八瀬竈風呂
742	安永9	1780	都名所図会			往生院
743	安永9	1780	都名所図会			三○院
744	安永9	1780	都名所図会			厭離庵

	和暦	西暦	史料名	文献史料	絵画史料 沓脱（板）	絵画史料 沓脱（石）
745	安永9	1780	都名所図会			天龍寺方丈庭向き
746	安永9	1780	都名所図会			小塩山十輪寺本堂横建物前
747	安永9	1780	都名所図会			下鳥羽恋塚寺
748	安永9	1780	都名所図会			日野　薬師
749	安永9	1780	都名所図会			玉水玉井寺
750	安永9	1780	都名所図会			市原小町寺　正面
751	安永9	1780	都名所図会			市原小町寺　庭向き
752	安永9	1780	都名所図会			八藍岡
753	安永9	1780	都名所図会			今宮社　社司前
754	安永9	1780	都名所図会			俊成卿社
755	天明元	1781	東都隅田川両岸絵巻　東			
756	天明元—寛政4	1781—1792	戸山荘八景図巻			
757	天明6	1786	東山三絶図			
758	天明7	1787	拾遺名所図会			藪内
759	天明7	1787	拾遺名所図会			大雅堂
760	天明7	1787	拾遺名所図会			鳥辺山　本寿寺
761	天明7	1787	拾遺名所図会			山科十禅寺
762	天明7	1787	拾遺名所図会			地蔵寺
763	天明7	1787	拾遺名所図会			本真如堂
764	天明7	1787	拾遺名所図会			干菜寺・青龍寺・武蔵寺
765	天明7	1787	拾遺名所図会			霊鑑寺・如意寺

766	天明7	1787	拾遺名所図会			金福寺
767	天明7	1787	拾遺名所図会			葉山観音
768	天明7	1787	拾遺名所図会			實幢寺
769	天明7	1787	拾遺名所図会			大原
770	天明7	1787	拾遺名所図会			圓通寺
771	天明7	1787	拾遺名所図会			細谷　祥鳳山直指庵
772	天明7	1787	拾遺名所図会			車折明神社
773	天明7	1787	拾遺名所図会			鹿王院
774	天明7	1787	拾遺名所図会			永正寺
775	天明7	1787	拾遺名所図会			真経寺・興隆寺
776	天明7	1787	拾遺名所図会			嘉祥寺
777	天明7	1787	拾遺名所図会			桓武天皇陵
778	天明7	1787	拾遺名所図会			春日社
779	天明7	1787	拾遺名所図会			願応寺
780	天明8	1788	裏松固禅紫宸殿・清涼殿格子等事勘文案	殿下直盧階并沓脱事、右考之献上案一紙		
781	寛政2	1790	庭山秘伝記			
782	寛政2—寛政4	1790—1792	美人鑑賞図			
783	寛政2	1790頃	隅田川両岸一覧			
784	寛政4	1792	庭造初段之伝			
785	寛政5	1793	公余探勝図巻二巻の内			
786	寛政5	1793	公余探勝図巻谷文晁			
787	寛政6	1794	住吉名勝図会			天下茶屋
788	寛政6	1794	住吉名勝図会			新家三丈字屋之図

	和暦	西暦	史料名	文献史料	絵画史料 沓脱（板）	絵画史料 沓脱（石）
789	寛政6	1794	住吉名勝図会			紀義定邸
790	寛政6	1794	住吉名勝図会			住吉のおへらひと
791	寛政6－寛政7	1794－1795	浴恩園図記			
792	寛政8－寛政10	1796－1798	摂津名所図会		江口君	
793	寛政8－寛政10	1796－1798	摂津名所図会		天下茶屋	
794	寛政8－寛政10	1796－1798	摂津名所図会			天下茶村
795	寛政8－寛政10	1796－1798	摂津名所図会			住吉新家
796	寛政8－寛政10	1796－1798	摂津名所図会			遠里小野
797	寛政8－寛政10	1796－1798	摂津名所図会			今翠堂
798	寛政8－寛政10	1796－1798	摂津名所図会			安井天神山
799	寛政8－寛政10	1796－1798	摂津名所図会			二弁
800	寛政8－寛政10	1796－1798	摂津名所図会			多用入湯
801	寛政8－寛政10	1796－1798	摂津名所図会			丹生山田東村
802	寛政8	1796	戸山荘図巻稿本・下			正面縁―方形
803	寛政8	1796	和泉名所図会			
804	寛政9	1797	伊勢参宮名所図会			古市
805	寛政9	1797	伊勢参宮名所図会			西行谷

806	寛政9	1797	築山染指録	踏壇石是レヲ一ノ石ト云フ、切リ石自然石共ニ用ヒ椽縁ヨリ下リ七寸、次ヲニノ石ト云フ、一ノ真中ニ付クヘシ、下リ又タ七寸、次ノ石是レヲ三ノ石ト云フ、初テ飛石ノ高サヲ用ユ、延石ヲ用ヒテモ苦シカラズ、左リ蹈ニハ踏出シ右ニ寄セ右蹈ナルハ左ニアルヘシ、是レ壹貳参ノ古法ナリ、然其ノ宣ニ随テ取捨増減之法作者ノ手ニ出ズベシ		
807	寛政9	1797	東海道名所図会			琉人泊
808	寛政9	1797	東海道名所図会			三州牛久保
809	寛政9	1797	東海道名所図会			連歌師
810	寛政9	1797	青山園荘図稿			
811	寛政9	1797	赤坂庭園五十八勝図			
812	寛政10	1798	花陽山人居宅図			
813	寛政11	1799	都林泉名勝図会		東本願寺　林泉天橋立	
814	寛政11	1799	都林泉名勝図会		伏見　龍徳庵	
815	寛政11	1799	都林泉名勝図会		桂宮	
816	寛政11	1799	都林泉名勝図会		金閣寺	
817	寛政11	1799	都林泉名勝図会			相国寺　枯光院
818	寛政11	1799	都林泉名勝図会			大徳寺　如意庵
819	寛政11	1799	都林泉名勝図会			寸松庵
820	寛政11	1799	都林泉名勝図会			建仁寺　正博院
821	寛政11	1799	都林泉名勝図会			霊洞院
822	寛政11	1799	都林泉名勝図会			宝輪院
823	寛政11	1799	都林泉名勝図会			東寺岡本氏林泉
824	寛政11	1799	都林泉名勝図会			銀閣寺　音閣
825	寛政11	1799	都林泉名勝図会			銀閣寺　集芳軒
826	寛政11	1799	都林泉名勝図会			光雲寺
827	寛政11	1799	都林泉名勝図会			南禅寺　聴松院
828	寛政11	1799	都林泉名勝図会			南禅　金地院堂
829	寛政11	1799	都林泉名勝図会			圓山　多蔵庵

	和暦	西暦	史料名	文献史料	絵画史料	
					沓脱（板）	沓脱（石）
830	寛政11	1799	都林泉名勝図会			圓山　延喜庵
831	寛政11	1799	都林泉名勝図会			圓山　端之寮
832	寛政11	1799	都林泉名勝図会			圓山　長寿院　左阿弥
833	寛政11	1799	都林泉名勝図会			圓山　勝興庵（その3）
834	寛政11	1799	都林泉名勝図会			圓山　正阿弥
835	寛政11	1799	都林泉名勝図会			相（雙）林寺　長喜庵
836	寛政11	1799	都林泉名勝図会			〃　文阿弥
837	寛政11	1799	都林泉名勝図会			霊山叔阿弥
838	寛政11	1799	都林泉名勝図会			実生院
839	寛政11	1799	都林泉名勝図会			延令院
840	寛政11	1799	都林泉名勝図会			清水滝下南蔵院
841	寛政11	1799	都林泉名勝図会			梅ケ畑平岡　八幡宮
842	寛政11	1799	都林泉名勝図会			高雄　地蔵院
843	寛政11	1799	都林泉名勝図会			高山寺　三尊院
844	寛政11	1799	都林泉名勝図会			龍安寺　大珠院
845	寛政11	1799	都林泉名勝図会			花園輔仁親王山亭
846	寛政11	1799	都林泉名勝図会			妙心寺　海福院
847	寛政11	1799	都林泉名勝図会			潘桃院
848	寛政11	1799	都林泉名勝図会			真条院
849	寛政11	1799	都林泉名勝図会			嵯峨小督の家
850	寛政11	1799	都林泉名勝図会			天龍寺　真条院
851	寛政11	1799	都林泉名勝図会			松花堂

番号	和暦	西暦	史料名	記述		
852	寛政11	1799	都林泉名勝図会			妙喜庵
853	寛政11	1799	都林泉名勝図会			京屋　弥生興
854	寛政11	1799	都林泉名勝図会			藤屋　月興
855	寛政11	1799	都林泉名勝図会			南屋
856	寛政11	1799	無窓流治庭	一　数寄屋躙り口の柱石より敷居までの高さ一尺五六寸、躙り口の踏石高、土より四寸五分位。但し蹴込の板より前の明き三寸五分位。		
857	寛政11	1799	無窓流治庭	一　刀掛の踏石は躙り口の踏み石より一寸程低し		
858	寛政11	1799	無窓流治庭			一　履脱石　同断（客人島にありのこと）
859	寛政12	1800	大和名所図会		みよしの	
860	寛政12	1800	大和名所図会			2面
861	寛政12	1800	大和名所図会			筒井
862	寛政12	1800	大和名所図会			芹福の后
863	寛政12	1800	大和名所図会			古今集秋
864	寛政12	1800	大和名所図会			玄賓庵
865	寛政12	1800	大和名所図会			壬二集
866	寛政12	1800	大和名所図会			みよしの
867	寛政12	1800	大和名所図会			大塔宮
868		19C	鳳闕見聞圖説	清涼殿内之図		
869		19C	臥遊図書画帖			
870		19C	北斎画本早引			
871		19C	山水図詩書画　浦上玉堂			
872		19C	拳相撲図			
873		19C	煙霞帖　青山紅林図　浦上玉堂			
874		19C	松島・天橋立図屏風			

No.	和暦	西暦	史料名	文献史料	絵画史料 沓脱（板）	絵画史料 沓脱（石）
875		19C	大和名所図画帖			
876	明治	19C	旧儀式図画帖			
877	明治期	19C	尾張名所図会（後編）			古人華渓遺図
878	明治期	19C	尾張名所図会（後編）			性海寺
879	明治期	19C	尾張名所図会（後編）			清須駅本陣
880	明治期	19C	尾張名所図会（後編）			大井神社　瑞応寺
881	明治期	19C	尾張名所図会（後編）			龍泉寺　護摩堂前
882	明治期	19C	尾張名所図会（後編）			正徹法師黒田の里
883	明治期	19C	尾張名所図会（後編）			黒田里
884	明治期	19C	尾張名所図会（後編）			若栗神社
885	明治期	19C	尾張名所図会（後編）			徳林寺　前刀神社
886	明治期	19C	尾張名所図会（後編）			陳元賓　旧宅
887	明治期	19C	尾張名所図会（後編）			入道師長公参上
888	明治期	19C	尾張名所図会（後編）			惟信和尚　薬樹の故事
889	明治期	19C	尾張名所図会（後編）			持戒乃僧
890	明治期	19C	尾張名所図会（後編）			戻柳乃古事
891	明治期	19C	庭前美景集			

No.	和暦	西暦	資料名			
892		19C中	市ヶ谷邸庭園之図風炉先屏風			
893		19C中	水前寺庭中之図			
894		19C中	水戸様御庭地取図			
895		19C中	鷹狩図屏風			
896		19C前半	浦濃友鶴			
897	享和元	1801	河内名所図会			
898	享和3	1803	播磨名所図会			
899	文化元	1804	茶窓閒話			
900	文化2	1805	木曽名所図会			長浜八幡宮
901	文化2	1805	木曽名所図会			臨川寺方丈前
902	文化2	1805	唐土名勝図会			
903	文化2	1805	都花月名所			
904	文化2	1805	酬恩庵庭園真景図巻			
905	文化7	1810	戸山御苑図			
906	文化8—嘉衛4	1811—1851	紀伊国名所図会		吹上の長者の館	
907	文化8—嘉衛4	1811—1851	紀伊国名所図会		大伴孔子古宅	
908	文化8—嘉衛4	1811—1851	紀伊国名所図会		黄門邸	
909	文化8—嘉衛4	1811—1851	紀伊国名所図会		久米若の図	
910	文化8—嘉衛4	1811—1851	紀伊国名所図会			夾山
911	文化8—嘉衛4	1811—1851	紀伊国名所図会			年始　猿引きの図
912	文化8—嘉衛4	1811—1851	紀伊国名所図会			園光大師

	和暦	西暦	史料名	文献史料	絵画史料 沓脱（板）	絵画史料 沓脱（石）
913	文化8—嘉衛4	1811—1851	紀伊国名所図会			八幡宮　慈光寺　元享寺
914	文化8—嘉衛4	1811—1851	紀伊国名所図会			弓天神社　内天神社
915	文化8—嘉衛4	1811—1851	紀伊国名所図会			その三
916	文化8—嘉衛4	1811—1851	紀伊国名所図会			閑居
917	文化8—嘉衛4	1811—1851	紀伊国名所図会			鈴木三師の宅
918	文化8—嘉衛4	1811—1851	紀伊国名所図会			宗祇法師閑居
919	文化8—嘉衛4	1811—1851	紀伊国名所図会			後白河法皇
920	文化8—嘉衛4	1811—1851	紀伊国名所図会			冷泉　芥折院
921	文化8—嘉衛4	1811—1851	紀伊国名所図会			来蔵院
922	文化8—嘉衛4	1811—1851	紀伊国名所図会			藤滝
923	文化8—嘉衛4	1811—1851	紀伊国名所図会			その三
924		18C—19C	雲州名物			
925	文政2	1819	王維画訣図巻			
926	文政4	1821	王右丞画学秘訣図帖			
927	文政5	1822	黄葉村舎図			
928	文政5	1822	天橋立・富士三保松原図			
929	道光5	1825	倣古山水図冊			

No.	年号	西暦	資料名	内容		図
930	文政9	1826	戸山御庭之図			
931	文政10	1827	石垣園生八重垣伝	心脚と組を心信といふ是坐敷より踏初とする、是を沓抜といふ。霊枝を不火といい、霊脚を二相霊胴といひ大極は止りふ据るふり（その末なり）、是因て九字石十字石と由縁其有様おのずから分明なり、第八石にして八ツなり、八字九字を發す、九字能十字をしらふると云ふ此を以て其意大極よ到るべし心信―不火―霊脚―二相―大極		飛石沓抜五ケ之伝
932	文政10	1827	石垣園生八重垣伝	此のごとく岩組踏段は定法之真の飛石を居るにおなし、飛石踏み初めになる石を心信の二石を兼ねるの石を置くべし、真の飛石の形に略式を以って取り扱うとしるべし。		岩段沓抜組方
933	文政10	1827	石垣園生八重垣伝	横勝手上り段は居間或いは掃除伝い等の踏段に用ゆ、略式図のごとし。刀掛石之伝に二段石ともいう、踏段の式、心信の二石を一石にて兼法なり、石の象に依って太極を置也		横勝手踏段
934	文政10	1827	石垣園生八重垣伝	掾づかを此○よりもこすなり　高さ八寸俗な此を踏段石とて心信の二石をもつて沓ぬき石といふ又二の石は勝手な○○つく左右へ振るを○のり		真之脱履石之圖
935	文政10	1827	石垣園生八重垣伝	略伝の法は一石にて心信の二石を兼る法なり、然ばまた重て次に心信の二石をおく、長三尺、幅壱尺弐寸、高さ六寸大小とも右の割合なり		略式踏段
936	文政10	1827	珍説豹の巻	伊豆八丈小松原の履脱石を据ゑ		
937	文政10―天保元	1827―1830	赤坂御庭図画帖			
938	文政11	1828	渓荘趁約図			
939	文政11	1828	柳陰捕魚図			
940	文政11	1828	秋景山水図			
941	文政11	1828	築山庭造伝（後編）	躝揚踏段石～石なり、高さ敷居に並び敷居より凡六寸低くきとしるべし、然し敷居高き時其心持に随ふ、壁の間を話す事四寸位、此間に草履又雨天には路地下駄を壁に為持（もたせかけ）る故その心得有べし、石の象は上の平にして如此（かくのごとし）を善とするなり、庭中一番の石なり、躝口直中（まんなか）に居（すえ）て向の真直を善とすと可心得一石也。		p25　定式茶庭全図
942	文政11	1828	築山庭造伝（後編）	途中に踏み分け石を置きて上がり壇を造る。是は定式の沓脱踏磴に居（すゆ）べし、・・・		p27　極淋寂之茶庭之全図
943	文政11	1828	築山庭造伝（後編）			p28　野外眺望之茶庭之全図
944	文政11	1828	築山庭造伝（後編）			p29　玉川庭図
945	文政11	1828	築山庭造伝（後編）			p32

	和暦	西暦	史料名	文献史料	絵画史料 沓脱（板）	沓脱（石）
946	文政11	1828	築山庭造伝（後編）			p34 中潜之庭之全図
947	文政11	1828	築山庭造伝（後編）			p40 大村惣衛門書院之庭 富士川 茶室
948	文政11	1828	築山庭造伝（後編）			p43 路地躰之造方之全図
949	文政11	1828	築山庭造伝（後編）			p44 路地庭之図
950	文政11	1828	築山庭造伝（後編）			p81 万歳相生之庭相亦滝口之庭相といふ
951	文政11	1828	築山庭造伝（後編）			p86 駿河国富士大宮町大宮司のお茶室
952	文政11	1828	築山庭造伝（後編）			p95 泉州境五貫屋町藤井某之庭
953	文政11	1828	禪茶録			
954	文政12	1829	偕楽園菊花遍聯稿本			
955	天保元	1830	承安五節会 1830		国立国会図書館	
956	天保2―弘化2	1831―1845	江戸名所図会		麻布善福寺開山了海上人誕生図	
957	天保2―弘化2	1831―1845	江戸名所図会			八景坂鎧掛松
958	天保2―弘化2	1831―1845	江戸名所図会			瀬戸橋（鎌倉～金沢区）
959	天保2―弘化2	1831―1845	江戸名所図会			旅亭東屋
960	天保2―弘化2	1831―1845	江戸名所図会			瀬戸明神社鳥居前茅葺屋庭側

961	天保2―弘化2	1831―1845	江戸名所図会			霊雲山蟠龍寺弁天横建屋
962	天保2―弘化2	1831―1845	江戸名所図会			竜岩寺庭①茅葺小建屋前
963	天保2―弘化2	1831―1845	江戸名所図会			護国寺裏伝鬼子母神出現の地
964	天保2―弘化2	1831―1845	江戸名所図会			平林寺庫裡横建物
965	天保2―弘化2	1831―1845	江戸名所図会			飛鳥橋料亭①②
966	天保2―弘化2	1831―1845	江戸名所図会			飛鳥橋料亭その二①②
967	天保2―弘化2	1831―1845	江戸名所図会			入谷庚申堂前
968	天保2―弘化2	1831―1845	江戸名所図会			金杉安楽寺観音堂前
969	天保2―弘化2	1831―1845	江戸名所図会			根岸の里　隠居庵入口正面
970	天保2―弘化2	1831―1845	江戸名所図会			正燈寺庭
971	天保2―弘化2	1831―1845	江戸名所図会			二軒茶屋前
972	天保2―弘化2	1831―1845	江戸名所図会			深川木場（材木屋横建屋）①②
973	天保2―弘化2	1831―1845	江戸名所図会			芭蕉庵
974	天保3―4	1832―1833	京遊詩画帖			
975	天保3	1832	桜花流水図			
976	天保3	1832	曲渓複嶺図及題詩			
977	天保3	1832	秋渓間適図			
978	天保5	1834	恩愛二葉草	此方は土間の上り口、沓脱石も本町場		

	和暦	西暦	史料名	文献史料	絵画史料 沓脱（板）	沓脱（石）
979	天保5	1834	澗道石門図			
980	天保5	1834	秋渓趁約図			
981	天保8	1837	雪渓吟鞭図			
982	天保8	1837	巴峡蜀船図			
983	天保8	1837	守貞満稿			
984	天保9	1838	九相詩絵巻			
985	天保9—11	1838—1840	江戸高名会亭尽 下谷広小路			
986	天保11	1840	耶馬渓図巻下絵			
987	江戸期		芒芒頭	そこは沓脱といふて一の下座じゃ		
988	天保11	1840	竪田図		正面縁—板（入口）	
989	天保12	1841	菓子話船橋			
990	天保13	1842	家屋雑考	こは簀子の内階の上へ平なる板を敷きおくなり、又階より一段低く設くるもあり、其造りさまざまと見えたり、東鑑、知家三条し、むかばきをつけながら南庭を得て直に沓解を昇り、ここにおいてむかばきをとき御座の傍らに参る云々などいふ事も見ゆ	寝殿	
991	天保13	1842	高崎屋絵図			
992	天保14	1843	戸山地取図			
993	天保15	1844	尾張名所図会（前編）			桜天満宮①②③④
994	天保15	1844	尾張名所図会（前編）			性高院（朝鮮国使者）
995	天保15	1844	尾張名所図会（前編）			酔雪楼
996	天保15	1844	尾張名所図会（前編）			廻地頭
997	天保15	1844	尾張名所図会（前編）			義朝最後

No.	和暦	西暦	資料名	記述		場所
998	弘化4	1847	秋声賦及賦意図			
999	嘉永2	1849	善光寺名所図会			金峯山
1000	嘉永2	1849	善光寺名所図会			静女旅宿
1001	嘉永2	1849	善光寺名所図会			上田大宮
1002	嘉永2	1849	善光寺名所図会			白鳥社
1003	嘉永4	1851	曲水流觴巻			
1004	嘉永5	1852	風雨渡江図			
1005	安政3	1856	春山渓閣図			
1006	安政5	1858	茶湯一會集	一　腰懸の石・刀掛の石・にしり上の石、別而水たまりてハ不宜、又水気なきもあしゝ、心得て打へし、軒下のたゝきも同し、		
1007	安政5	1858	茶湯一會集	躙り上の沓脱石ニ露を不打ハ、震翰を懸たる時の古實也、他流ニ、此石常ニも露を不打ハ誤也、右の古實ある故、常會ニハ、かならす露を打たるか本意と知るへし、		
1008	安政5	1858	茶湯一會集	一　次客も同様、沓脱石より席中を伺ひ居り、正客、床拝見仕廻、道具畳へ廻りたる時、にしり入、都而正客のことく致すへし、皆々同様也、詰も同しく席入り、躙上りの戸さらさらと〆て、すこし音のする如く〆切る事、法也、是ハ亭主へ、席入すみたる事を知らす爲也、尤、懸かねハかけす		
1009	安政3—5	1856—1858	名所江戸百景			
1010	文久元	1861	花洛名所図会			一力座敷
1011	文久元	1861	花洛名所図会			新宮氏順正書院
1012	文久元	1861	花洛名所図会			元真如堂東三条女院塔
1013	文久元	1861	花洛名所図会			薬師寺極楽寺東北院
1014	文久元	1861	花洛名所図会			雙林寺芭蕉堂
1015	文久元	1861	花洛名所図会			中村氏別墅　鳴鳳亭
1016	文久元	1861	花洛名所図会			鳥部山本壽寺
1017	明治3	1870	青山白雲図			

	和暦	西暦	史料名	文献史料	絵画史料 沓脱（板）	沓脱（石）
1018	明治9	1876	秋林閑行図			
1019	明治19	1886	日本人の住まい			
1020	明治21	1888	深川州崎遊郭懇親会			
1021	明治42	1909	庭園図説	飛石は沓脱を下りて…（平面には飛石あるが沓脱はなし）		
1022	明治42	1909	庭園図説	飛石は縁先きの踏脱から二、三の石…（平面に飛石あるが沓脱なし）		
1023	明治42	1909	庭園図説	飛石は沓脱の先…（平面に飛石あるが沓脱はない）		
1024	明治42	1909	庭園図説	文字に沓脱ないが絵図に描かれる自然石		○
1025	明治42	1909	庭園図説	自然石の沓脱あたりの様が亦ことに良い。（平面にも絵にも姿なし）		
1026	明治42	1909	庭園図説	沓脱の石から三四尺…（平面・図ともに描かれない）		
1027	明治42	1909	庭園図説	飛石は鉢前脇の沓脱石の所から…（図あり）		○
1028	大正6	1917	桐陰遺興図			
1029	大正8	1919	山窓無月　横山大観			
1030	大正12	1923	生々流転　横山大観			
1031	昭和3	1928	茶話抄			
1032	昭和5	1930	羅馬月明　速水御舟			
1033	昭和5	1930	香港落暉　速水御舟			
1034	昭和9	1934	茶禅つれづれ草			
1035	昭和11	1936	細雪			
1036	昭和22	1947	狭い家に住む工夫		○	
1037	昭和22	1947	建築材料としての石材			
1038	昭和24	1949	美学短編			

1039	昭和33	1958	飛石・手水鉢			
1040	昭和33	1958	日本庭園体系			
	近世合計		508	64	20	239
	合計		1040	250	211	272

謝辞

本の出版に際して時間的な制約があったことから博士論文の内容を改編せず、そのまま出版することにしました。

まず、この機会を与えてくださった筒井紘一先生に感謝申し上げるとともに淡交社編集の八木様、森田様に深く感謝申し上げます。

合わせて博士論文のご指導をくださった尼﨑博正京都芸術大学名誉教授、同町田香准教授には日頃より多大なご支援ご指導を賜っておりますこと感謝申し上げます。

なぜ沓脱を研究対象にしたかといえば、造園の仕事に関わるなかで「日本庭園」という庭園文化があるのに、新しく造られる住宅の庭に採用されることが極端に少ないことに疑問を抱いたことに始まります。修士研究ではその要因について検証しました。その結果、一般住宅の庭の様式について本格的な検討が開始された大正中期には、こうした家庭の庭では「生活に役立つ庭」の実現を目指す必要があったことから、日本庭園様式から脱却を試みていたことが分かりました。

大正造園界に起きていた運動を一概に論ずることはできませんが、「生活」より「生存」を意識しなくてはならないほど貧窮していた当時の大衆世帯層の状況を考えると経済性を重視した様式に向かわざるを得なかったようです。それでも現代住宅の多くが庭に成りえる余地を残しているということは、当時の造園家、造園研究者たちの結実の成果であったと評価できると思います。ただし、全国各地どこへ行っても同じような街並みが造られ、かつての風土を名残り惜しいものとしてしまった状況は、「美観」という造園の１つの意義が失われてしまったのかと危機感を覚えます。これからの住空間を和洋問うことなく「庭」に戻していくのは現代の造園業に関わる我々の責務だという考えのもと、建築と庭の繋がりを強固にする必要性があると感じ、その中間領域の重要性を庭園側からもっと推し量るべきだという考えに至り中間領域の沓脱を研究対象としました。

研究を進めていくと、欧化政策の影響が色濃かった20世紀初頭の日本では、着物から洋服、座式から椅子式、草履から洋靴、さらには建築様式までもが極めて短期間のうちに急速に転換されていったことが分かりました。国民生活全般において、国内で培ってきた文化からの脱却、棄却が推進され、欧米諸国文化に傾倒することによって諸外国と対等に渡り合うための改善運動が実施されました。建築、造園界も同様でその中には「屋内に入る際に履物を脱ぐ」ことが欧米と比べて不合理であると棄却する方針があったようです。しかし、他の様々な欧化政策が次々に実現していったなかで、この履物文化は１００年が経過した現在でも変化の予兆も見せずに継続されており、履物にまつわる行為が単なる習慣ではなく、日本人にとって重要な文化的な背景があると考えるようになりました。履物の脱着は、座観の庭（日本庭園）の形成に影響を及ぼしているので、現代生活に沿った庭の形成を考える上で履物を脱着する場、すなわち中間領域の沓脱は大いに研究する価値があるという考えに至ったわけです。

研究はひたすら「沓脱、履脱」の文字と描写を探し検証することを繰り返し、実在の庭園調査は控えました。結論として明確な仕切りを設けない、つまり空間性が曖昧な建築文化にあって、厳正なる身分の上下が存在する日本文化だからこそ、儀礼的な側面から必要不可欠な装置であったことが分かりました。

研究を通じ、中世以前に一枚板で造られていた装置は、近世以降、茶の湯の隆盛とともに大半が石造となり、露地を通じて庭園を回遊する装置の一端となってきたであろう傾向を読み解くことができました。研究の結果を受けて、近代になり名石と言われる鞍馬石などが度々沓脱石に使用されたのは、格式を示す装置であったこと、近代庭園の所有者の多くが茶事に造詣の深い数寄者であったことに起因するのではないかという新たな疑問を生じさせましたが、今後はこうした点を確固たる裏付けを持って立証していけたらと考えています。

以上が沓脱を研究対象とした背景と成果ですが、研究中、修了後から今に至るまで事あるごとに庭園は人間にとって必要なのかということを考えるようになりました。私は比較的自然豊かな田舎育ちであり、実家には1本のキンモクセイが植わっていました。成長するに連れキンモクセイが香るたび、哀愁の想いが膨らむようになり造園の道に進むようになったのですが、世間一般に庭園が必要かと問われると答えは分かりません。しかし、SDGsやサスティナビリティなど環境への配慮が求められている世の中にあって、日本庭園の存在意義というものは美や充足感、ましてや実用性や機能性に留まらない所で発揮されていくのではないかという期待をしています。本来、日本人は自然と共存する術を持っており、その結実として生み出された日本庭園は今後の持続可能な社会づくりにおいて、自然との調和を学ぶ絶好の場となり得るのではないでしょうか。自然と人の営みを調和する技術である日本独自の庭園技法、庭園観が伝統や芸術という枠を超越して広く後世に引き継がれていくことを強く望みます。

あとがき

　こうした内容を記載することは書籍の「あとがき」として相応しくはないでしょうが、私にとってこの上なく特別な出来事である「出版」に際して改めて自身を振り返らせてもらおうと思います。きっと20代までの私のことを知る人たちにはその意味が分かるでしょう。まず、決して自惚れている訳ではなく、私はここまでたどり着いた自分を誇りに思っているし、褒めてあげたいと思っています。今後のことは分かりませんが、よくぞこの多難な人生を乗り越えてここまでたどり着いたものです。私の人生のどん底は25歳から32歳の頃であり、その時期を1つの区切りとして大きく変化しました。

　私は25歳を過ぎるまでどうしようもない人生を歩んでいましたが、幸い運動ができたので、大学も高校もそれだけで進学することができました。ただし、社会に出ても馴染むことができず、素行が原因で会社をクビになることも経験しました。身内からは「社会不適合者」と呼ばれ、真偽に関係なく非難の対象であり、その遺恨は未だに一部継続しています。出版のお話を頂いた際に何よりも「名前が出ること」を恐れました。それでも尼崎名誉教授からご助言を頂いたことで出版に踏み切った訳ですが、人に知られたくない複雑な環境にあって、今後の人生をより良い時間にするため、この場を借りて整理させてもらいたいと思います。

　25歳まで私はとてもここに記すことができないような所業の数々を繰り返してきました。周りも同じような環境の人たちばかりでしたが、その彼らでさえ私を見て驚愕することがあり、その姿を見たとき、「このまま行ったら、きっとどこかで刺されて死んでしまう」と思ったことがあります。25歳の誕生日の1週間前「このくだらない人生をやめよう」と決意し起業することにしましたが、簡単にいくはずもなく、それでも諦めきれずに丸1年掛けて銀行から数千万円の融資を受けました。融資の担保に差し出したのは保険金の受取証で、担保のない人を一定の利息を貰って銀行に保証する業務を行っている保証協会に自ら赴いて、失敗した場合はこれで償うから貸して欲しいと申し出ました。最後は銀行が折れて仕方なく融資されたような形でした。

そこから順風満帆に……とは行かず、本当の地獄はこの時から始まりました。今となれば良い経験でしたが、そんなことを重ねて創業した会社は5年後に親族によって役員権を剝奪され、会社からも追い出されてしまいます。その時期は結婚して3ヶ月目のこと。顧客も仕事も収入も全て奪われたばかりか、残酷なことに私に残されたのは数千万円の借入金の保証人という現実でした。現在の会社の運営はそれから始まりましたが、すぐに軌道に乗った訳ではなく、２０００年代の日本社会のなかで今晩食べるものがなく、買うお金もないという状況が何度も訪れました。全財産が６００円なんてことが何度もあり、娘の誕生日プレゼントに１３００円の本すら買うことができないような生活でした。この時期に知ったのは１０００円以下だとＡＴＭでの引き出しができないという笑い話と、人間が「死のう」と決意するときは、決して望んでいる訳ではなく、明日また同じ日が繰り返されることに途轍もない恐怖を覚えるからということでした。「死ぬ気になれば何でもできる」という言葉を聞くことがありますが、生きることが恐怖そのものなので、本当に苦しんでいる人にとっては何の助言にもならないことを身に染みて感じた日々でした。

そのような状況ですので、銀行から新たな融資は受けられず、妻の親族からの借金やカードキャッシングやら日銭を稼いでなんとか凌ぎながら、耐え忍びながら、朝6時から造園土木工事の現場作業をやって、19時頃から夜中まで事務処理をやるという毎日が数年続きました。大変な日々でしたが、親族間に起きたトラブルにまつわる出来事に比べれば、さほど大した問題ではありませんでした。そうこうしているうちに次第に社員が１人増え、また１人増え、売り上げが増加して5年もすると少し余裕が生まれたことによって、それまで疑問に思っていた造園という仕事についてちゃんと学ぼうと思い立ったのです。そこから京都造形芸術大学院の尼﨑博正教授の門戸を叩くことになりました。造園のカリキュラムを持つ各大学へアプローチをしているなか、尼﨑先生にお会いしたのは12月だったと思います。失礼ながら既に大御所であった先生のことは微塵も知らず、短い時間のなか自分が疑問に思っていた造園という仕事の形や意義について投げかけると「わしもそう思っているんや」と一気に心が晴れ、意気揚々と帰りの新幹線に飛び乗った記憶があります。

この出会いこそが今回の「出版」という出来事に繋がっているので、このご縁が私の人生を大きく好転させてくれたのだと感謝しています。前述したとおり私は決して恵まれた環境にいたわけではなく、未だに親族との仲は改善していません。問題もいつ突発的に投げつけられるか分からないので足元を掬われないよう常に心構えはしています。

仕事でも研究でも私生活でも未だに何度も躓いて落ち込んで打ちひしがれ、時には怒りに任せて後悔を繰り返す毎日ですが、すぐに顔を上げて自分がやりたいことをやる為にやりたくないことから率先して取り組んできました。そうやって直向きに物事に対応していると、きっと自分の人生を豊かにしてくれる人々が見ていてくれて、見かねて手を差し伸べてくれるような気がします。道を踏み外す機会はいくらでもありましたし、自ら人生を終わらせた可能性も多分にあったと思います。そんな私が今こうしてあとがきを書けているのは、ひとえに周りの方々との縁に恵まれ、その人たちが与えてくださったものだと思います。

中学の恩師である渡邊好之先生は私がスポーツを辞めた場合、確実に反社会的なところに行ってしまうと中学卒業後も何度も相談に乗ってくれました。会う頻度は少なくなりましたが、有難いことに先生との関係は今も続いています。

高校時代の同級生、遠藤充昭は高校入学直後から素行が悪く行くあてのない私に毎日のようにつきあってくれ、高校を中退しようとする私に学校に留まるように何度も説得してくれました。彼が亡くなってもう17年経ちますがその恩は一生忘れることはありません。

経営者の先輩であり、一回り以上の年齢差があるとは思えないほど良き友人である伊藤政和氏との出会いは25歳の時でした。親族とのトラブルで何度も挫ける私の話をいつも聞いてくれ、経営、家庭全般に対する助言をしてくれたばかりでなく、新たな縁に引き合わせてくれました。人生をやめなかったのは伊藤さんの存在があったからであり、その恩に対しては今後の活躍で返すと誓ったことがあるので、この出版が1つの恩返しになれば嬉しく思います。

そして私がここまで生きて来ることができたのは間違いなく妻の存在があったからです。気性が粗く、仕事も続かない、たまに制服の厄介にもなり、家庭環境も良くない、収入もない、それどころか数千万円の借金がある。途方もなく面倒で普通であれば見捨てて然りの私をおよそ30年間ずっと支えてきてくれました。妻が子供と家庭を守ってくれ、自由に動き回らせてくれるからこそ活き活きとした人生を歩めていると思います。私の波乱万丈な人生につき合わせてしまっていること心から申し訳なく思っています。ただ、常日頃から本当に感謝しています。

最後に亡き父、山澤哲雄。私たちは決して良好な親子関係ではありませんでした。遊んでもらったこともないし、大人になってからは更に複雑な関係性になってしまい一緒に旅行にも飲みにも行ったことがありません。決して褒めることはなく、スポーツで優勝してガッツポーズしようものなら異常なまでに怒りましたよね。でも、普通の悪行ではない時、迎えにきてくれたあなたは決して怒らなかった。グレまくっていた時期に傷だらけの顔で家に帰ると一言も怒らず、「負けた?」と大笑いしてくれた時には救われました。行くあてがない仲間を家に招き入れてくれたことも感謝しています。けれど、それを押してでも本当に腹が立つことばかりで、あなたの子で良かったなどと言うことはできません。でも、あなたが父親でなかったらここまで充実した人生にはなりませんでした。あなたが何を望んでいたのか分かっていながら約束を守れなかったこと不甲斐なく思っていますが、亡くなる数週間前にあなたに言われたこと、ちゃんと心に留めています。

他にも修士課程以降、並外れた技術と観点で庭園の仕事の良き先生であり、相談役である松中徹様、いつも穏やかにご指導くださる吉村龍二先生、博士課程のよき戦友である小島弘嗣様。純粋に使命感によって自分を酷使する姿をお手本のように示し続けてくださる細野豪志様、惜しまず協力をしてくれている社員の皆さん、本当に心より感謝申し上げます。今後ともご支援ご鞭撻のほどお願い致します。

２０２５年２月

山澤清一郎

著者紹介

山澤清一郎（やまざわ・せいいちろう）

博士（学術）日本庭園史専攻。

カレンフジ株式会社代表取締役。京都芸術大学非常勤講師。

1978年、静岡県生まれ。2022年、京都芸術大学大学院芸術研究科博士後期課程修了。

2019年、日比谷公園ガーデニングショーガーデン部門優秀賞。

2020年、造園学会関東支部大会最優秀研究発表賞。

2024年、全国都市緑化川崎フェア庭園コンテスト日本造園組合連合会理事長賞。

静岡・神奈川を中心に造園設計施工の会社を運営するほか、編集者が実際に全国各地の日本庭園に足を運んで得た情報をもとに庭園の魅力を紹介する庭園情報メディア「おにわさん」を運営する（2023年8月現在でSNS〈Instagram / X /Facebook〉の合計フォロワーは約9万人に上る）。また、SBSラジオ（静岡放送）のRadio Eastで月１レギュラーを務める。

ウチとソトをつなぐもの

沓脱（くつぬぎ）の変遷と役割　中世・近世の庭園と建築から

2025年3月31日　初版発行

著者　山澤清一郎
発行者　伊住公一朗
発行所　株式会社 淡交社
本社　〒603-8588 京都市北区堀川通鞍馬口上ル
営業075-432-5156　編集075-432-5161
支社　〒162-0061 東京都新宿区市谷柳町39-1
営業03-5269-7941　編集03-5269-1691
www.tankosha.co.jp
装丁　浜田佐智子
印刷・製本　亜細亜印刷株式会社

ISBN978-4-473-04667-3